Ruud Lubbers

Persoonlijke herinneringen

Uitgeverij Balans

Eerste druk, april 2018
Tweede druk, april 2018

Omslagontwerp Nico Richter
Omslagfoto's Vincent Mentzel en Rick Keus
Beeldbewerking Hilko Visser
Typografie en zetwerk Peter Verwey
Druk Bariet ten Brink, Meppel

ISBN 978 94 600 3871 6
NUR 740

www.uitgeverijbalans.nl

uitgeverijbalans.nl/nieuwsbrief
facebook.com/uitgeverijbalans
twitter.com/balansboeken
instagram.com/uitgeverijbalans.nl

‘De tijden, dat zijn wij’

Inhoud

Proloog: twee kantelmomenten

1957 en 2018

1

Bij de fontein

1957

Het is een mooie dag geweest. De stenen rand van de Hofplein-fontein in Rotterdam waarop mijn nichtje en ik hebben plaatsgenomen, is nog warm van de hitte van de middag. Nu, om vier uur 's nachts, kunnen we nog steeds buiten zitten.

Ik voel me een beetje als in een roes. Zo was de dag ook, een verrukkelijke aaneenschakeling van feestelijkheden. Wat een verhalen heb ik gehoord! Over mijn moeder, over mijn vader. Het gaat mijn ouders sowieso goed. Twee jaar geleden heeft mijn vader Hollandia overgenomen. En vandaag vierden we hun 25-jarig huwelijksfeest. We hebben goed gegeten en wijn gedronken, met broers en zussen van mijn moeder. Met de hele familie. Ik heb zelfs nog gewalst. Ook met Bernadientje.

Ja, het was een echt feest.

Toen ik zostraks de locatie van het feest verliet, een etablissement vlak bij het Stadhuis, wilde ik eigenlijk naar huis toe gaan. Het was al lang na twaalven, velen bleven tot laat plakken. Maar er gebeurde iets wonderlijks. Mijn nichtje Bernadientje Joosten, geparenteerd aan mijn moeders familie, de Van Laacks, stelde voor om nog even bij de fontein aan het Hofplein te gaan zitten, op een paar minuten lopen van het festijn. Dat hebben we gedaan. Eenmaal daar aangekomen haalde Bernadientje twee kleine glaasjes en een heupfles uit haar tas en zei: 'Ruud, ik weet niet of je sterke drank drinkt? Ik vind dat gezellig. Ik heb altijd een flacon jenever bij me.'

En nu heb ik zojuist voor het eerst van mijn leven jenever geproefd en zit ik hier zomaar met een meisje in de nacht. Het zal wel bijdragen aan het ontspannen gevoel dat ik ervaar.

Op het Canisius College in Nijmegen mag dat allemaal niet. Op de kostschool heerst een strakke discipline en ben je omringd door jongens. Bernadientje heeft vast al vaker gedronken, mijn nichtje is een paar jaar ouder dan ik, ik ben achttien, zij is al twintig. Bovendien werkt ze als assistente in een apotheek. Zo komt ze waarschijnlijk ook gemakkelijk aan dat glazen flesje.

Ik kijk naar de open bek van een van de fonteindieren. Het is een krokodil, gemaakt van kalksteen. Het beest heeft een eend in zijn bek. Het beest heeft beet.

De Hofpleinfontein is niet lang geleden gebouwd ter ere van het honderdjarig bestaan van een scheepvaartbedrijf. In 1939 was dat jubeljaar al een feit, het duurde echter tot 1955 voordat het waterwerk er daadwerkelijk was. De oorlog kwam ertussen.

Ik denk aan de oorlogsjaren. Aan 1939, mijn geboortejaar. Aan mijn moeder, die op de Rijn geboren werd en met haar vijftiende al halfwees was. En ik neem nog een slokje uit het volle, kleine glaasje.

Hier te zitten met Bernadientje in de warme nacht: het voelt als een wezenlijk moment. Zal dit een van de dia's zijn die aan mij voorbijschieten, later, wanneer ik oud ben?

Nu ben ik achttien. De weg is nog niet gelopen. Reden om vooruit te kijken.

Maar opvallend genoeg kijk ik vooral terug.

Op het feest heb ik gepraat met allerlei ooms en tantes. Ik vernam verhalen over mijn ouders en dat maakte me trots op hen. Van de schipperskant, de Van Laacks, hoorde ik: 'Jouw moeder was ons er eentje.' Ook Bernadientje vertelde mij zojuist nog sappig over haar. Ze zei: 'Die tante Mina is een bijzondere vrouw.'

Over een paar maanden is het eindexamen achter de rug. Dan

heb ik mijn gymnasiumdiploma van het Canisius College op zak en verlaat ik het internaat. Mijn besluit om economie te gaan studeren aan de Nederlandsche Economische Hoogeschool in Rotterdam is genomen. Ik weet nog niet wat ik worden wil. Maar één ding weet ik zeker, ik heb vooral één prioriteit. Ik hunker naar thuis en in het bijzonder naar mijn ouders en hun verhalen.

Ik wil weer bij mijn ouders wonen.

2

Zomaar een mens

2018

Had ik het verloop van mijn leven aan het begin ervan willen weten? Nee. De kern van het leven is hoe je erop reageert. Ik heb natuurlijk ook tegenvallers gehad. Het gaat erom hoe je met veranderingen omgaat. Je hebt je eigen leven en dat is verweven met maatschappelijke ontwikkelingen, met het tijdsgewricht. Om met Sanctus Augustinus te spreken: 'De tijden, dat zijn wij.' Augustinus leerde ons: zowel de tijden, de moeilijke tijden, als problemen te boven komen, is aan ons mensen zelf. Dus klaag niet over moeilijke tijden, maar maak er het beste van. Immers, de tijden, dat zijn wij.

De mijne zijn van 1939 tot zeg, 2018, wanneer ik dit verhaal vertel, aan de vooravond van mijn tachtigste levensjaar. Je hebt de tijden, en je hebt jezelf. Ik kan zeggen dat ik heel blij ben met hoe ik ben opgevoed. Hoe wij toen leefden, ondanks of dankzij, is daar bepalend voor geweest. De oorlogsjaren, het gezin waarin ik opgroeide. En wat maakt een mens dan mee? Dat is persoonlijk. Dat zijn persoonlijke herinneringen. Parallel daaraan is er de biologie, het ouder worden. Ik kamp nu met fysieke gebreken die daarmee samengaan. Het ouder worden heb ik onderschat. Ik had niet eerder willen weten dat ik het zou onderschatten.

Je kunt het leven niet voorspellen. Toen ik met vierendertig jaar jong minister werd in Den Haag, had ik een goede relatie met de Arabische wereld. Dat het ooit tot een Islamitische Staat zou komen, had ik nooit bevroed. Ik geloof in de duivel. Voor mij is IS de duivel. Die donkere macht is nooit helemaal weg; in het verloop van het *verschijnsel mens* komt die iedere keer weer terug. En zo cirkelen beide dimensies, het goede en het kwade, om elkaar heen.

Dat sinds 2013 paus Franciscus in Rome zit, noem ik een godswonder. De Katholieke Kerk zat helemaal op de foute weg. Ik zei tegen mezelf: dat zooitje in Rome, met al zijn voorschriften en regeltjes, is om wanhopig van te worden. Eigenlijk had ik de Kerk compleet opgegeven. Maar de nieuwe paus weet in zijn eentje weer elan te geven aan een totaal gestolde traditie. De huidige Nederlandse kardinaal, Wim Eijk, aanvaardt hem eigenlijk nog steeds niet. Maar ook die tijd gaat weer voorbij. De kern van het verhaal is dat niets bevroren is. Niets is voor eeuwig.

En dan zijn er kantelmomenten in je leven. En verschillende fasen. Het belangrijkste kantelmoment nu is dat ik zonder professie zit. Dat mijn fysiek mij parten begint te spelen. Ik heb de publieke zaak gediend, twaalf jaar lang ben ik minister-president geweest. Ik heb een bijzonder leven gehad, ik zag mezelf als zondagskind door het geluk dat ik ervoer, de mogelijkheden die ik kreeg. En: het leven is aan grenzen gebonden. En: ik ben niet zo'n bijzonder mens. Ik ben zomaar een mens. Juist omdat nooit iets voor eeuwig is, schrijf ik mijn verhaal op. De tijden, de omstandigheden, dat zijn wij.

* * *

Je wilt je herinneringen delen met je nageslacht, en met de Nederlanders voor wie je jarenlang minister-president was. Wellicht kunnen nieuwe politici er nog hun voordeel mee doen. Maar ik doe dit vooral omdat Geert Mak, die inmiddels een persoonlijke vriend is geworden, mij voorstelde om ten behoeve van mijn gemoedsrust en een harmonieus leven iedere dag een paar uur te schrijven. Sindsdien begon ik te werken aan wat ik de persoonlijke herinneringen noem. Ik hinkte echter alsmaar op twee gedachten. Balanceerde tussen: 'Goed voor je harmonie, Ruud', maar ook: 'Waarom doe je jezelf dit aan?' Want hoe vertel je een verhaal dat niet heel 'ikkig' is en vooral allerlei positieve gebeurtenissen naar voren brengt? Je gaat je hele leven weer herbeleven, de mooie dingen, maar ook de heel verdrietige. Dus zo ging ik door dit proces. En hier zit ik dan. Over enige tijd word ik tachtig. En hoe doe je dat nou? Of moet je erover zwijgen? Misschien brengt mijn leeftijd mij juist ook tot een zekere motivatie. Het is nu of nooit. Want ja, ooit houdt het op.

Dus ik schrijf door. Dóórgaan. Dat is belangrijk.

* * *

De meeste achttienjarigen willen juist bij hun ouders weg om als student op kamers te gaan wonen. Maar ik had heimwee en wilde over vroeger horen. Dat was een van de redenen om weer thuis te gaan wonen. Als je jong bent, ben je meer met jezelf bezig. Gedurende mijn jaren op het internaat had ik mijn ouders amper gezien of gesproken. Nu was ik achttien en veranderde dat. Tijdens hun 25-jarig huwelijksfeest begonnen die verhalen ineens mijn aandacht te trekken. Voor het eerst van mijn leven drong mijn voorgeschiedenis pas goed tot mij door.

Mijn moeder zei me: 'Ruud, je weet toch hoe ik in Nederland ben gekomen?'

En ik antwoordde: 'Nee mam, dat weet ik niet. Hoe zit dat dan?'

Zij vertelde me wat ik u zo direct ga vertellen. En dat boeide mij.

Ik hield van de verhalen van mijn ouders.

Deel 1: mijn (groot)ouders en opgroeien

1901-1957

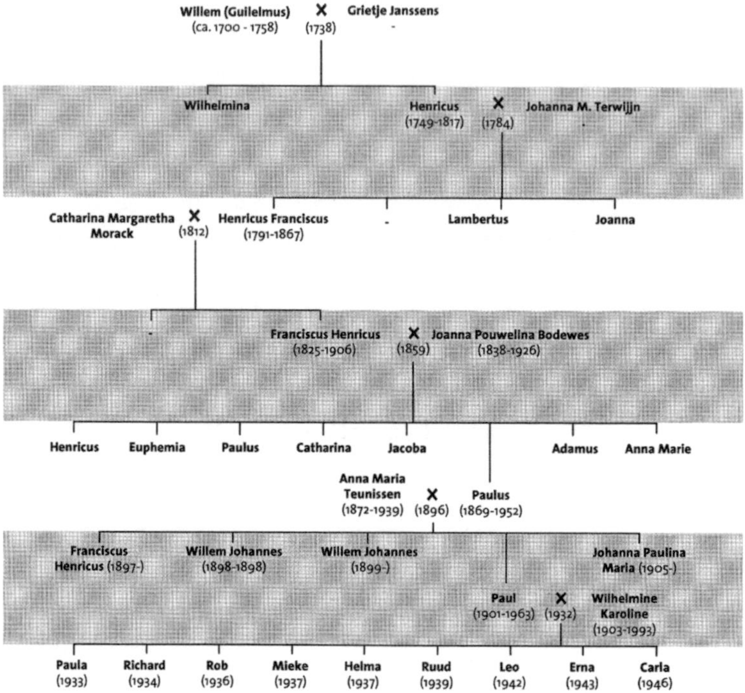

Stamboom familie Lubbers. Uit: *Paulus Johannes Lubbers.*

3

Schipperskind

Mijn moeder was een schipperskind.

In 1903 wordt ze aan boord geboren in een familie van rijnschippers. Het schip van haar ouders waar Wilhelmine Karoline, oftewel Mina van Laack, voor het eerst het daglicht ziet, ligt op dat moment in de haven van Duisburg-Ruhrort, in Duitsland.

De vader van Mina, Wilhelm Stephan van Laack, is de zoon van Gerhard Reiner van Laack, molenaar en boer in Grieth, een klein dorp aan de Rijn vlak over de grens in Duitsland. Gerhard trekt soms ook schepen met zijn paarden, vanwege gebrek aan de juiste wind. Het schippersleven heeft een aantrekkingskracht op zoon Wilhelm Stephan en hij besluit te gaan varen. Als matroos komt Wilhelm Stephan aan boord bij rijnschipper Hendrik van Loghem, waar hij contact krijgt met de dochter van deze schipper, Catharina Antonia. In 1884 trouwen ze en algauw krijgen Wilhelm Stephan en Catharina kinderen, onder wie mijn moeder.

Mina van Laack is de op twee na jongste uit het gezin van veertien. Vier daarvan komen op jonge leeftijd te overlijden. Ook Mina's tweelingbroer is dat lot beschoren, al tijdens hun geboorte.

Het was in die tijd de gewoonte dat je als rijnschipper een half schip bij elkaar verdiende voor ieder van je kinderen – een hele uitdaging. Wanneer je kinderen trouwden, brachten hun partners de andere helft van het schip in. Met tien kinderen zijn er voor het echtpaar Van Laack-Van Loghem heel wat halve schepen te verdienen. Je werkte hard als rijnvaarder, dat was je trots.

Na jaren varen en zwoegen op de Rijn, nemen mijn grootouders een besluit. Zij gaan aan de wal wonen in Rotterdam. Mina is dan acht jaar. De vader van mijn moeder – ik heb hem nooit ontmoet – schijnt het zo te hebben gezegd: 'Het is tijd, vrouw, om rust te nemen. Ik voel mij kuis versleten.' Hij was op, bedoelde hij te zeggen. Bovendien beluisterde mijn moeder ergernis in haar schippersfamilie omdat er 'Pruisen' in hun paspoorten stond. Een Pruis was iemand die de baas speelt. Daar wilden zij niet bij horen. Tel daar nog de ontwikkeling bij op van de modernisering van de schipperij in Rotterdam: eerder werden schepen door paarden getrokken, maar de motorisering van voertuigen bracht daar verandering in. En je vindt de combinatie van omstandigheden en wensen waarin het verlangen van de Van Laacks verscholen ligt om te emigreren en Nederlander te worden.

Eerdere Van Laacks in de familielijn woonden ook in Nederland. Nu steken mijn grootouders, in 1911, eveneens de grens over.

Mina's ouders en haar jongere gehandicapte zusje Erna, zij was met een hoog ruggetje geboren, komen in Rotterdam terecht. Eerst verhuizen ze naar een huis in de stad, maar omdat mijn oma daar niet kan aarden, gaan ze al snel naar een kadewoning op het Noordereiland. Mijn moeder verruilt op dat moment het ouderlijk huis voor een schippersinternaat in Millingen, in Gelderland, wederom aan de Rijn. In 1917, op haar veertiende, gaat ze na het voltooien van de kostschool vervolgens weer thuis in Rotterdam wonen. Net zoals ik veertig jaar later zal gaan doen na het Canisius te hebben afgerond.

Algauw daarop komt de Eerste Wereldoorlog tot zijn eind. Maar ook een andere gebeurtenis heeft grote impact op het leven van mijn moeder.

De Van Laacks zijn al jaren aan het wachten op verlening van het Nederlanderschap. Deze ontvangen zij alsmaar niet en de vader van mijn moeder doet navraag.

De Eerste Wereldoorlog is dan nog in volle gang.

'Ik heb toch een aanvraag gedaan, is er iets mis?'

'Nee, het is hier alleen allemaal een beetje vertraagd op het secretariaat, vanwege de oorlog.'

Dat Nederlanderschap komt wel een keer zodra de oorlog voorbij is, denkt mijn grootvader.

Maar nog voordat het zover is, in 1918, overlijdt Wilhelm Stephan van Laack. Hij sterft als Duitser, de toekenning heeft hij bij leven nooit ontvangen.

Op de rooms-katholieke begraafplaats in Crooswijk wordt hij begraven. Mijn moeder komt thuis na de plechtigheid. En wat ziet zij op de vloermat liggen? Een envelop. Ze maakt hem open. Het is een brief. 'Gelukwensen meneer Van Laack,' staat er. 'Uw Nederlanderschap is toegekend.' Zo wordt mijn moeder op haar vijftiende onverwacht halfwees en per direct Nederlandse.

Vanaf dat moment gaat zij het huishouden bestieren. Mina vindt het logisch dat ze niet buitenshuis aan het werk gaat, maar verantwoordelijkheid neemt voor haar rouwende moeder en haar gehandicapte zusje. De andere broers en zussen zijn dan al elders, zij varen op hun hele schepen en doen af en toe Rotterdam aan voor een bezoekje, bijvoorbeeld om de post op te halen die ze in het ouderlijk huis, aan de wal, laten bezorgen. Mijn moeder zet haar schouders eronder. Ze heeft de neiging om positief te zijn, stapt op het leven af.

Zo hoort ze niet lang na het overlijden van haar vader iedere ochtend lawaai op de rivier, vanaf de Maaskade op het Noordereiland waar zij wonen. Nieuwsgierig geworden steekt Mina haar licht op.

Ik herinner me nog levendig dat ze me erover vertelde.

'Wat is dat nou?'

'Dat is een schip van de Holland-Amerika Lijn' – de Nederlandse maatschappij die een scheepvaartverbinding onderhield tussen Nederland en de Verenigde Staten. Aan de lopende band vertrekken er schepen naar New York. En iedere keer weer hoort mijn moeder een krachtige toeter voordat de stoomboot de haven verlaat.

'Moeder, heeft u bezwaar als ik eens poolshoogte neem?' vraagt Mina. Nee, dat heeft haar moeder niet. Mina vindt het wel spannend en gaat dus een kijkje nemen.

Ze komt aan bij de haven. Daar is het landverhuizershotel waar mensen verblijven die wachten op hun overtocht naar New York. Ze probeert met ze te praten en dat gaat moeilijk. Ze probeert het in het Duits. Maar de meerderheid van de mensen die naar Amerika gaat spreekt Jiddisch en dat verstaat ze niet, zou ze me later zeggen.

Met handen en voeten communiceren ze met elkaar.

Mijn moeder vertelde me dat ze aan die landverhuizers vroeg waar ze heen gingen. 'En dan antwoordden ze, Ruud, met één woord. *America*.'

Amèèèrica, het volle accent op een werelddeel.

Ze zei, en dat zal ik mijn leven lang niet vergeten: 'Ik verstond alleen dat ene woord. Maar die mensen konden het woord "America" uitspreken alsof ze naar de hemel gingen.'

En mijn moeder bleef naar het landverhuizershotel gaan en sprak met de mensen.

En de mensen zeiden: 'We gaan naar *America*.'

Mijn moeder dacht: je hoeft mij niet uit te leggen wat de hemel is, want dat weet ik wel. Ik hoor het van die landverhuizers.

Mina van Laack is een geëmancipeerde dame. Wanneer ze eenentwintig wordt, vraagt ze haar moeder brutaalweg of ze een auto mag. Autorijden was in die tijd, in de jaren twintig, geen gemeengoed, laat staan voor een vrouw. Maar daar heeft Mina lak aan. Zij durft haar moeder erom te vragen en ze regelt het ook nog gewoon – ze troggelt haar een wagen af. Zo raakt ze bekend als 'Mina van Laack die autorijdt'.

Mijn moeder wil bewegen, vooruit.

Nu kan zij lekker naar de stad toe, in haar eigen auto. Ze heeft de gewoonte om op zondagmorgen op het Noordereiland met haar moeder en haar zusje naar de kerk te gaan. Daarna, wanneer ze het ontbijt heeft geserveerd en thuis de boel aan kant is, kan de volgende etappe aanvangen. Voor een tweede keer die dag gaat ze naar de dienst, maar dan naar de Steigerse Kerk in het centrum van Rotterdam. Niet zozeer uit vroomheid, ook al is ze een toegewijde Maria-katholiek. Het tweede kerkbezoek op de zondag is vooral ingegeven door haar behoefte om anderen te ontmoeten. Ze gaat dan voorin zitten en kijkt achterom of ze bekenden of nieuwe leuke mensen ziet. Monter spreekt ze hen na de dienst aan: 'Zullen we samen naar het café gaan?' Mijn moeder houdt van stappen. Ze heeft een opgewekte spirit. Er is in die tijd een befaamde plek om te dansen, Danspaleis 'Pschorr', vóór de oorlog een begrip in Rotterdam. De plek staat bekend om zijn glazen dansvloer en avantgardistisch amusement. Onder anderen Josephine Baker en Louis Armstrong hebben er nog opgetreden. Mina is er in haar jongere jaren ook veel te vinden. Of ze gaat feesten in een scheepsruim, wanneer een schip van de Rijnfamilie voorligt. Het zijn de *roaring twenties*, de tijd van de charleston. Ik weet dat mijn moeder graag walste. Dat was de dans op de Rijnvaart.

Mijn moeder walst later ook graag met mijn vader. Maar hem moet ze eerst nog ontmoeten. Gelukkig gaat ze altijd voor dat tweede kerkbezoek.

Op een dag kijkt ze achterom.

4

Breesaap, 'het Hof'

Mijn vader, Paulus Johannes Lubbers, komt uit een Gronings geslacht van kleermakers en koopmannen. Rond 1700 had zijn bet-betovergrootvader een smederij in Groningen.

Mijn opa, ook Paulus Johannes Lubbers geheten, wordt in 1869 in de stad Groningen geboren. Hij is de enige grootouder die ik heb gekend, de anderen waren al overleden voor mijn komst. Ik leer mijn opa vooral kennen na de Tweede Wereldoorlog, van mijn zesde tot mijn dertiende. Dan komt hij als weduwnaar soms enkele dagen logeren op de Avenue Concordia 90 in Rotterdam, mijn ouderlijk huis.

Van mijn grootvader leer ik dammen en hij vertelt mij veel over zijn jeugd in Groningen. Zo is er het verhaal hoe hij als jongen de Martinitoren opklimt, tot grote schrik van de ontstelde, omhoogkijkende stadjers. Het is natuurlijk een spannende en sterke anekdote, die hij met trots aan zijn kleinzoon vertelt. Er zal wel iets van waar zijn, ik weet alleen niet precies hoe het zat. Ook maakt mijn opa grote indruk op mij wanneer ik hem eens met een grote gans in onze tuin zie staan. Hij legt mij uit dat hij die zelf gekocht heeft en straks gaat slachten en braden. En hij brengt mij in verwarring omdat ik hem soms niet aardig tegen mijn moeder vind, ook al was hij een lieve man. Hij ging bijvoorbeeld op een doordeweekse ochtend niet mee naar de kerk, terwijl hij toch ook een christen was. Ik heb mijn vader daar eens naar gevraagd.

Hij antwoordde: 'Dat komt omdat je grootvader wel katholiek is, maar in de stad Groningen opgroeide. Daar is het niet gebruikelijk dat je iedere ochtend ter communie gaat, wat voor je moeder als Maria-katholiek wel heel gewoon is. Dus daar heeft je opa moeite mee. Ik kan mijn vrouw niet afvallen, maar ook mijn vader niet. Ik moet de middenweg vinden.'

Mijn vader zei: 'Ruudje, dat van je opa heb je goed opgemerkt.'

Ik was voor mijn vader geen willekeurig kind. Ik was voor hem een slim baasje.

Veel eerder in mijn opa's leven, wanneer hij nog in de stad Groningen woont, roept zijn vader, mijn overgrootvader dus, hem op een dag bij zich. Het is 1890, de paardentram rijdt sinds tien jaar over de Grote Markt, niet ver van waar mijn overgrootouders, Franciscus Henricus en zijn dertien jaar jongere echtgenote Joanna Pouwelina Bodewes, hun florerende textielzaak hebben. In dat jaar bereikt mijn opa de volwassen leeftijd van eenentwintig jaar.

Tijd voor een goed gesprek.

Mijn overgrootvader zegt: 'Mijn zoon. Je hebt het goed gedaan hier in Groningen. Je hebt in de winkel geholpen. Ik ben trots op je. Maar je begrijpt wel dat het moment is aangebroken om je eigen boterham te gaan verdienen. Jouw oudere broer gaat de zaak overnemen. Daarvan kunnen geen twee mensen leven. Dus ik stuur jou naar Holland.' Zo noemde hij Noord-Holland. De enorme activiteiten ginds waren tot Groningen doorgedrongen; de sluizen en industrieën, waaronder niet veel later de Hoogovens en Staalfabrieken.

'Ik heb het een beetje uitgezocht,' vervolgt mijn overgrootvader. 'Er is een plek in opkomst, IJmuiden. Daar ga ik je heen sturen. En dan kun je net zo'n winkel beginnen als we hier hebben. Ik geef je geld mee om dat te doen.'

En zo begint mijn grootvader een manufacturenzaak in Holland. Algauw vindt hij een vrouw, met wie hij brieven begint te schrijven. Zij, Anna Maria Teunissen, vanuit Haarlem, hij vanuit

IJmuiden. Hij schrijft haar dat het goed gaat met de verkoop, maar dat er een probleem is omdat er veel op de pof wordt gekocht. Want dat zeiden ze dan zo: 'Mijn man is buitengaats, zet het maar op de lat.' In een brief aan zijn ouders vertelt hij ook over deze kleine schaduwzijde. Maar hij kan eveneens goed nieuws met ze delen. Hij heeft inmiddels een vriendin gevonden. En zo luidt het al spoedig: 'Ik stel me voor dat ik met haar ga trouwen.'

Zo geschiedt. Paulus en Anna trouwen en betrekken een woning in IJmuiden. De textielzaak loopt een aantal jaren door. Tot het moment dat mijn opa een berichtje in de krant ziet staan: 'Breesaaphoeve te koop'.

Breesaaphoeve te koop? Mijn opa begint snel en slim te denken. En zegt dan: 'Anna, moet je eens kijken. Er staat hier een leuke advertentie in de krant. Die moet je even lezen.'

In het berichtje schrijft een zekere familie Hoeufft: 'Dit huis op de foto is de Breesaperhof, een jachthuis. Dat is van ons. We hebben er decennialang plezier van gehad. Maar we willen het nu verkopen. Dus als u geïnteresseerd bent, laat het ons weten.'

Mijn opa zegt tegen zijn vrouw: 'Wij gaan daar morgen even een kijkje nemen.'

Het is mooi fietsweer. Samen rijden ze erheen. Eenmaal bij de hoeve aangekomen, gaan ze op het gras van de omringende tuin zitten en zien ze hoe fraai het er is.

De herenboerderij staat in een weelderige omgeving, aan een prachtige laan vlak bij Wijk aan Zee. De bloesem bloeit en de vogels fluiten. Op fietsafstand van het drukke, opkomende IJmuiden is dit een perfecte plek om te ontspannen in de natuur. De Noordersluis is dan nog niet gebouwd en ook staan de Hoogovens er niet. Het bos is vrij toegankelijk voor wandelaars en dat zijn er bijzonder veel in die tijd, want auto's en fietsers zijn er nog nauwelijks.

'Anna,' zegt mijn opa, terwijl de radertjes van dromen en plannen maken harder beginnen te werken, 'ik weet dat jij de beste kookster in de wereld bent. Stel dat wij hier een pension beginnen. Dan kun jij de lekkerste maaltijden op tafel toveren.'

Mijn opa denkt in eerste instantie aan een onderkomen voor de opzichters van bouwprojecten in de omgeving. Zij hebben wel baat bij een eenvoudige maar gerieflijke plek om te verblijven tijdens hun werkweek. 'En,' gaat hij verder, 'we kunnen ook voor Amsterdammers adverteren die met hun vrouw of vriendin een dagje uit willen.'

Anna, in het gras gezeten, voegt er geestdriftig nog een derde idee aan toe. 'We maken hier in de duinen een plek, een soort uitspanning, om uit te rusten na een lange wandeling. Laten we de Breesaap ook aantrekkelijk maken voor stellen met jonge kinderen.' Maar dan fronst ze en zegt ze, denkend aan de betalingsachterstanden van de textielzaak: 'Waar wil je deze mooie plannen van betalen, Paul? Dat kan niet meer van de spaarpot die je van je vader hebt meegekregen. En mensen kopen alsmaar op de pof. Hoe gaan we dat doen?'

'Daar zit precies de oplossing,' antwoordt mijn opa. 'Ik zal de familie van dit landgoed aanschrijven en zeggen dat ik een redelijke prijs wil betalen, maar dat ik dat wil doen in vorderingen die ik op mijn klanten heb. Dan ben je van mijn geklaag over uitstaande betalingen af en dan beginnen we iets nieuws, met mogelijkheden.'

En zo beginnen mijn opa en oma inderdaad dat pension en die uitspanning. Ze plaatsen een biljart, zetten gietijzeren stoeltjes in de tuin en verfraaien het huis hier en daar met ornamenten van een ander herenpand. Het wordt niet chic; het is er vooral functioneel ingericht en toch aangenaam vertoeven, zo'n dozijn gasten kunnen er terecht voor een overnachting. Voor de oorlog wordt Pension het Hof, het Breesaperhof, café Lubbers, de Breesaap of kortweg 'het Hof' – het pension stond onder verschillende namen bekend – een erg populaire bestemming. Precies voor die drie doelgroepen die mijn grootouders destijds in het gras voor ogen hadden.

Mijn grootvader vertelde er altijd gretig over. Dan herhaalde hij de drie functies van het Hof alsof hij de heldere doelen en de marketing nogmaals repeteerde.

Ikzelf ben nooit in het pension van mijn grootouders geweest. Toen ik geboren werd, was het pand al afgebroken voor uitbreiding van de sluizen. Wel is de kiem voor mijn geboorte, en die van mijn acht broers en zussen, in de Breesaap gelegd.

5

Twee glaasjes bier

Als vierde kind en derde zoon wordt in 1901 mijn vader Paulus Johannes geboren, in IJmuiden. Later volgt er nog een zusje. Mijn grootouders hebben dan nog hun manufacturenzaak in de Prins Hendrikstraat, in diezelfde stad. Twee jaar later verhuizen ze naar de Breesaap. Paulus Johannes groeit dus vooral op in het Hof en in de 'Parel van Kennemerland', zoals het bos, de duinen, de weiden en de akkers van de Breesaap door dichters en schrijvers zijn bezongen. Hij gaat er in de buurt naar de lagere school, vervolgens naar de mulo, en komt dan voor de vraag te staan: wat ga ik doen in het leven? Het liefst wil hij varen op zee. Net als zijn oudere broer. Zijn middelste broer trouwt en begint een boekhandel en uitgeverij, maar dat ziet mijn vader niet zitten. Nee, varen wil hij. Dus meldt hij zich aan bij de Koopvaardij. Maar zijn ogen blijken niet goed genoeg en hij wordt afgekeurd. Het is niet anders en hij regelt een baantje. Bij een bank in Haarlem kan hij terecht als kasbeheerder. Mijn vader leert daar in hoog tempo bankbiljetten tellen – zo zouden wij, kinderen, hem later ook leren kennen. Het zal hem nog van pas komen bij Hollandia, dat bruggen en sluizen bouwt, waarbij er voor veel zaken vaak contant werd afgerekend.

'Hoe bevalt het je bij de bank, mijn jongen?' vraagt zijn moeder, Anna.

Paulus zegt: 'Mam, het is fantastisch. Ik ga er met de fiets heen. Iedere ochtend een mooi ritje en 's avonds weer terug. Ik vind dat ik voor mijn leeftijd al een prima salaris krijg. Dus het is een geweldige baan. Eén probleem. Het is erg saai. Ik moet er niet aan denken dat ik het mijn leven lang blijf doen.'

Dat zet mijn oma ook aan het denken.

Aan het begin van de twintigste eeuw wordt er driftig verder gebouwd aan de sluizen van IJmuiden. De Breesaap geeft onderdak aan veel van de mensen die het werk plannen en uitvoeren.

Op een ochtend krijgt Anna er twee mannen in de smiezen. Ze zitten waarschijnlijk nog te vergaderen na het ontbijt. Mijn oma spreekt ze aan: 'Mag ik u even onderbreken? Ik weet niet of u het weet. Maar ik heb gisteravond voor u gekookt. Ik hoop dat u het lekker vond.'

De heren beamen het van harte. 'Maar mevrouw Lubbers, wat wilt u ons vragen?'

'Nou, dat hoeft niet lang te duren,' zegt ze. 'Ik heb een zoon, misschien heeft u 'm hier vanochtend zien vertrekken? Ik denk het eigenlijk niet, want hij ging vroeg weg. Hij werkt namelijk in Haarlem, bij een bank. En dat gaat goed. Alleen, hij vindt het zo ontzettend saai. En u bent hier kennelijk voor bouwwerkzaamheden.'

De mannen hebben zich al voorgesteld, ze heten Alphonsus Franciscus en Cornelis Franciscus de Vilder, zonen van Charles Johannes de Vilder, straten- en wegenbouwer in Amsterdam, onder wiens leiding de Amsterdamse Ballastmaatschappij (ABM) was begonnen te groeien. Ballast, zoals het destijds werd genoemd, begon in 1877 met het opgraven van zand bij IJmuiden, bestemd als ballast voor lege schepen die het Noordzeekanaal uit voeren.

'Wij zijn broers,' antwoorden de heren. 'We voeren nu de directie van de ABM. Daarom zijn we hier nu ook, om daarover te spreken. Maar als we horen dat uw zoon het saai vindt bij de bank, dan komt u misschien als geroepen. Want we zeggen net tegen elkaar: we zoeken nog iemand. We hebben een contract voor zandafgravingen in de Seine en voor wegenaanleg. We hebben daarvoor al vakmensen en machines. Maar we missen nog iemand die mee kan gaan voor de administratie. Want we hebben veel fiducie in de Fransen, maar we vinden het een beetje griezelig om ze het geld toe te vertrouwen. Is dat misschien iets voor uw zoon?'

Die zoon is mijn vader. Gauw na de interventie van zijn moeder, in 1925 – mijn vader is dan vierentwintig jaar – begint hij aan zijn tweede baan, in Parijs voor de ABM, het latere Ballast Nedam.

Twee jaar verdient mijn vader daar zijn boterham, daarna keert hij terug naar de Breesaperhof, naar zijn ouders.

Opnieuw denkt hij: wat ga ik doen in mijn leven? Hij krijgt een aanbod om voor een Franse bank in Indochina, in het huidige Vietnam, te werken, maar dat wijst mijn vader af. En hij vraagt aan zijn bazen, de gebroeders De Vilder: 'Hebben jullie niet iets voor mij? Want ik moet natuurlijk weer werk vinden in Nederland.'

'Nou ja, misschien wel,' antwoordden de broers. 'Wij hebben een quenast-tegelfabriek gekocht in de Stormpolder, Paul, in Krimpen aan den IJssel.' Quenast is een granietsoort, waar je bijvoorbeeld ook goed kinderkopjes van kunt vervaardigen. 'En we hebben ook een aantal andere plannen,' zeggen ze hem. 'Dus je kunt voorlopig bij ons blijven. Dan begin je als procuratiehouder.' Daarmee wordt hij bevoegd tot het nemen van beslissingen namens de directie.

Zo komt mijn vader in Krimpen aan den IJssel terecht, een klein dorpje bij Rotterdam. Hij woont dan nog op de Breesaap en oriënteert zich van daaruit op een verhuizing naar Rotterdam. Op de Breesaap raakt hij in gesprek met een rijnschipper. Dat is een beetje wonderlijk, want rijnschepen gaan normaal niet naar IJmuiden. Waarom is dat schip daar? Omdat er veel gebouwd wordt. De man heeft bouwmaterialen naar het Noordzeekanaal gevaren. En daarna drinkt hij een glaasje bier op de Breesaperhof.

Hij en mijn vader voeren een levendig gesprek. 'Laten we contact houden,' besluit de schipper, Antoon Joosten. 'Als je in Rotterdam bent, geef me dan een seintje. Wie weet ben ik er dan ook en drinken we daar een volgend glaasje bier.'

Mijn vader gaat op zoek naar een eigen pension in Rotterdam en vindt een plek vlak bij de Stormpolder, in Capelle-West. Hij informeert vervolgens bij leeftijdsgenoten welke kerk hij het beste kan bezoeken. Ze raden hem een kerk in Kralingen aan. 'Maar je kunt natuurlijk ook elders gaan.'

In diezelfde dagen zoekt hij contact met de man die hij ontmoette op de Breesaap. Ze drinken samen opnieuw een glaasje bier. En dan vraagt mijn vader: 'Welke kerk raad jij mij aan?'

'Nou,' zegt Antoon Joosten. 'Er woont een hele aardige nicht van mij op het eiland. Die is heel charmant, hoor. Ik kan je sterk de Steigerse Kerk aanbevelen. Mijn nichtje zit daar namelijk altijd vooraan. Ze kijkt dan achterom of er leuke mensen de kerk in komen. Zij is het. Dat kan niet missen. Stap na de dienst maar even brutaal op haar af. Daar kan ze wel tegen. Misschien levert het je gezelligheid op.'

Het wordt niet de vroege ochtenddienst, maar de Hoogmis, aan het einde van de ochtend.

Mijn vader gaat naar de kerk.

En mijn moeder kijkt achterom.

6

Een de-moeite-waard-man

Het zijn de jaren dertig – een nieuw decennium is aangebroken. Mina van Laack heeft verkering met een directeur. Hij is actief op twee sporen: hij houdt zich bezig met schroefbouten en met werk voor Rijkswaterstaat.

Dat zit zo.

Mijn vader begint in de quenast-tegelfabriek van De Vilder. Hij legt zich toe op een reorganisatie. Die is nodig, want de marktprijs van tegels daalt zodanig dat het een hele kunst is om nog een lonende afzet te vinden. In 1928 krijgt de fabriek toch een nieuw jaarcontract van de gemeente Amsterdam aangeboden, mits het zich met alle machines naar de hoofdstad verplaatst. Zo ontstaat daar de Amsterdamsche Quenast Tegelfabriek. In Krimpen aan den IJssel blijft een leeg pand over. Juist in die periode krijgen de heren De Vilder en ir. Johan Ringers – die het jaar ervoor als hoofdingenieur bij Rijkswaterstaat de bouw van de Noordersluis in IJmuiden heeft geleid en later minister van Verkeer en Waterstaat zal worden – informatie over een patent van schroefbouten. Dat is een uitvinding van de Franse legerofficier Hugues Louis Dardelet. De broers De Vilder ontvangen het patent voor Nederland. De productie van de schroefbouten kan nu mooi in dat lege complex in het industriegebied in de Stormpolder plaatsvinden. Zo richten ze in 1928 de N.V. Schroefboutenfabriek 'Hollandia' op.

De productie komt op gang, maar gaat niet over rozen. De

eisen voor deze specifieke schroefbout zijn zo hoog, dat de fabricage ervan moeilijk blijkt. Het gaat bovendien om massaproductie waar het arbeidspotentieel in die streek op dat moment niet op is ingesteld; arbeiders verdienen er al flink met gespecialiseerd werk op de scheepswerven. Al snel moeten de broers daarom ook besluiten om de vervaardiging op basis van het Dardelet-patent te beëindigen. Ze gaan zich toeleggen op gewone schroefbouten voor waterbouwkundige werken, zoals onderdelen voor bruggen en sluizen. Deze productie loopt wel goed.

Mijn vader werkt dan al een aantal jaren voor Hollandia. In 1930 gaat hij als directeur aan de slag.

Wanneer de crisis aanbreekt, lijdt echter vooral massaproductie daaronder en gaat Hollandia zich om die reden weer toeleggen op speciale bouten. Dit blijkt een succes, mede door de goede relaties van de Amsterdamsche Ballastmaatschappij waaruit opdrachten voor constructie- en klein ijzerwerk voortvloeien. Daarbij kan het in 1931 een reparatiewerkplaats in IJmuiden en opdrachten van de Ballastmaatschappij overnemen. En ook groeit Hollandia vanwege locomotiefreparaties en renovaties. Tot ver in de jaren vijftig spreekt men in het bedrijf over de 'locomotievenloods'. De treinstellen worden per dekschuit aangevoerd en even later, gerepareerd en wel, weer terug naar de spoorhaven in Rotterdam gebracht.

Mijn ouders kennen elkaar nu al een poos. Door alle levendigheid van de *roaring twenties* is de band tussen hen gegroeid. Ze gaan nog steeds veel uit en dansen graag met elkaar. Ondanks de Grote Depressie, de grootste economische crisis van de twintigste eeuw, verlopen de zaken goed.

En dan vinden ze het tijd om door te zetten als stel. Mijn vader vraagt mijn moeder ten huwelijk. In datzelfde jaar nog, in 1932, trouwen ze. Samen verhuizen ze naar de Avenue Concordia 110 in Kralingen. Mijn vader is dan eenendertig, mijn moeder negenentwintig. Oud genoeg voor het huwelijk, dunkt hun.

Waarom trouwen mensen überhaupt? Je moet natuurlijk van

elkaar houden. Ze zijn tot de conclusie gekomen dat ze dat doen. Ja, ik denk dat ze echt verliefd op elkaar waren. Het is mijn moeder duidelijk dat haar geliefde geen schipper zal worden. Zij, een schipperse, trouwt dus met iemand van de wal. Dat is een beetje afwijkend. Maar mijn vader heeft dan wel geen half schip in de aanbieding, hij is al wel in het leven geslaagd. Mina van Laack kiest voor een man die een eigen maatschappelijke functie bekleedt, die goed is in zijn vak, die carrière maakt. Hij kan iets betekenen. Hij heeft een inkomen, hij kan voor haar zorgen. Misschien dat hij er aardig uitziet, misschien dat hij goed danst.

Die Paul van Mina is dan wel geen schippersman. Het is wel een de-moeite-waard-man.

7

Interbellum

Een jaar na hun huwelijk wordt in 1933 Paula geboren, het eerste kind van het echtpaar Lubbers-Van Laack. Richard volgt in 1934, Rob in 1936, en de tweeling Mieke en Helma in 1937: vijf kinderen in vijf jaar. Mijn ouders wonen inmiddels in hun tweede huis op de Avenue Concordia, op nummer 105. Ze hebben zich bewust niet in de buurt van Hollandia in Krimpen aan den IJssel gevestigd. Dat wil mijn oma niet, vanwege de magere oeververbinding tussen Krimpen en Rotterdam. Kralingen ligt aan de oostkant van Rotterdam en daarmee niet ver van de Stormpolder. Mijn vader forenst.

Wanneer mijn moeder in 1938 zwanger wordt van hun zesde kind, besluiten ze voor een derde keer te verhuizen naar een ruimer herenhuis in dezelfde straat, deze keer op nummer 90.

Dat zesde kind ben ik. Net als mijn vader, de derde zoon van het gezin.

De jaren dertig staan voor mijn ouders in het teken van trouwen, kinderen krijgen en de economische crisis overleven met Hollandia.

In 1934 komt op initiatief van mijn vader en in overleg met collega's en de regering een verkoopkantoor voor schroefbouten tot stand. Feitelijk organiseren ze op deze wijze een kartel. De verkoop van schroefbouten gebeurt dan centraal en de deelnemende bedrijven hebben via een verdeelsleutel recht op opdrachten. In eerste instantie pakt het systeem positief uit. De partijen krijgen echter een verschil van mening over het quotum en groeien na verloop van tijd uit elkaar. Hollandia regelt nu dat het ook een afwijkende schroefbout mag maken die niet in de standaardcatalogus staat. Maar eigenlijk is het bedrijf in die tijd vooral bekend om zijn constructiewerkzaamheden en leunt het minder op zijn schroefboutentraditie.

Echter niet alleen een jong gezin en hard werken bepalen het leven van mijn ouders in die jaren. Ook horen ze steeds vaker een boze stem op de radio. Hij is van Adolf Hitler. Je hoorde onmiddellijk, zo zou mijn vader mij later vertellen: 'Dat is een hele slechte man. Die gaat onheil geven.'

Mijn vader spreekt erover in zijn bedrijf.

'Maar Paul,' krijgt mijn vader als reactie. 'We zijn toch in de Eerste Wereldoorlog ook neutraal gebleven? Wat maakt dat uit, die speeches van Hitler? Daar krijgen wij niet mee te maken. Hier komt geen oorlog.'

Ook de meeste Rotterdammers zijn deze mening toegedaan.

Hij praat er met zijn Mina over. Het versterkt hun band. Zij leven toe naar, wat voor hen vaststond, de oorlog. En het brengt hen ook samen, daar ze het erover eens zijn: die Hitler, daar komt ellende van.

Het merendeel van de mensen zegt: 'Er komt geen oorlog. De oorlog komt niet naar Nederland. We zijn de vorige keer neutraal gebleven en we blijven weer neutraal.'

Ik hoor het mijn vader vertellen.

Het zit in mijn geheugen gegrift.

8

Drie voornamen

Ik ben geboren als Ruudje. Een verkleinnaam voor een kind was heel normaal in die tijd. En dan oogde ik ook nog vrij klein en tenger.

Ik ben het enige kind uit het gezin van negen dat drie voornamen heeft. Dat is tekenend, vooral voor mijn moeder.

Ik zie het voor mij: mijn vader die na mijn geboorte, op 7 mei 1939, op de rand van het bed gaat zitten waar zijn vrouw net van mij is bevallen. Hij belt zijn zakenvriend Ruud Sormani op, die met zijn vrouw Greet als peetouders zijn gevraagd. Sormani en mijn vader hadden tijdens de crisis van de jaren dertig samen nog een woningbouwproject opgezet. Dat deed hij destijds naast zijn werk bij Hollandia.

Mijn vader bericht Sormani dat de bevalling succesvol is verlopen en de kersverse zoon Frans Marie gaat heten. Het zijn altijd twee voorletters, dat is vooraf goed tussen mijn ouders besproken. Met zorg worden met die namen ook de beide families vernoemd.

'Maar Paul,' zegt zijn vriend. 'Jullie hebben ons toch als peter en meter gevraagd? Dan kan je toch niet aan mijn naam voorbijgaan?'

In gedachten zie ik mijn vader aan de andere kant van de lijn even in verlegenheid raken. Hij houdt zijn hand voor de hoorn en legt het aan Mina voor.

'Nou,' zegt mijn moeder, 'laten we het praktisch houden, Paul.

Geen probleem. Dan plakken we er toch gewoon Ruud voor?'
Mijn moeder was misschien nog wel praktischer dan mijn vader.
En zo word ik zonder aarzeling Rudolphus Franciscus Marie, de enige in het gezin met drie voornamen.

9

Mariabeeld

Op het moment dat mijn moeder van mij in verwachting raakt, maken mijn ouders zich grote zorgen over een naderende oorlog. Dat onheil maakt hun band hechter. In die tijd word ik verwekt en geboren. En dan volgt inderdaad die inval van de Duitsers, op 10 mei 1940. De regering besluit om samen met het koningshuis naar Londen te vertrekken. Koningin-regentes Emma leeft niet meer, koningin Wilhelmina neemt haar familie mee. De koninklijke familie krijgt nog een aanbod van 'de Amerikaanse prinses' Allene Tew om naar een buitenhuis in Zuid-Frankrijk te gaan, maar ze gaat naar Londen.

Hoe begint de oorlog voor ons? Zoals voor iedereen. Dat er ineens van alles gebeurt. Plots horen we dat er een bombardement komt op Rotterdam. De Duitsers willen daarmee capitulatie afdwingen. Ik weet dat niet uit eigen herinnering, want ik ben dan één jaar. Maar mijn ouders vernemen het. Dat gaat dus fout. We wonen in de stad. Zoals veel Rotterdammers staan ze voor de keus: vluchten we naar de kelder of naar buiten? Omdat het bedrijf van mijn vader in de Stormpolder ligt, in Krimpen aan den IJssel, kent hij mensen buiten de stad waar we kunnen schuilen.

'Mina,' zegt hij, 'we moeten gaan. Het wordt riskant met die bommen.'

Dus rijden ze Rotterdam uit, met zes kinderen in de Dodge. Directeuren reden in die tijd in grote auto's. We passen er met zijn allen in. Mijn vader brengt ons naar de chef van de tekenkamer van Hollandia en gaat weer terug om meer mensen in veiligheid te brengen.

Bij thuiskomst in Rotterdam, de volgende dag, zit ons huis vol scheuren. Schuin tegenover het pand zijn bommen gevallen. Het is kantje boord geweest.

Later zal ik aan mijn moeder vragen wat ze meenam tijdens die vlucht.

'Wat ik meenam, Ruud, waren de fotoboeken en het Mariabeeld.'

Nog veel later, in 1993, wanneer mijn moeder overlijdt en mijn broers, zussen en ik haar spullen verdelen, zeg ik: 'Ik wil graag dat Mariabeeld.'

Ik kende het verhaal van mijn moeder en dat was me dierbaar.

Jaren daarna zou mijn oudste zus, Paula, tegen me zeggen: 'Ruud, ik heb je destijds niet willen corrigeren. Ik heb maar geknikt toen je het aanwees. Maar dat Mariabeeld van jou is niet het beeld dat mama meenam tijdens het bombardement. Papa vond het oorspronkelijke ding foeilelijk, met allemaal kleurtjes, en heeft het jaren later vervangen door een ander exemplaar. Dat staat nu bij jou. Ze hebben het samen in Nijmegen gekocht, lang na de oorlog. Volgens mij ter ere van een huwelijksdag.'

Jarenlang heb ik naar de Maria bij mij thuis gekeken alsof dat het beeld was dat mijn moeder tijdens het bombardement meenam. In gedachten zag ik het haar van de schoorsteenmantel grissen en onder haar arm meenemen, op weg naar veiligheid.

Maar het was niet dát beeld.

Mijn moeder zou zeggen: 'Ruud, dat maakt niet uit. Als het niet waar is, is het toch een mooi verhaal.' Dat typeerde haar. Mijn moeder leefde in verhalen, ze hield van vertellen.

Het Mariabeeld bij mij thuis is mooi en me nog even lief. Maar als mijn kleinkinderen mij nu vragen waar opa toch die Maria vandaan heeft, kan ik niet jokken.

10

Nicht deutschfreundlich

Het is oorlog in Europa. Hitler is Nederland binnengevallen. Hij heerst over een verweesd en verdeeld land. Enerzijds zijn er de NSB'ers, aangevoerd door Anton Mussert, die met Hitler-Duitsland heulen. Anderzijds capituleert niet iedereen. Vanaf dag één is er verzet.

Hoe nu verder, vragen vele burgers zich af. En zo komt het in juli 1940 tot de oprichting van de Nederlandsche Unie op initiatief van een driemanschap van Jan de Quay, Hans Linthorst Homan en Louis Einthoven. Dit Driemanschap stelt zich een werkbare verhouding met de bezettingsmacht tot doel, vergelijkbaar met de Vichy-regering in Frankrijk in die tijd. De Nederlandsche Unie probeert zo veel mogelijk neutraal en onafhankelijk te zijn. Maar wat betekent dat eigenlijk, neutraal? Want in tegenstelling tot tijdens de Eerste Wereldoorlog is Nederland dan wel bezet. In ieder geval zal het geen steun aan de Engelsen verlenen.

Het initiatief blijkt vanaf de eerste dag zowel populair als controversieel. Enige tijd bestaat de illusie dat er een akkoord zal komen met de Duitsers om maatregelen tegen joden te voorkomen. Al snel wordt het de Nederlandse bevolking echter duidelijk dat joden het moeten ontgelden. Bijvoorbeeld in de academische wereld, waar zij geen posities meer mogen bekleden. De eerste hoogleraar die openlijk protesteert is Victor Jacob Koningsberger, de latere rector magnificus van de Universiteit van Utrecht, tijdens een rede in diezelfde stad. En beroemd is de protestrede van professor Rudolph Cleveringa van de Universiteit van Leiden over het ontslag van zijn joodse collega-hoogleraar Eduard Maurits Meijers en anderen. De maatregelen worden niet ongedaan gemaakt. Maar de toespraken richten wel de aandacht op de anti-joodse maatregelen.

Het vileine van de moffen raakt steeds meer wijdverspreid.

Mijn moeder zei altijd: 'Je hebt Duitsers, en je hebt moffen.'

Het jaar erop, in 1941, vindt in Amsterdam de Februaristaking plaats, de eerste grootschalige verzetsactie in Nederland tegen de moffen, onder meer in reactie op steeds hardere maatregelen tegen de joden. Het was het enige massale en openlijke protest tegen de jodenvervolging. Het protest breidt zich uit naar andere steden. Maar de Duitse bezetter grijpt hardhandig in. In datzelfde jaar begint ook de steun voor het Driemanschap te slijten en komt de Nederlandsche Unie tot haar eind.

Tijdens het eerste jaar van de oorlog werkt mijn vader nog bij Hollandia. Maar de sfeer is grimmig en er heerst spanning in het bedrijf.

'Waarom doe jij er toch zo moeilijk over om met de Duitsers samen te werken?' vragen de eigenaren De Vilder aan mijn vader. 'Die zijn toch gewoon de baas nu?'

Ook mijn moeder verzet zich. Met het overlijden van haar vader heeft ze rijnschepen geërfd. Ze geeft de schippers opdracht dat ze niet voor de *Wehrmacht* mogen varen. De moffen leggen haar daarom boetes op.

En dan, anderhalf jaar na het bombardement op Rotterdam, in oktober 1941, rinkelt de telefoon op de Avenue Concordia 90. Mijn moeder neemt op. Het is de secretaresse van haar man.

'Mevrouw Lubbers, uw man is opgehaald door de moffen.'

Mijn man is opgepakt.

Papa is opgepakt.

Ik ben nog te klein om het me te herinneren. Ik ben dan twee jaar, mijn vader veertig. Maar ik zal mijn armpjes hebben uitgestrekt met de vraag waar papa toch bleef.

Ik weet nog goed dat mijn moeder mij er later over vertelde. Ze bracht het verhaal alsof ze weer op dat politiebureau stond, waar ze direct, hevig geschrokken, op hoge poten naartoe was gegaan.

'Ik heb een bericht ontvangen dat mijn man vanmorgen gevangen is gezet. Klopt dat?' Mijn moeder is zojuist gearriveerd op het hoofdbureau van de politie, het Haagscheveer, aan de Coolsingel, en heeft een conciërge aangesproken.

De man achter de balie kijkt in zijn register.

'Ja, dat klopt, mevrouw.'

'Maar waarom zit hij dan gevangen?'

'Meer weet ik er ook niet van.'

'Maar er moet toch een reden voor zijn?'

Mogelijk wordt de conciërge nu een beetje ongeduldig. Maar deze mevrouw geeft niet op. Hij zal er wel even een hogergeplaatste bijhalen.

Of het een Duitse officier is die naar beneden komt, weet ik niet.

'Mevrouw, wat kan ik voor u doen?' De dienstdoende chef klinkt beleefd.

'Baas, dit is mevrouw Lubbers,' zegt de beheerder. 'Ik heb haar kunnen bevestigen dat haar man hier gevangenzit. En nu vraagt ze waarom. Maar ja, dat weet ik niet. Kunt u haar dat uitleggen?'

Het gesprek gaat door, zonder dat mijn moeder duidelijkheid krijgt.

'Wat heeft mijn man dan in hemelsnaam misdaan?' dringt mijn moeder aan. Ik denk dat ze ook accent legt op 'dit kunt u mij en mijn gezin niet aandoen.' Inmiddels is ze op het Duits overgegaan, wellicht komt er dan wél een antwoord.

De hogergeplaatste raakt met de minuut geïrriteerder. Geen antwoord.

'Maar *Herr*, als hij gevangenzit, dan moet mijn man toch een *Attentat* gepleegd hebben? Dan moet hij iets gedaan hebben wat niet kan? Maar hij is gewoon een zakenman, een directeur van een bedrijf. Waarom is hij dan hier? Waarom zit hij gevangen?'

Nu is de maat voor de officier vol. 'Aber Frau Lubbers, es ist doch ganz einfach. Ihr Mann ist nicht deutschfreundlich.'

Mijn moeder kan vertrekken.

Er was natuurlijk gefluisterd in het bedrijf. Verscheidene collega's zijn NSB'er, *deutschfreundlich*, net als de gebroeders De Vilder, de eigenaren van Hollandia. En in de aanloop naar de oorlog heeft mijn vader zich altijd verontrust getoond over Hitler. Mensen weten dus hoe hun directeur, Paul Lubbers, denkt.

Mijn vader schrijft mijn moeder brieven, eerst vanuit een kamer op het Haagscheveer, daarna vanuit een cel op het Bureau Havenpolitie en politiebureau Parkhaven waar hij naartoe wordt overgebracht. Aanvankelijk vertelt hij nog dat hij de gevangenschap maar als een 'gedwongen vacantie' beschouwt en beziet als een 'prachtgelegenheid om eens uit te rusten', omdat hij zijn 'heele leven nog nooit zoo'n rustige tijd' heeft gehad. Hij vraagt om tabak voor zijn 'kamergenooten' en 'een fatsoenlijk pakje, een blok schrijfpapier en postzegels' voor hemzelf. Maar algauw klinken zijn brieven anders: 'begint het een vervelende geschiedenis te worden' en spreekt hij van een 'fnuikende onzekerheid', ook al zal hij zijn vrouw en kinderen door alle brieven heen blijven bemoedigen en zijn ook Hollandia en andere dagelijkse zaken onderwerp van zijn post: 'Hoe gaat het met de centrale verwarming, kan je er al een beetje mee overweg (...) ik heb er Zondagavond nog aan gedacht, ik had hem voor de waschdag nog graag eens flink opgestookt.'

Eindigt hij de volgeschreven velletjes eerst nog met 'hartelijke groeten', hoe langer de opsluiting duurt hoe meer groeten er worden gedeeld – 'vele hartelijke' – en ook vaker 'kussen en kusjes voor de kinderen'.

Mijn vader besluit zijn brief op 2 november 1941 met dat hij hoopt dat wij het goed maken. En hij praat ons, en zichzelf, moed in. 'Boven de deur van onze cel stond "Alles gaat voorbij" en met dit devies voor oogen zullen we maar proberen erdoorheen te komen.'

Inmiddels werkt mijn moeder aan een plan om haar man vrij te krijgen. Direct na terugkomst van het politiebureau is zij zich gaan beraden op vervolgstappen. De eerste aan wie ze denkt is professor De Quay. De latere premier van Nederland is op dat moment commissaris van Hollandia en dan nog een van de mannen van het Driemanschap. Hij heeft een hoge positie in Nederland, hij weet mogelijk raad. De Quay is geboren in 1901, hetzelfde jaar als mijn vader. Tijdens de Eerste Wereldoorlog zijn zij allebei tieners en maken ze mee dat Nederland buiten die oorlog blijft.

In de Tweede Wereldoorlog loopt dat dus anders.

Mijn moeder belt De Quay op en vertelt hem radeloos het verhaal over haar man.

'Dat ziet er niet goed uit,' klinkt het aan de andere kant van de lijn.

'Nee,' zegt ze. 'Wat moet ik doen?'

'Wat u moet doen, zal ik u zeggen,' antwoordt De Quay. 'Ik denk dat er slechts één oplossing is. Ik denk dat uw man het beste ontslag kan nemen bij Hollandia. Mijn relatie met de Duitse bezettingsmacht wordt met de dag slechter, maar ik vermoed dat ik wel kan bevorderen dat u met uw man daarover spreekt op het politiebureau. Hij moet er uiteraard goed over nadenken, want dan is hij dus z'n baantje kwijt. Maar ik denk dat het zijn enige kans is om vrij te komen. Ik zal praten met de De Vilders. Dan regelen we het zo dat hij vrijkomt, mits hij zich niet meer met het bedrijf bemoeit. En dan kunnen de De Vilders een deutschfreundliche directeur aanstellen. Dat is de oplossing.'

En zo is het gegaan. Mijn vader heeft ongeveer twee maanden gevangengezeten. In december 1941 komt hij vrij, dezelfde maand waarin de Nederlandsche Unie wordt ontbonden.

Op de agenda van een bijeenkomst binnen Hollandia in die tijd staat het ontslag van de directeur. In de notulen ervan lees je over de instemming van de aandeelhouders, maar er wordt ook een Duitse naam genoemd. Dat is kennelijk een mof die er iets te zeggen heeft en ermee instemt dat mijn vader ontslag neemt en dan vrijgelaten zal worden.

Mijn vader was zijn loopbaan begonnen dankzij de beide broers De Vilder. Maar die relatie liep in de jaren dertig spaak.

Zij hebben mijn vader niet gesteund toen de Duitsers het voor het zeggen kregen. Mijn vader voelde zich verraden door de NSB'ers in het bedrijf.

'Psst... die baas van ons... meneer Lubbers... die zit fout. Hij geeft ons de instructie om niet voor de Wehrmacht te werken.'

11

Gijzelaar

Vanaf nu is het een zaak van overleven. Mijn vader is dan wel thuis, maar mijn ouders moeten heel voorzichtig doen. Ze mogen geen contact met Hollandia hebben. Mijn moeder beschikt nog over haar inkomsten van de rijnvaart en mijn vader gaat omzien naar wat advies- en boekhoudwerk. Kleine klusjes voor een additioneel inkomen.

De wintermaanden gaan voort en het wordt lente. De afspraak dat mijn vader met rust wordt gelaten, lijkt te worden nagekomen. Maar dan, geheel onverwacht, stopt zes maanden na zijn eerste opsluiting een Duitse politieauto voor het huis. Het is 13 juli 1942. Er wordt aangebeld. Mijn moeder doet de deur open. Op de stoep staan twee mannen in Duits uniform.

'Is uw man thuis?' vraagt de een.

Een simpele vraag. Die is thuis natuurlijk.

'Maar waarom komt u hier?'

'Wij hebben opdracht om hem op te halen. Hij moet naar een gijzelaarskamp.'

Nu wordt mijn moeder boos. 'Dat is toch niet te geloven,' fulmineert zij. 'Hij is onlangs vrijgelaten onder de belofte dat hij zich niet met het bedrijf zou bemoeien. Daar houdt hij zich strikt aan. Hij probeert de oorlog door te komen met ander werk.'

'Dit gaat over heel iets anders,' zegt de officier. 'De ondergrondse, het verzet, pleegt steeds meer *Attentate*. Die mensen gaan we onder druk zetten door de elite in Nederland in gijzelaarskampen op te nemen. Wanneer het verzet weer een aanslag pleegt, zullen wij gijzelaars fusilleren. Dáár gaat het over.'

Waarop mijn moeder zegt: 'Ik begrijp er niets van, mijn man is gewoon een zakenman. Mijn man is toch geen elite?!'

Dit was natuurlijk een bijzondere belevenis voor mijn moeder, waar zij vaak trots en smeuïg over vertelde. Trots, omdat ze die Duitser een antwoord wist te ontfutselen. En smeuïg wanneer zij bij de zinsnede aankwam: maar mijn man is helemaal geen elite! Zij typeerde daarmee de oorlog en ook haar eigen rol. Mijn moeder was er verontwaardigd over dat ondanks de afspraken haar man toch weer werd opgepakt.

In oorlogstijden is alles onzeker.

In gedachten zie ik haar voor me, ferm en krachtig, hoe ze was. Zij komt in opstand tegen de moffen en het onrecht. Maar mijn moeder kan praten wat ze wil, mijn vader moet mee.

'Wees niet ongerust, Mina,' zegt mijn vader bij de deur. 'We zullen wel zien hoe het gaat. Ik hoop dat het niet te lang duurt. Sterkte. Ik schrijf je.'

Mijn vader gaat mee naar het gijzelaarskamp in een grootseminarie in Haaren, Noord-Brabant. Op die 13 juli 1942 pakken de Duitsers ongeveer achthonderd mannen uit heel Nederland op en brengen hen hiernaartoe over.

Opnieuw stelt mijn moeder alles in het werk om hem vrij te krijgen. Ook richt zij zich tot de *Beauftragte* voor de stad Rotterdam, die haar op 28 juli 1942 antwoordt dat er weinig vooruitzicht is op vrijlating van haar man. Daarbij verwijst hij naar haar weigering om haar rijnschepen Richard III, Mozart en Pax, voor de Wehrmacht te laten varen. Hij schuift haar verzoek door naar de Sicherheitspolizei.

Ondertussen krijgt mijn vader in het kamp de verrassing van zijn leven. Want wie is de eerste man die hij ziet bij binnenkomst? Professor De Quay.

De Quay zegt, ook heel opgetogen: 'Paul, wat leuk je weer te zien. Wat andere omstandigheden. We zijn nu beiden gijzelaar.

Maar het is hier niet zo slecht. Je krijgt redelijk te eten en ik heb toestemming gekregen om colleges te geven aan medegijzelaars die daar belangstelling voor hebben. Als je het leuk vindt, kun je je aansluiten.'

Het is de eerste keer dat zij elkaar zien nadat De Quay mijn vader uit de gevangenis heeft geholpen.

Ook Linthorst Homan, van de Nederlandsche Unie, zit in Haaren gevangen. En van de drie is Louis Einthoven gedetineerd in Sint-Michielsgestel, waar eveneens prominente Nederlanders zijn ondergebracht, onder wie ook Koningsberger, van de protestrede. Zijn collega Cleveringa wordt in een kamp in Vught gevangengezet, zijn collega Meijers in Westerbork.

'Ik had nooit gedacht dat ik bij een professor college zou volgen,' schrijft mijn vader in een enthousiaste brief aan mijn moeder, 'maar nu heb ik een kans. Dus dat doe ik. En verder lieve Mina, moet je de moed er maar inhouden en vertrouwen hebben dat we dit overleven.'

Mijn vader volgt lessen bij De Quay. Wel is er natuurlijk altijd die dreiging van een fusillade. Maar tot dan toe heeft die niet plaatsgevonden en lijkt het allemaal redelijk te gaan. Tot 15 augustus 1942, de dag waarop mijn vader mijn moeder schrijft: 'De slag is gevallen.'

Wat is er gebeurd?

Op 7 augustus 1942 pleegt het verzet een aanslag op een goederentrein in Rotterdam die ook Duitse soldaten vervoert. De actie mislukt. Maar de Duitsers zijn woedend. De week daarop zetten de moffen het verzet en de bevolking van Rotterdam onder druk: wie pleegden de aanslag? Als ze geen namen krijgen, dreigen ze, brengen ze een aantal mannen om. Ze maken een selectie van gijzelaars uit zowel Kamp Haaren als Sint-Michielsgestel.

Mijn vader is ook geselecteerd.

Op 15 augustus 1942 brengen de moffen vijf gegijzelden om.

Mijn vader is geen van hen, godzijdank.

In diezelfde brief van 15 augustus schrijft mijn vader aan mijn moeder dat hij de dag voor de slag, toen de spanning over wie ze zouden gaan fusilleren al dreigend in de lucht hing, nog uitvoerig met de reder Willem Ruys heeft gesproken. Hij vertelt haar dat ze er niet gerust op waren en dat Ruys de volgende ochtend inderdaad gefusilleerd bleek. 'Zelf ben ik met vele anderen de dans ontsprongen. Maar het was en is voor mij een heel emotioneel gebeuren,' zo is de strekking van zijn schrijven.

Veel later ben ik via een zwager in contact gekomen met de zoon van deze reder. Ik heb hem een kopie van die brief gegeven. De zoon was er gelukkig mee.

'Nu maar hopen dat het daarbij blijft,' zo staat mijn vader mijn moeder bij in zijn brief. 'Maar ik heb er eigenlijk alle vertrouwen in. Dus zit niet te veel in de zorgen, Mina. Het is gewoon een kwestie van tijd dat ik weer thuiskom.'

En inderdaad, vijf maanden nadat hij is opgepakt staat mijn vader, op 12 december 1942, ineens weer op de stoep.

In zijn bagage zit een document dat hij bij ontslag uit Haaren heeft meegekregen van de Duitse commandant aldaar. Daarin staat medegedeeld dat als hij opnieuw een Duits-vijandelijke activiteit onderneemt, overdracht naar een concentratiekamp volgt.

'Paul, ik zie je ineens! Hoe kan dat?' zegt mijn moeder. 'Hoe ben je in hemelsnaam vrijgekomen?'

'Dat is een prachtverhaal, Mina, ga eerst even rustig zitten.'

En dan begint mijn vader te vertellen, zoals hij het mij later weer zou overbrengen.

'Ik raakte bevrind met de aalmoezenier van het kamp. Die zei me: "Paul, ik verneem van de *Behörde* dat ze met plaatsgebrek kampen omdat ze nieuwe gijzelaars willen aanvoeren. En nu heb ik een list bedacht. Die wil ik even aan je voorleggen."

Dus ik vraag die aalmoezenier: "Wat is die list?"

En hij antwoordt: "Mijn plan is om naar de commandant te gaan en hem te zeggen: "Ik hoorde dat jullie ruimtegebrek hebben. Misschien kan ik jullie een handje helpen. Zoals jullie weten ben ik verantwoordelijk voor de geestelijke zorg voor de mensen in dit seminarie en daarom ken ik hier veel mensen. Zou het geen goed idee zijn de Arische deugd te hanteren om de gevangenen vrij te laten die zes of meer kinderen hebben?"

De aalmoezenier pauzeert even, en vraagt me: "Zeg Paul, hoeveel kinderen heb jij eigenlijk?"

Ik zeg hem: "Mijn jongste heet Ruud en hij is mijn zesde kind."'

'En zo, lieve Mina,' besluit mijn vader, 'mocht ik mijn kloffie pakken en ben ik nu onverwacht weer thuis.'

Wat mij bijblijft van dit verhaal is de slimheid van die aalmoezenier. Ik werd door jezuïeten opgevoed. Dat voorstel van die aalmoezenier was echt een jezuïetenplan. Daarom zeggen velen dat je een jezuïet niet kunt vertrouwen. Dat zijn slimme, listige mensen. Toen ik dat verhaal van mijn vader hoorde, zei ik tegen hem: 'Ik denk dat die man een jezuïet is.'

Je hebt gelijk, zei hij.

Wat een slim idee van die aalmoezenier! Hoe verzin je het?

Zijn ingeving bracht mijn vader weer thuis.

12

Moerenkistjes

Het is nog altijd oorlog. Mijn vader is weer thuis na twee episodes van gevangenschap. Wederom mag hij geen contact met Hollandianen hebben. Maar dan, in het najaar van 1944, bellen enkelen hem op.

'Meneer Lubbers, we kennen de instructie dat contact met u uit den boze is, maar we hebben nu dringend uw advies nodig.'

Mijn vader staat voor een dilemma. 'Oké,' zegt hij, 'deel met niemand van de NSB'ers in het bedrijf dat jullie naar mij toe komen, want dan hebben jullie gedonder en ik en mijn gezin ook. Daar moet ik echt van op aankunnen. Maar als je je daaraan houdt, kunnen jullie morgenavond komen en dan moeten jullie je probleem maar uiteenzetten.'

Ze komen inderdaad naar de Avenue Concordia 90 om te praten. Het is zeer vertrouwelijk. Mijn moeder weet er natuurlijk van, mijn vader heeft haar geïnformeerd. Hij zegt: 'Het is linke soep, Mina, voorzichtigheid is geboden. Ik weet niet waarvoor ze komen, maar waar we kunnen, moeten we helpen.' Hij noemt haar het uur waarop hij het gezelschap verwacht. 'Dan weet je dat, dan hoef je niet te treuzelen aan de deur. En zij zullen ook een beetje behoedzaam zijn. Dus wees niet te angstig.'

En waar komen ze voor?

'Meneer Lubbers, de moffen hebben ons medegedeeld dat het nodig is om machines van Hollandia naar Duitsland over te brengen.'

De geallieerden zijn inmiddels flink opgerukt, de inval in Normandië heeft dan al plaatsgevonden.

'De moffen hebben besloten om met de apparatuur van Hollandia in het Ruhrgebied een nieuwe verdedigingslijn te bouwen. En daar zitten we mee. We denken dat we daar niets tegen kunnen doen, ook al willen we niet meewerken. Of heeft u een oplossing?'

Mijn vader denkt na. Mijn vader kon snel nadenken. Hij zegt dan ook prompt: 'Ik heb een idee. Wat ik jullie nu ga vertellen moet strikt geheim blijven. Maar mijn list zou zijn dat jullie tegen je bazen zeggen: "Oké, het is niet anders. U kent ons, we zijn goede vakmensen, het is onze beroepseer om de machines voordat ze naar Duitsland gaan nog één keer uit elkaar te halen om te kijken of ze goed functioneren. Dat hoeft niet lang te duren. Daar hebben we een paar dagen voor nodig. Daarna kunnen de machines naar het Ruhrgebied." Vervolgens haal je ze uit elkaar en demonteer je de vitale, machinale onderdelen. Die stop je dan in moerenkistjes in de polder.'

'Maar meneer Lubbers,' zeggen de mensen verschrikt, 'dat is toch hartstikke link? Ze zien in het Ruhrgebied toch meteen dat die machines niet compleet zijn?'

'Toch niet,' reageert mijn vader. 'Ze zullen de machines daar namelijk eerst in elkaar moeten zetten. Wanneer ze onderdelen missen, zal de eerste reactie zijn: die zitten waarschijnlijk nog in de bagage of liggen op een andere plek. Dat zullen ze moeten uitzoeken. En daar zijn ze dan een tijd mee bezig. Geloof me, het is zo'n rotzooi aan het worden in Duitsland, niet voor niks trekken ze een verdedigingslijn op. Met de week neemt ginds de chaos toe. Het risico van een sabotageonderzoek is dus – vertrouw mij – nul. Zij hebben daar andere problemen aan hun hoofd. En voordat ze goed en wel hebben kunnen uitzoeken hoe het precies zit, is de oorlog voorbij.'

Mijn vader denkt in twee oplossingen: én je pest de Duitsers én je kunt na de oorlog bij Hollandia nog plezier hebben van de apparatuur.

Mijn vader zou me na de oorlog vertellen dat de Hollandianen die ervan wisten de moerenkistjes hebben opgegraven. Hollandia was een van de weinige bedrijven in de regio die direct na de oorlog weer konden draaien.

13

Hongerwinter

Eind 1944 wordt het zuiden van Nederland bevrijd en in september van dat jaar sluit het gijzelaarskamp in Haaren zijn deuren. Koningin Wilhelmina, die het bevrijde Brabant aandoet, brengt onder begeleiding van het verzet een bezoek aan een boerderij.

'Hier kunt u zien, Majesteit, hoe onderduikers leefden.'

Een mannetje komt uit de kelder naar boven gekropen.

Warempel, die komt me bekend voor, denkt de majesteit.

Wat blijkt? Het is De Quay. De Quay was na het kamp in Haaren overgebracht naar het gijzelaarskamp in Sint-Michielsgestel. Daarna dook hij onder. Hij hield zich verscholen op de boerderij die de koningin bezocht.

'Leuk u hier te ontmoeten!' zegt de professor.

En ook voor koningin Wilhelmina is het een verrassing.

Mensen in het zuiden van het land begeven zich eind 1944 uitgelaten op de straten. Het gerucht gaat dat straks heel Nederland bevrijd wordt. Later zal die betreffende dag, 5 september 1944, als Dolle Dinsdag de geschiedenis ingaan. Want het is nog lang niet voorbij. Het duurt nog driekwart jaar voordat de bevrijding voor alle Nederlanders een feit is. De Nederlanders boven de rivieren staat nog een zware winter te wachten, de Hongerwinter, waarin door gebrek aan voedsel en brandstof zo'n zestienduizend mensen zullen omkomen van de honger en de kou.

Tijdens deze oorlogsjaren groei ik op. Wanneer de Hongerwinter aanbreekt, ben ik vijf jaar. Mijn vader houdt zich bezig met enkele advieswerkzaamheden, maar dat stelt niet veel voor. Hij is vooral werkloos. Mijn moeder onderhoudt zo veel mogelijk contact met haar Rijn-familie, waarvan er enkelen met schepen ten oosten van Rotterdam liggen.

Er is honger in het land, er is geen verwarming, de scholen zijn gesloten. Maar in huize Lubbers, op Avenue Concordia 90, hebben we het geluk dat er zowel kolen voor de verwarming als voedsel voorradig is. Hoe komt dat? Omdat mijn vader de moed en ondernemerslust opbrengt om met zijn zwagers Van Laack 's nachts de rivier over te steken. Mijn vader is met een schippersdochter getrouwd. Zijn zwagers hebben contacten en boten. Op een afgesproken tijd en plek spreken ze af aan de zuidkant van de rivier waar wel kolen en aardappelen voorhanden zijn. Mijn moeder wacht met spanning in de nacht. Haar kinderen liggen te slapen. Haar man en broers zijn eropuit. Ze bijt op haar nagels. Alles moet strikt geheim blijven.

De mannen spelen het samen klaar. Met vracht komen ze terug in Kralingen.

Vanuit huis bevoorraadt mijn vader met voorrang de broeders en zusters uit de katholieke gemeenschap. En mijn moeder heeft een plannetje voor haar eigen kinderen en de hongerige kinderen uit de buurt, nu de scholen dicht zijn.

'Paul, hier in de straat woont een lerares van de lagere school. Ik wil haar vragen of zij in de ochtend onze kinderen hier thuis onderwijs wil geven. Het is bij ons niet vrieskoud, want we hebben kolen en we hebben voedsel. Aan het eind van de les heb ik dan soep voor ze klaar. En dan maak ik ook een extra pan voor hongerigen die daarna aan de deur komen. Want ik wil geen vreemden in huis, maar we kunnen wel iets organiseren zodat mensen weten dat je op het middaguur een bordje soep op nummer 90 kunt halen.'

Mijn vader vindt het ook een goed idee.

Ik zie het nog voor me. Mijn oudste zusje neemt het eerste bord aan en geeft het door aan nummer twee in de rij. Vervolgens ben ik als zesde de laatste die de soep krijgt en bij de voordeur aan de mensen op de stoep geeft.

Het onderwijzen thuis levert alleen één probleem op. Mevrouw Binkhorst, de juf, vraagt: 'Wat doet u eigenlijk met Ruudje, mevrouw Lubbers? Laten we die doorgaan met zijn speelgoed, of moet ik hem ook lesgeven?'

Ik ben dan vijf jaar en een aantal maanden.

Mevrouw Binkhorst heeft er zelf al een idee over. Het is wel een slim baasje, geeft ze mijn moeder mee. 'Dus als ik u een advies mag geven: laat Ruudje maar gewoon meedraaien.'

En zo gaat dat.

14

‘Dat is nou precies bevrijding’

Tegen het eind van de oorlog, het land is nog niet helemaal bevrijd, wordt een voorlopige regering gevormd. Van april tot juni 1945 is De Quay minister van Oorlog. Voor een kabinetsberaad op een kazerne in Brabant meldt hij zich bij de portier.

‘Wat komt u hier doen, meneer?’

‘Ik moet bij een vergadering zijn.’

‘Wat voor vergadering dan?’

‘Mijn naam is De Quay, ik ben minister van Oorlog.’

De portier schrikt een beetje.

‘Dat kan ik toch niet aan uw neus zien,’ zegt hij.

‘Maar beste man, daar kunt u het nu juist aan zien,’ zegt De Quay.

De Quay had een enorme neus.

Nederland is bevrijd. Twee dagen na de bevrijding, op 7 mei 1945, word ik zes jaar. Op Koninginnedag, destijds op 31 augustus, gaan ook de scholen weer open. De vraag komt: begint Ruud in de eerste of de tweede klas? Mevrouw Binkhorst laat de broeders van de school weten dat zij mij nog les heeft gegeven in de Hongerwinter en mij een pienter knaapje vindt. Hij kan eigenlijk net zo goed naar de tweede klas, zegt ze hun.

En zo gaat Ruudje als hij zes is naar de tweede klas van de Sint Bavo in Kralingen. En om die reden vertrek ik met elf jaar al naar de middelbare school, het Canisius College in Nijmegen. Mijn ouders hadden de gewoonte om hun kinderen naar een kostschool te sturen. En mij dus ook.

Nederland houdt zich intussen bezig met de wederopbouw van het land. De eerste jaren na de bevrijding vormen een chaotische periode. Wie heulde met de Duitsers? Wie zat er in het verzet? De geallieerden bieden met hun Marshallhulp Nederland de mogelijkheid om vernielde infrastructuur, zoals wegen en bruggen, te herstellen of te herbouwen.

Mijn vader krijgt de keus of hij wel of niet terugkomt bij Hollandia. Het is een dilemma. Gaat hij werken op de plek waar hij verraden is door collega's? Vergeeft hij hen en gaat hij zich weer inzetten voor het bedrijf dat hem juist zo nauw aan het hart ligt? Of niet? Hij overweegt om voor eigen rekening een heel andere zaak te beginnen, zou hij me later vertellen.

Paul neemt contact op met De Quay en bespreekt zijn afwegingen. De Quay adviseert hem om terug te keren bij Hollandia. Het naoorlogse Nederland is een ander land dan het vooroorlogse. Hij ziet in dat mijn vader de drijvende kracht achter Hollandia is geweest en dus recht heeft op een winstaandeel in aandelen. Dat lijkt hem een win-winsituatie. Mijn vader volgt dat advies op en zal vanaf dan inderdaad over een dergelijk aandeel gaan beschikken, dat in de loop der jaren geleidelijk aan groeit. Tevens krijgt hij na de oorlog een ander arbeidscontract. De Quay speelt daar ook een rol in.

Het bedrijf is juridisch gezien nog steeds van de De Vilders. Maar de broers zijn inmiddels in de molen van de bijzondere rechtspleging terechtgekomen. Deze rechtspraktijk wordt in november 1945 opgezet om diegenen te berechten die zich gedurende de Tweede Wereldoorlog schuldig hebben gemaakt aan vooral collaboratie, hoog- en landverraad en oorlogsmisdaden. In 1951 worden de broers veroordeeld tot een jaar gevangenisstraf. 'Bunkerbouwers' noemen ze hen, een term voor opzichtige oorlogsprofiteurs die zakendeden met de militaire bezetter.

Mijn vader begint weer bij Hollandia te werken. De geallieerden vragen hem om 'baileybruggen' te bouwen, een soort noodbruggen. Hij krijgt om die reden een speciale status bij de Dienst Wederopbouw in Rotterdam en een bordje achter de voorruit van zijn auto dat hem voorrang in het verkeer verschaft. Die auto is door puur geluk niet geconfisqueerd door de Duitsers. Daarbij zal geholpen hebben dat mijn vader de Dodge tijdig op blokken heeft gezet en de wielen op zolder verstopte.

Mijn vader is geen echte verzetsman. Maar hij groeit naar die status toe. 'Dat is die goeie Nederlander,' zo praat men over hem. Vanaf dan is vader Lubbers niet alleen de man van Hollandia, maar ook de man van het verzet. Onverdiend, zou ik zeggen. Maar hij wordt maatschappelijk in die hoek ingedeeld.

Ik kan mij van de periode na de bevrijding vooral de omslag in huize Lubbers herinneren. Het is een opgewekte sfeer op de Avenue Concordia 90. Ik hoor mijn moeder fluiten. Mijn vader kan met het bouwen van baileybruggen letterlijk bijdragen aan 'het vernieuwde Nederland', in koningin Wilhelmina's woorden. Mijn vader heeft weer voldoende werk en hoeft in de nacht geen rivieren meer over te steken om zovele kindermondjes te voeden. De ergste NSB'ers binnen Hollandia verschijnen voor het gerecht. Het is geen oorlog meer, we zijn vrij en de kinderen rijden op hun fietsjes door de straten. Ook kan ik me de blaadjes herinneren die ineens op de deurmat liggen. Het zijn krantjes van het verzet, die in die nadagen nog verspreid worden. Het verzet is na de oorlog als organisatie nog intact.

De emotie van die tijd is voelbaar – voor mij als kind, voor iedereen. De koningin is weer terug. En mijn vader kan als het ware genieten van het rendement van het feit dat hij 'nicht deutschfreundlich' was.

Ik weet het nog goed, het is de emotie van bevrijd zijn.

In Hollandia behoudt mijn vader sommige NSB'ers. Later heb ik hem eens gevraagd hoe hij kon blijven werken met mensen die hem hadden verraden.

Hij antwoordde: 'Maar Ruud, dat is nou precies bevrijding. Dat je jezelf bevrijdt van domme dingen en angsten. Dus ik heb geen moeite om met een voormalige NSB'er te werken. Ik zeg gewoon: "Je hebt toen foute keuzes gemaakt." Ik heb wel moeite met de De Vilders, want dat is een hoger niveau, die zitten in hogere rechtspleging en daar ga ik niet over. Maar in het bedrijf zelf, de Hollandianen, wat hebben ze eigenlijk misdaan? Ze hebben geheuld met de Duitsers. Het zijn geen mensen die anderen vermoord hebben. Dus persoonlijk vind ik dat je een Hollandiaan de kans moet geven om van NSB'er gewoon weer Nederlander te worden.'

Mensen maken fouten. Je moet het goede doen en niet tégen iemand werken.

Een zakelijk instinct, en gevoel voor ethiek. Om beide stond mijn vader bekend.

'Dat is nou precies bevrijding, Ruud.'

Het is een uitspraak die ik heel mijn leven met mij mee zou dragen.

1,2. Het Hof, ook wel 'de Breesaap'. De grootouders van Ruud Lubbers, Paulus en Anna Lubbers-Teunissen, exploiteerden dit pension en café bij Velzen van 1903 tot de jaren dertig. Daarna werd het afgebroken voor de uitbreiding van de sluizen in IJmuiden. Hun zoon Paul was toen al directeur van Hollandia in Krimpen aan den IJssel.

3. De ouders van Ruud Lubbers, Paul en Mina Lubbers-Van Laack, gingen na hun trouwen in 1932 wonen op de Avenue Concordia 110, later op nummer 90, in Rotterdam.

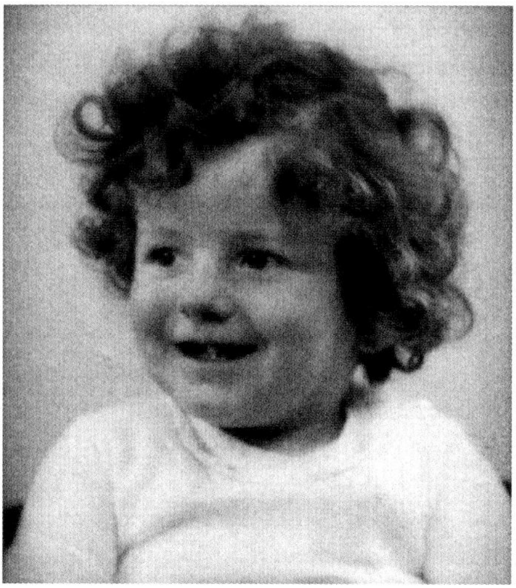

4. In 1939 werd als zesde van het gezin van hun negen kinderen hun derde zoon Ruud geboren.

5. Mina van Laack (1903) en Paul Lubbers (1901) kregen negen kinderen: Paula (1933), Richard (1934), Rob (1936), Mieke (1937), Helma (1937), Ruud (1939), Leo (1942), Erna (1943) en Carla (1946).

6. In zomervakanties ging het gezin Lubbers naar de fabriek in Keizersveer. Daar kon dan gezwommen worden in de Maas. Ruud staat als vierde in de rij.

7. Mina Lubbers-Van Laack had meerdere schepen varen. Op de foto laat zij een schip te water. Ruud staat achter zijn vader.

8, 9. Hollandia smeedde moeren en bouwt vandaag de dag nog steeds bruggen en andere grote complexe staalconstructies. Bij het overlijden van hun vader Paul in 1963 waren de broers Rob en Ruud respectievelijk zevenentwintig en vierentwintig jaar oud: volgens hun moeder Mina samen oud genoeg om de directie van het bedrijf Hollandia over te nemen. En zo gebeurde het.

10. Op het Canisius College in Nijmegen bracht Ruud Lubbers (midden) zijn middelbareschooltijd door. In 1957 deed hij eindexamen Gymnasium β.

11. In de zomer van 1957 kreeg Ruud voor zijn eindexamen een bezoek aan het Atomium in Brussel cadeau. Ook ging hij naar Parijs om zijn Frans te verbeteren. Daar ontmoette hij zijn eerste liefde.

12. Ruud Lubbers ging economie studeren in Rotterdam. Hij werd lid van de katholieke studentenvereniging Laurentius. Op de foto: zijn doop tot lid van het verenigingsdispuut Delta. Later werd hij voorzitter van de Unie van Katholieke Studenten Verenigingen.

13. Ruud Lubbers studeerde cum laude af in de economie bij Professor Witteveen aan de Nederlandsche Economische Hoogeschool – later de Erasmus Universiteit. Tijdens hun leven zouden hun paden nog meerdere malen kruisen.

14. Ruud Lubbers en Ria Hoogeweegen trouwden in 1962. Kort na hun huwelijk overleed de vader van Ria. Haar moeder had ze al verloren op haar veertiende. Paul Lubbers, de vader van Ruud, overleed het jaar daarop.

15, 16, 17. Ruud en Ria Lubbers-Hoogeweegen kregen drie kinderen: Paul (1963), Bart (1965) en Heleen (1966). Vakantie bracht het gezin Lubbers door in hun huisje in Chaam, of ze toerden door Europa.

18. Rob en Ruud Lubbers waren samen eigenaar van Hollandia. Met broer Rob Lubbers in de tuin in Capelle aan den IJssel.

15

Op de Avenue Concordia 90

Mijn eigen herinneringen aan mijn ouders beginnen pas echt vorm te krijgen na de oorlog. Het beeld verschijnt van mijn moeder als heel actieve dame. Zij is niet deftig, maar wel een knappe vrouw, vanwege haar open uitstraling. Ze is een Van Laack, een schippersvrouw. Ze houdt van gezelligheid. Het is in huize Lubbers, op de Avenue Concordia 90, sowieso een bedrijvige en levendige boel met negen kinderen.

Na mij wordt in 1942 mijn broer Leo geboren. Daarna volgen nog twee zusjes, Erna in 1943 en Carla in 1946. Na de oorlog zijn we op volle gezinssterkte. Ik speel met mijn broers en zusjes – zo luisteren we bijvoorbeeld samen naar hoorspelen. Ruzies met hen kan ik mij niet herinneren. Er lopen ook kindermeisjes bij ons thuis rond, soms een en soms twee. Personeel en een sterke hiërarchie kenmerken het huishouden. Het kindermeisje is je eerste baas, daar luister je naar. Mijn moeder is meer op afstand. Zij is de bazin van het personeel, de spil van het gezin. En dan komt mijn vader, die zit op twee planeten verder.

De hiërarchie is duidelijk. Je weet waarvoor je bij je moeder aanklopt en waarvoor bij je kindermeisje. Dat is een natuurlijk weten. De gelaagdheid typeert ons gezin. Maar er is geen schroom om je ouders te benaderen wanneer het nodig is.

Mijn kindermeisje heet Nettie. Nettie heeft een vrijer, maar hem is ze kwijt gedurende de oorlog, de jongen zit in krijgsgevangenschap in Duitsland. Tot haar grote opluchting komt hij in 1945 weer terug. Ik denk dat ze verdrietig is tijdens de oorlogsjaren, maar als jong ventje merk ik er weinig van.

Nettie Lonis is een warme persoon, zij is er exclusief voor mij.

Nettie eet 's avonds niet mee met het gezin. Het avondmaal is bij uitstek voor ons tienen, soms voor ons elven gereserveerd. Doordeweeks eten we met mijn moeder. Mijn vader werkt dan nog en komt meestal laat thuis. In het weekend is hij er wel bij. We bidden voorafgaand aan het maal een rozenhoedje ter ere van Maria. Iedere avond gaan we op de knietjes. En dan bid je over tientjes, zo heten de kleine kraaltjes van de rozenkrans. Aan zo'n koord zitten vijf keer tien kraaltjes. Mijn vader doet mee voor de aardigheid, hij ziet niet zoveel in het Maria-katholicisme als zijn vrouw. Mijn vader is wel katholiek, maar zijn vader heeft hem opgevoed in de geest van het jansenisme, een alternatieve katholieke afsplitsing.

Ik zie mijn moeder achter de naaimachine zitten. Voor mijn broers verstelt ze broeken en voor mijn zusjes naait ze jurken. Haar eigen kleding koopt ze in de stad. Ze leest ons voor het slapengaan niet voor, ook al houdt ze van verhalen. Dat is weer die wonderlijke mengeling van afstand en nabijheid die er tussen jou en je ouders bestaat. Maar ik vind ze niet tekortschieten. Ik voel een hechte band met mijn moeder.

Ik herinner me de verbondenheid tussen mijn ouders. Het is niet zozeer dat ik ze samen zie knuffelen. Dat is er op de Avenue Concordia niet vaak bij. Ze uiten hun liefde in de omgang. Op zondagen wandelt mijn vader met ons naar het Veerhuis in Kralingse Veer, waar wij door mijn moeder met de grote auto van mijn vader weer worden opgehaald.

De zondagavond is van mijn ouders samen. Dan spelen zij met z'n tweeën patience, zonder kinderen, zonder de Van Laacks en zonder Hollandia. Het is de opmaat naar de maandagochtend die voor mijn vader altijd begint met de wekelijkse was. Met kokend water in een emmer. Pas daarna gaat hij naar Hollandia.

Mijn ouders vinden zakelijkheid, persoonlijkheid, gezelligheid, bewondering en respect in elkaar. Ook zie ik hun band terug in het dansen samen. Mijn moeder is het feesten niet verleerd. Ze staat erom bekend dat ze graag thuis een partijtje organiseert.

In het weekend, wanneer we ouder zijn, gaan we steevast met het gezin naar Old Dutch, een restaurant in de binnenstad van Rotterdam. Mijn ouders hebben de bijzondere gewoonte om daar op de zaterdagavonden met de kinderen die dat willen een hapje en een drankje te nuttigen. Aan het einde van de zaterdagmiddag eten we eerst thuis een boterham met elkaar. Daarna gaan we ieder ons weegs. We gaan stappen met een vrind of vriendin, naar de schouwburg of naar de bioscoop. En voor vertrek zeggen mijn ouders dan: 'Jullie weten, vanavond vanaf tien uur is iedereen welkom in Old Dutch.' Voor wie het fijn vindt om de avond samen te eindigen. Niet eerder, maar om tien uur ben je welkom. Daar rekenen zij op. Mijn ouders zorgen ervoor dat zij er dan zitten. Dan krijg je van hen een kroket van Suisse en drinken we wat. Er wordt gekletst en gedaan. Als je met iemand uitgaat, kun je die meenemen. Niet een hele club, maar je partner voor die avond. Het is er meestal behoorlijk druk omdat de meeste kinderen van het gezin inderdaad daar hun avond besluiten.

Dat is de traditie in het gezin Lubbers en er wordt veel gebruik van gemaakt. Iedereen weet dat je je zaterdagavond eindigt bij meneer en mevrouw Lubbers. In Old Dutch.

16

Wat voor een jongetje?

Wat voor een jongetje ben ik? Ik kan mij niet herinneren wat mij specifiek ontroert of dat ik mij ergens voor schaam. Ik voel me vrij. Wel weet ik dat ik me kan opwinden over oneerlijkheid. Dan verhef ik mijn stem. Ik hoor het mezelf nog zeggen: 'Ik vind het niet eerlijk!' En als ze mij prijzen, 'goed gedaan,' of wanneer ik positieve aandacht krijg tijdens een verjaardag of communie, vind ik dat fijn. Het tegendeel vind ik lastig. Ik ben bijvoorbeeld helemaal niet handig. Ruudje is een positief, lief baasje, maar als er een deur gesmeerd moet worden, weten ze dat ze bij mij beter niet kunnen aankloppen. Mijn broers en zussen zijn daar wel goed in. Soms plagen ze me ermee. Ik zal onhandig blijven en bij gelegenheid geneer ik me daar een beetje voor. Maar ach, je leert ermee leven, het is nooit een groot probleem voor me geweest. Ik kan me ook herinneren dat we in de weekenden naar het bedrijf van Hollandia gaan in Keizersveer, Brabant. Op de landerijen rondom wordt vee gehouden. Soms slachten ze een koe. Nou, daar moet ik niks van hebben. Mijn broers wel, die duiken erop.

Ik ben een beetje anders dan de rest.

In het gezin ben ik de jongste van de oudsten en de oudste van de jongsten. Ik ben van '39 – nog vooroorlogs geboren – als je aan elkaar vroeg hoe oud je was, gold dat destijds als uitdrukking. De uitdagingen van de oorlog maken de relatie van mijn vader en moeder nog volwassener. Tussen zelfbewuste, zich ontwikkelende ouders, groei ik op. Ik denk dat die positie in het gezin mijn leven wel heeft beïnvloed.

Doordat ik als Ruudje lang de jongste blijf in de groep, trek ik automatisch met grotere jongens op. Zij zijn allemaal net wat ouder dan ik. Soms voel je je dan een beetje speciaal, bevoorrecht. Ik kan me kattenkwaad herinneren: stenen gooien naar de heidenen in de buurt, de protestanten dus. Ik doe daar als mannetje van tien graag aan mee. Spannend vind ik dat, ondeugend. Thuis houd ik er natuurlijk wijselijk mijn mond over dicht.

Het is nog de tijd van de verzuiling. De overwegend protestantse en liberale buurt ziet ons, katholieken, als licht achterlijk. Ik vind dat onzin, maar voel me nooit gediscrimineerd of iets dergelijks. De verzuiling, dat is nou eenmaal een feit.

Je hebt in Rotterdam natuurlijk veel industriëlen, en ondernemersclub De Maas bijvoorbeeld. Op een dag vraag ik mijn vader, verbaasd: 'Waarom bent u eigenlijk geen lid van De Maas, papa?'

Waarop mijn vader antwoordt: 'Welnee, ik ben katholiek. Ze zien me aankomen!'

Het was als katholiek vrijwel onmogelijk om lid te worden van zo'n club. Maar mijn vader zit er niet mee. Hij heeft zijn eigen dingen die hij belangrijk vindt. Hij ziet het vooral praktisch: 'Ik ben toch katholiek? Dan ben ik geen lid van De Maas.'

Specifieke dromen over het leven heb ik niet. Ik houd van spelen, ga zorgeloos door het leven. Ik groei ontspannen op, ondanks de oorlog. Het zal zich wel wijzen. Dat is mijn houding.

In de tweede van het gymnasium staat mij een verandering te wachten.

17

Gebroeders De Vilder

Na de oorlog pakken we de draad op en maken we, zoals ook vóór de oorlog ieder jaar, het Hollandia-bedrijfsboottochtje met mijn ouders en de gezinnen van de commissarissen van het bedrijf. De gebroeders De Vilder hebben inmiddels hun straf uitgezeten en zijn ook weer op de boot aanwezig. Nadat ze vrijkomen, worden ze weer eigenaren van het bedrijf. Het is alsof er niets is gebeurd. Alsof mijn vader nooit is opgepakt in de oorlog en zij niet hebben gezeten. Dat is het wonderlijke geheim.

Ik hoor het mijn vader zeggen: 'Iedereen maakt weleens fouten. En nu gaan wij weer bruggen repareren.' Verder wordt er niet echt over gesproken in het gezin. Je praatte er niet over. Die ervaringen hebben in mijn verdere leven doorgewerkt.

Op een gegeven moment gebeurt er iets bijzonders. De oude moeder De Vilder overlijdt en haar notaris belt mijn vader op. 'Meneer Lubbers,' zegt hij, 'ik heb hier een stuk voor mij liggen. U bent executeur-testamentair van moeder De Vilder.'

Niet haar zonen vertrouwt ze de inboedel toe, maar Paul Lubbers, de man die nota bene 'nicht deutschfreundlich' was in de oorlog, tot ergernis van haar zonen.

Die relatie tussen mijn vader en de ouders De Vilder is al eerder begonnen. Vader Charles Johannes de Vilder heeft geregeld dat zijn erfenis is ondergebracht in het zogeheten De Wagterfonds, naar de achternaam van zijn vrouw. 'Wanneer ik kom te overlijden, moet je die slimme jongeman in Rotterdam, Paul Lubbers, maar vragen het te beheren,' zou hij haar hebben gezegd. Die rol gaat Paul inderdaad vervullen zodra moeder De Vilder weduwe wordt.

Zo komt het dat ik op jonge leeftijd met mijn vader naar Zeeland rijd. We zijn op pad om voor de boedel, de nalatenschap, van vader De Vilder een aantal boerderijen te bekijken. Ook kan ik me ritjes herinneren naar de Oranje Nassau-mijnen in Zuid-Limburg. Mijn vader is op dat moment al directeur van Hollandia en ik mag als zoon met hem mee. Dat zijn dierbare herinneringen voor me. Zo leer ik hem met zijn ongelooflijk krachtige persoonlijkheid kennen en wordt mij duidelijk dat mijn vader van mij houdt, ook wanneer ik later van Ruudje 'boekenjongen' word.

Vader De Vilder overlijdt nog voor de oorlog. Hij heeft dus nooit vernomen dat zijn zonen mijn vader lieten vallen. De oude De Vilder komt als het ware met vooruitziende blik voor hem op. Maar goed, hij heeft het niet geweten. Zoiets kun je dus ook niet zeggen. Mevrouw De Vilder overlijdt in 1952; zij was wel op de hoogte en heeft de geschiedenis meegewogen in haar testament. 'Hoe kan dat,' heeft zij moeten denken, 'zo'n prachtig concern waarvan mijn kinderen eigenaren waren, en toen de oorlog... wat is er fout gegaan met die twee zonen van mij?'

Een oud-klasgenoot van het Canisius, Feike Tromp, vertelt mij later dat hij in de oorlog weleens bij andere familieleden van de De Vilders thuis kwam. 'Je moet goed weten, Ruud, dat er een grote vete binnen de verschillende gezinnen De Vilder bestond,' zegt hij. 'Er waren goede en foute De Vilders. Er is een enorme ruzie geweest in die familie, want in de Hongerwinter barstten de foute De Vilders van allerlei voorraden. Die hadden natuurlijk geen honger. Maar er waren ook familieleden die op de deur klopten voor hulp, voedsel en kolen en dan zeiden de gezinnen met voorraden in huis: dan had je maar niet zo stom moeten zijn om nicht deutschfreundlich te zijn.'

Dat was bikkelhard, binnen één familie.

In 1955, tien jaar na de oorlog, beraden de broers De Vilder zich op een volgende stap. Ze kloppen aan bij mijn vader.

'Je doet het fantastisch in het bedrijf, Paul, maar wij hebben allerlei plannen met het bedrijf en ook geld nodig. We denken dat het een goed idee is om Hollandia naar de beurs te brengen.'

Mijn vader hoort het aan. Denkt snel na. En zegt: 'Welk bedrag hebben jullie in je hoofd, wat denken jullie voor Hollandia via de beurs te krijgen? Als ik jullie dat nou eens betaal? Dan ga ik naar de bank voor een krediet en dan koop ik het bedrijf.'

Mijn vader trekt de stoute schoenen aan en doet met behulp van een groot bankkrediet een bod op Hollandia. Voor een redelijk bedrag verkopen vervolgens in 1955 de broers De Vilder Hollandia aan mijn vader.

'Nou ja, als Paul dat zelf wil doen, dan kunnen we die hele aangelegenheid met de beurs overslaan,' hebben de De Vilders mogelijk gedacht. Het staat nergens zwart op wit, maar het zou ook zomaar kunnen dat zij het bedrijf aan hem overdeden als een soort genoegdoening voor de oorlogsjaren, met in gedachten: 'Het is ook wel een beetje aardig om het hem niet te duur te verkopen.'

De broers De Vilder hebben mijn vader nooit excuus aangeboden voor alles wat zich voltrokken had in de oorlog. Misschien was dit hun manier om het verleden een plek te geven.

Acht jaar later, in 1963, zou dit verhaal nog een pijnlijk staartje krijgen.

18

'Mijn naam is Ruud'

Wanneer ik elf jaar ben, in 1950, vertrek ik uit het ouderlijk huis. Ik begin op het Canisius College, ook wel 'het Hok' genoemd, een groot jezuïetencollege in Nijmegen met zo'n driehonderd leerlingen intern en een veel groter aantal externe scholieren. Ik ga intern en kom op het internaat te wonen. Ik ben dan nog steeds vrij klein. Ik houd de dagen ook niet zo lang vol. Ze zijn lang, en ik ben met mijn jaar verschil in leeftijd ten opzichte van mijn klasgenoten net iets eerder moe.

De leerlingen van het Canisius slapen op drie verschillende tijdstippen. Wij, de jonkies ofwel de kleine cour, gaan om halfnegen naar bed. Een halfuur tot drie kwartier later volgt de middencour, zeg maar de middenbouw. En de grote cour, de oudsten, mogen tot tien uur opblijven.

De slaapzalen bestaan uit chambrettes, voor iedere cour is er één zaal. Chambrettes zijn afgesloten, individuele slaapplaatsen, maar geen echte kamers. Ik vraag op een gegeven moment aan de pater of ik niet iets eerder naar zaal mag. Hij stemt in. Vanaf dan ga ik een jaar lang in plaats van om halfnegen, om halfacht slapen. Ook het jaar erop mag ik eerder naar bed. Verder gaat het goed op school, ik kan meekomen met de leerstof en haal prima cijfers.

Maar dan gebeurt er iets vreemds voor mij.

Aan het einde van het jaar reiken de surveillanten de rapporten uit. Ze dragen, zoals gebruikelijk in die tijd, lange jurken. Een van die jezuïeten geeft mij een seintje dat ik naar hem toe moet komen.

‘Ruudje,’ zegt hij. ‘Je krijgt zo dadelijk je rapport uitgereikt. Ik zal je meteen zeggen, dat ziet er goed uit. Maar je moet weten: je blijft toch zitten.’

Ik ben perplex. ‘Hoe kan dat?’

‘We hebben er genoeg van dat je elke keer vroeg gaat slapen. In overleg met je ouders hebben we besloten dat je daarom het jaar overdoet.’

‘Maar waar heb ik dan onvoldoendes voor?’

‘Je hebt helemaal geen onvoldoendes,’ zegt de surveillant. ‘Maar dit is beter voor je. Je bent gewoon te klein.’

Het is een schok voor me, ik vind het schandelijk.

‘Is dat dan met mijn ouders besproken, vinden die dat goed?’

‘Ja, dat is met je ouders besproken. Je zult het wel horen als je straks thuiskomt. Het is vakantie. Ga maar naar huis, dan kunnen ze het je zelf vertellen. Maar ik beloof je bij dezen dat we ook iets anders voor je zullen doen. Wanneer je terugkomt na de zomer – dan blijf je dus in dezelfde klas, in de tweede – zal ik zorgen dat je een lijst krijgt van boeken die je buiten de stof om kunt lezen. Anders wordt het leven te saai voor je.’

Het is inderdaad met mijn ouders besproken. Omdat ik hen hoog heb zitten, accepteer ik dit feit al vrij snel.

De jezuïeten willen aan mijn honger naar kennis tegemoetkomen.

Simpelweg noemde iedereen me tot dat moment ‘Ruudje’ omdat ik zo klein was. Nu dat ik blijf zitten en bij leeftijdsgenoten in de klas kom, ben ik ineens niet meer zo jong. En ik groei een beetje groter in dat jaar. Wanneer mensen me vanaf dan nog Ruudje noemen, zeg ik: ‘Mijn naam is Ruud.’

En zo word ik in één jaar van Ruudje Ruud.

Na de grote vakantie krijg ik inderdaad van de leidinggevende pater een lijst met boeken. ‘Die titels vind je hier in de bibliotheek, ik raad je aan ze te bestuderen,’ zegt hij.

En ik ontdek het lezen. Leergierig als ik ben, ga ik de hele lijst af. De lesstof van dat jaar doe ik voor een tweede keer, dus ik vind genoeg ruimte om mijn aandacht ook aan extra boeken te besteden.

Het boek dat de grootste indruk op me maakt, is van de paleontoloog Pierre Teilhard de Chardin, *Le phénomène humain*; in het Nederlands: *Het verschijnsel mens*. Ik lees het in het Frans, dat is heel normaal in die tijd. Frans is je eerste moderne taal.

Ik lees het boek in één adem uit.

'Het verschijnsel mens, wat is dat nu eigenlijk?' schrijft Teilhard de Chardin. Dat zijn dieren die zich ontwikkelden tot mens.

Vanaf dat moment ga ik leven met twee verhalen van de schepping. Het ene is het katholieke verhaal van kindeke Jezus. 'Dat is natuurlijk waar,' zegt die jezuïet, want hij is een gelovig man. 'Maar er is nog een andere waarheid. En dat is de natuurkundige waarheid. De mens komt uit de natuur voort.'

Hé, ik begrijp het. Er zijn dus twee verhalen die parallel aan elkaar bestaan. Het is een heel bijzondere gebeurtenis dat een uit de natuur voortgebracht schepsel de capaciteit heeft om zich bewust te zijn van dingen. Daarom kan het techniek ontwikkelen, een samenleving opbouwen, enzovoorts. En de mens zal zich door de tijd heen steeds bewuster worden. Die inzichten heeft het mij gebracht.

Wanneer ik opgroei, zullen leeftijdsgenootjes op het Canisius me op een gegeven moment vragen: 'Geloof jij nog?'

'Ja, natuurlijk,' zeg ik dan. 'Ik hoop jij ook.'

'Maar dat hele Bijbelgedoe is toch onzin?'

En dan ga ik een beetje college geven. Ik vertel over het poëtische verhaal van het kindeke Jezus. Dat is voor mij als katholiek nooit weg, dat heeft mijn moeder me geleerd. 'Maar je hebt ook, tegelijkertijd,' zeg ik dan, 'het verschijnsel mens.'

Mijn vriendjes kijken me glazig aan. Het boek van Teilhard de Chardin hebben ze niet gelezen.

Ik heb als jongetje al wel aarzelingen over de verhalen uit de Bijbel. Bij Teilhard de Chardin vind ik de bevestiging dat ze feitelijk niet kloppen. Het is niet dat ik dan mijn geloof verlies, maar door Teilhard de Chardin, die mij op jonge leeftijd uitlegt dat er naast het scheppingsverhaal ook het natuurwetenschappelijke verhaal bestaat, kan ik de puzzel beter leggen. Hij leert mij dat de kern van het *verschijnsel mens* zijn toenemende bewustwording is.

Later, wanneer ik kinderen zal krijgen, geef ik ze alle drie de tweede en derde voornamen Christiaan Maria – mijn dochter Christine Marie. Om het belang van Christus te benadrukken.

Zo wordt Ruudje vanaf dat tweede jaar gymnasium niet alleen Ruud. Ik word ook een boekenjongen. Het verhaal begint in de Hongerwinter, met juffrouw Binkhorst die mij lesgeeft en later zal zeggen dat ik naar de tweede klas mag na de oorlog. En dat gaat zo door totdat ik blijf zitten en van de paters boeken te lezen krijg.

Met kerst in datzelfde jaar, 1952, vraag ik voor het traditionele kerstcadeau, en krijg ik ook van mijn ouders, een schriftelijke cursus Spaans van het Internationaal Taleninstituut. Mijn honger naar kennis is definitief gewekt.

En zo zit ik slechts vijf jaar op de lagere school en zeven jaar op de middelbare. Het dubbelen van de tweede klas, hoe groot de schok aanvankelijk ook is, blijkt achteraf een zegen.

19

'Neem nou de bij'

Mijn leven wordt serieuzer, met meer verantwoordelijkheden, en boeiender door de verdieping die het tijdens dat dubbelen van de tweede krijgt. Ik heb het Ruudje-zijn overwonnen. En ik leer al jong leiding te geven. Dat komt natuurlijkerwijs op mijn pad.

Sommige leeftijdsgenoten voelen een roeping. Ze willen priester worden. Ik heb die droom nooit gehad. Ik denk dat het lezen van Teilhard de Chardin daar van invloed op was. Ik hang niet meer de godsidee aan zoals de meeste van mijn klasgenoten dat wel deden. En wij kennen geen priesters in de familie, dat heeft er denk ik ook mee te maken. Anders zou je misschien nog op een idee kunnen worden gebracht.

Mijn vader heeft natuurlijk een zaak. Wanneer hij in 1955 Hollandia overneemt, stelt hij zichzelf de vraag: 'Wie van mijn zonen zal mij opvolgen?' Hij ziet in zijn oudste zoon Richard, die vijf jaar ouder is dan ik en eveneens op het Canisius heeft gezeten, zijn opvolger. Niet Ruud. Ik ben de boekenjongen. En dat ben ik ook – ik vind het prima dat hij mij zo ziet. Ik aanvaard dat idee.

Mijn vader opvolgen valt dus ook af. Wat zal ik worden?

Ik vervolg mijn weg zonder uitgestippeld plan. Het Canisius College biedt in ieder geval genoeg lering en vermaak om jezelf te ontwikkelen. Het college is speciaal opgericht om bij te dragen aan de vorming van een katholieke intelligentsia in Nederland. Hoogopgeleide katholieken waren aan het begin van de twintigste eeuw ondervertegenwoordigd in de Nederlandse samenleving. Wij, jongens, worden voorbereid op leidende posities. Op het Canisius kun je daarom aan allerlei katholieke organisaties deelnemen. Denk bijvoorbeeld aan de Mariacongregatie, die je op iedere katholieke kostschool hebt.

Ik zit de meeste clubjes op school voor. Dat loopt vanzelf zo, ze vragen me of ik dat wil doen en daarop zeg ik ja. Ook ben ik voorzitter van debatingclubs. Geleidelijk aan word ik een haantje de voorste. Ik ben een jongen die een positieve indruk op het Canisius maakt. Ruudje wordt echt Ruud.

Lezen en voorzitten zijn niet de enige dingen die ik graag doe. Ik heb natuurlijk vrienden. Ik ben een fanatieke bridger, interesseer me voor biologie en natuurkunde. En ik ben goed in cricket.

Wat de biologie betreft, of laten we zeggen: de sociale kant van het dierenrijk, herinner ik me dat we voor het eindexamen in de zesde klas een scriptie mogen schrijven naar eigen onderwerp. Ik zie mijzelf nog aan één stuk werken over hoe bijen leven. Hoe zij hun leven organiseren vind ik interessant. Zo'n klein beestje, met zo'n groot organisatietalent. Fascinerend. Dieren zijn zich niet bewust, zoals mensen, maar je kunt niet zeggen dat ze dom zijn. 'Neem nou de bij,' schrijf ik.

Op jonge leeftijd kom ik in het eerste cricketteam van het Canisius terecht. Ik moet het wicket verdedigen. Mijn tactiek is om heel precies te kijken hoe de ander gooit.

Ik heb een solide vorm van verdedigen, heel defensief. Dat is mijn karakter. De ervaring in de cricketsport leert dat je maar beter eerst de bowlers kunt uitputten, die willen dat wicket omkrijgen. Mijn reactie op agressie: put de andere man uit. Het is daarom vooral belangrijk om met je bat de aanstormende bal dood te leggen door 'm naar de grond te slaan. Dus niet de lucht in, anders wordt hij gevangen. Dan lig je eruit. Een alternatief is nog dat je hem ver weg mept. Nou, daar was ik niet goed in.

Cricket is ook vormend voor mij in die tijd, omdat ik daardoor met oudere jongens optrek. Met het team spelen we wedstrijden tegen andere teams van colleges in Nederland. Ik ben consciëntieus, serieus. Ik stel er een eer in dat mijn wicket niet tuimelt. Misschien maak ik mezelf wijs dat het daar begonnen is: let op, waar het om gaat is dat die bal niet wordt afgevangen. Ik denk dat die houding aardig goed bij me paste. Ik was niet van het enorme meppen geven, maar van het goed opletten, geduldig en defensief. Dat is later ook mijn instelling in de politiek. En daar komt dan nog een laag bovenop, wat mijn vader ook overdreven had in zijn leven – de laag van workaholic zijn. Maar goed, dat doe je nou eenmaal.

Je werkt. Je moet het goed doen.

Mijn vader bouwde bruggen. Ik ging de politiek in.

Wat ik niet kan, is toneelspelen. Ik heb het nooit verder gebracht dan het achtereind van een kameel, geloof ik. Nee, dan Hans van Mierlo. We schelen zeven jaar, toen hij vertrok van het Canisius, kwam ik net aan. Hij was een groot toneeltalent.

Hoewel ik op het Canisius woon, zijn er wel bijzondere momenten waarop ik contact heb met het thuisfront. Het eerste wat ik mij goed herinner is de stormvloed van 1953. Ik verneem dat mijn vader als 'ingeland' van de Stormpolder – waar de fabriek van Hollandia immers staat – de boeren aldaar is gaan waarschuwen voor de naderende overstroming. Omdat zij goeddeels streng christelijke mensen zijn, trekken zij zich van die waarschuwing niet veel aan: 'Daar gaat God over en niet meneer Lubbers.' Een aantal van hen is toen verdronken.

Een andere keer dat ik contact met thuis opneem is in 1956, wanneer ik met mijn klasgenoten aan de radio zit gekluisterd om te horen over de opstand in de Volksrepubliek Hongarije tegen het stalinistische bewind. Ik zie ons nog zitten. Dit is een historisch moment! En daar wil ik mijn ouders over spreken.

Maar dit zijn uitzonderingen. Voor de rest is er alleen van tijd tot tijd familiebezoek. Dan eten we kersen met elkaar in de bloeiende Betuwe. Dat is het wel zo ongeveer. Zodoende groeit mijn verlangen om na het internaat weer thuis te gaan wonen. Dat is natuurlijk een beetje anders dan menig puber doet. Het is niet bepaald een daad van verzet jegens mijn ouders.

Het begrip puberteit ontgaat me eigenlijk. Noch in mijn kinderjaren, noch daarna, maak ik een periode van rebellie mee. Wanneer Ria en ik onze kleinkinderen zien, zeggen we: het ene kind kent ook meer puberteit dan het andere.

Leeftijdsgenoten van me zeggen: je komt toch in opstand tegen tradities? Nou, nee. In zekere zin ben ik een brave leerling. Dat hangt ook samen met mijn rol op school. Als voorzitter van veel verenigingen vertegenwoordig ik mijn medescholieren en dat bepaalt mijn houding naar het gezag. Leerlingen zeggen: ho, dat kan zo niet. Mijn taak is vervolgens om de jezuïeten door middel van argumentatie te overtuigen van hun standpunten. Radicaal stel ik me daarom niet op, ook naar mijn ouders niet. Dat hangt eveneens weer samen met het traditionele, hiërarchisch georganiseerde gezin waarin ik opgroei. Wij, kinderen, gaan naar een kostschool en wonen niet thuis. Ouderlijk contact ervaar ik als een gemis. Of ik eenzaam ben als kleine jongen? Soms, ja. Dat geldt ook voor mijn broers en zussen denk ik, we hebben allemaal op een internaat gezeten.

In het bijzonder voelde ik mij alleen toen ik nog Ruudje was en eerder naar bed ging omdat ik zo moe was.

Door de omstandigheden, met name door de afstand, word ik zo op jonge leeftijd bewonderaar van mijn ouders. Dat neemt toe wanneer ik later hun verhalen aanhoor. Dus het komt niet in mij op om te rebelleren tegen hen, of tegen de wereld. Het ontbreekt mij daar in zekere zin aan. Maar vraagt u of ik keuzes in het leven heb gemaakt om mijn ouders te behagen? Dan zeg ik: neen, neen, neen. Iets ondernemen om in de gunst van een ander te komen, dat vind ik een beetje gek.

20

Atoms for Peace

Tegen het einde van mijn tijd op het Canisius beginnen de jezuïeten de school anders te organiseren. Om je voor te bereiden op de samenleving gaan wij, jongelui van de zesde klas, in de Villa wonen. Dat is nieuw. Wij zijn de proefkonijnen. De Villa is bedoeld om alvast te wennen aan het leven buiten de veilige muren van de kostschool. Het gebouw staat wel op hetzelfde terrein als het Canisius, maar nu mag je ook de stad in – anders bleef je altijd op het internaat. Sterker nog, het wordt van ons Villabewoners verwacht dat je de hort op gaat. Het typeert het jaar dat ik in de zesde zit, van 1956 tot 1957, wanneer je die jezuïetenscholen ziet veranderen, meegaand met de maatschappelijke ontwikkelingen.

Het leven wordt zo al een beetje anders.

Het eerste wat ik na de middelbare school doe is met een vriendje in de trein stappen naar het Atomium in Brussel, een cadeau van mijn vader voor mijn diploma gymnasium β. Het is mijn eerste keer in het buitenland. We zullen de voorfase van dit werk in aanbouw bezichtigen, dat is ontworpen als symbool voor wereldvrede ter gelegenheid van de Wereldtentoonstelling van 1958. De atoombommen op Hiroshima en Nagasaki vielen in 1945, toen ik nog een klein jongetje was, en het zogeheten 'Atoms for Peace' geeft daar een ander perspectief aan. Atomen zijn in te zetten voor andere doeleinden dan oorlog!

Het monument, negen bollen die met elkaar verbonden zijn –

de voorstelling van één elementaire cel zuiver ijzerkristal – trekt mijn aandacht. Het interesseert me dat er vorm wordt gegeven aan vreedzame nucleaire technologie voor het opwekken van energie en medische toepassingen – in plaats van atoomwapens.

In dat jaar, 1957, organiseert professor Jacob Kistemaker, over wie ik nog kom te spreken, ook de eerste internationale conferentie over isotopenscheiding in Amsterdam. Het onderwerp is *hot.*

Zo neem ik van mijn bezoek aan Brussel mee dat Amerika niet alleen het machtsland is dat de atoombom gooide, maar ook een natie is die atomen wil inzetten voor vrede. Als gymnasiast van achttien jaar probeer ik zo dingen te duiden. Ik verzamel puzzelstukken die mijn beeld over de wereld, hier specifiek over Amerika, gaan vormen.

De geschiedenis leer je niet alleen uit boeken. Je krijgt het vooral mee uit verhalen. Neem het verslag van mijn moeder over de joodse landverhuizers die naar Amerika emigreerden voor kansen en mogelijkheden – een herinnering als historische notitie; ik zat met gespitste oren te luisteren. Wat was nu eigenlijk Amerika in die tijden? Het land van de belofte.

Wanneer ik jaren later in Boston zal doceren als hoogleraar globalisering – ik ben tegen nucleaire wapens, ik ben voor global zero – zie ik van het Amerikaanse Atoms for Peace verdrietig genoeg nog weinig terug. Een dramatische ontwikkeling. Vroeger was er nog de droom van Atoms for Peace. Nu wil het land vooral de machtigste zijn. Trump zegt: America first. Global zero? Niets geen global zero.

Wanneer ik op jonge leeftijd naar die massale glimmende aluminium bollen kijk – de tentoonstelling maakt grote indruk op me – kan ik dat allemaal nog niet bevroeden natuurlijk. Ik denk ook nog geen moment: ik wil een politieke rol in mijn leven vervullen.

Niet in het minst gaat er door mijn hoofd: ik word minister van Economische Zaken. Noch minister-president. Niet: ik zal vanuit die rollen betrokken zijn bij Atoms for Peace, raak bevriend met de Egyptische Nobelprijswinnaar voor de Vrede Mohammed el-Baradei, hoofd van de International Atomic Energy Agency (IAEA), of ben vijftig jaar later na mijn eerste bezoek aan Brussel toezichthouder van de nucleaire reactor in Petten die isotopen voor medische toepassingen produceert.

Dat komt allemaal later.

Deel II: van boekenjongen naar directeur

1957-1973

21

Verliefd in Parijs

Ik zat aan de Hofpleinfontein. Ik heb eindexamen gedaan. Ik ben achttien jaar en naar Brussel gegaan om het Atomium te bezoeken. En nu woon ik weer thuis.

Wat wordt mijn volgende stap?

Mijn vader komt met een idee. Hij heeft nog een zakenvrind in Parijs, meneer Marmot, die onder de naam Reynolds zware moeren van Hollandia in de Verenigde Staten verkoopt. Via meneer Marmot regelt mijn vader dat ik een *cours d'été* – een zomercursus – kan volgen aan de universiteit van Parijs, de Sorbonne. Dat is zijn bijdrage aan die boekenjongen, zo ziet hij dat.

Die zomer ga ik studeren in het buitenland. Samen met mijn broer Richard – die meekomt om Frans te leren – betrekken we een appartement achter de Moulin Rouge. We gaan naar Parijs, net zoals mijn vader tweeëndertig jaar daarvoor deed, in zijn jonge jaren. En ik leer een meisje kennen. Ze heet Irene Jaeschke en ze is een Duitse.

Irene zit bij mij in de klas. Zij doet ook de cours d'été.

Samen wandelen we door de straten van Parijs. Het is een mooie zomer. Het is prachtig wandelweer. Het water van de Seine glinstert in de zon. De blaadjes van de bomen in Jardin des Tuileries lijken wel te dansen wanneer er een warm briesje door de takken rinkelt.

Ik ben verliefd.

Ik heb wel eerder naar meisjes gekeken. Zo ging ik tijdens de laatste klas van het Canisius weleens een pilsje drinken in een café waar ik een dame de moeite waard vond. Maar dat mag geen naam hebben.

En wat doen Irene en ik tijdens het wandelen? We praten Frans. Zij als Duitse en ik als Nederlander oefenen we samen ons Frans. Wij wandelen ongelooflijk veel. Wij wandelen een cours d'été.

De relatie wordt hechter. We kussen niet tijdens die zomer, maar onze band groeit.

Dan, wanneer de cursus op zijn eind komt, vinden we elkaar kennelijk aardig genoeg om de afspraak te maken elkaar om de twee weken een brief te sturen. In het Frans, want zo blijft onze kennis op peil.

Vanuit Rotterdam, waar ik na de zomer in Parijs begin aan mijn studie economie, schrijf ik brieven aan Irene en vertel ik haar over mijn nieuwe studentenleven.

Thuis krijgen ze lucht van mijn pennenvruchten. Ik vertel aan wie ik die brieven schrijf. En op een dag zeggen mijn broers en zussen: 'Zou het niet een leuk idee zijn om jouw Irene eens op te zoeken?'

Mijn moeder is ook opgelucht over het plan en stimuleert mijn reis naar Duitsland. Zij is bezorgd over Bernadientje Joosten, de dochter van haar dierbare zus Marie. Ik moet niet hebben dat mijn zoon iets met zijn nichtje krijgt, denkt ze. Maar een relatie met Bernadientje was voor mij nooit *in Frage*.

Irenes moeder leeft dan nog, haar vader is al overleden. Dus ik schrijf haar en haar moeder of het hun zou schikken als wij met de auto vanuit Rotterdam naar Dortmund komen.

Met een broer en een paar zusjes rijden we vervolgens naar Duitsland. Ze gaan niet mee om mij te chaperonneren, dat is niet nodig. Ik ga erheen om Irene duidelijk te maken dat ik haar zie zitten.

Het is een plezierig bezoek.

Nog steeds wordt er niet gekust.

Een zomervakantie later, een jaar nadat ik verliefd door Parijs heb gelopen, maak ik nieuwe plannen voor een nuttige besteding van mijn tijd. Ik schrijf de heer Marmot of hij niet een bijbaantje voor mij in de aanbieding heeft, zodat ik mijn Frans kan verbeteren.

'Kan ik misschien bij u op kantoor komen werken?'

Het spijt hem, schrijft de heer Marmot terug. De kantoren zijn gesloten in de zomer. Maar hij stelt het volgende voor. Waarom kom ik niet naar Heidelberg in Duitsland, voor een uitwisselingsprogramma? Hij is ervan op de hoogte omdat zijn kinderen daarheen gaan en hijzelf in het schoolbestuur zit. De Franse jeugd vertrekt naar Duitsland en de Duitse scholieren gaan naar Parijs.

'We zitten met een probleem,' kaart meneer Marmot aan. 'Niemand van de leraren spreekt een woord Duits. Maar jij wel, Ruud. Dus misschien vind je het een idee om mee te gaan? Dan kan je ondertussen ook je Frans oppikken, via de Franse kinderen.'

En jawel, die zomer ga ik naar Heidelberg, een plaats ter hoogte van Luxemburg, tussen Frankfurt am Main en Stuttgart in. En ik schrijf een brief aan Irene.

'Irene, is het anders een plan dat je ook naar Heidelberg treint, voor een weekend? Dan kunnen we weer wandelen samen, en ons Frans onderhouden.'

Dat doet ze. We hebben een klein pensionnetje voor haar gevonden waar zij zal overnachten, en na een gezellige avond uit breng ik haar thuis.

Nu is het moment gekomen, denk ik. Nu ga ik haar kussen.

Maar Irene denkt er anders over. 'Nee, dat wil ik niet,' zegt ze. 'We zijn niet verloofd. Ik vind je heel aardig, Ruud, ik heb een heerlijke avond gehad. Maar ik kus niet.'

Het is een schok voor mij. We zijn toch aardig voor elkaar geweest? We kennen elkaar nu al zo lang. We schrijven al een jaar brieven. Ik vind het maar vreemd. En ik zeg haar: 'In Holland, wanneer je elkaar aardig vindt, en je bent achttien, negentien jaar, dan kun je elkaar een kus geven.'

Maar zij zegt, afgemeten: 'Nou nee, dat doe ik niet.'

Ik vind het maar stijf. Hoe zou dat met anderen zijn, vraag ik mij af.

Later, wanneer ik thuiskom in Rotterdam, vertel ik het aan mijn moeder.

'O,' zegt zij, 'dat is gewoon keurig in Duitsland. Dat noemen wij *Hochdeutsch.*'

Irene Jaeschke is het eerste meisje op wie ik verliefd word. Maar trouwen zal ik met Ria Hoogeweegen.

22

Mijn Ria

Ik leer Ria Hoogeweegen kennen via een dispuutvereniging in Rotterdam. Zij is achttien, ik ben negentien. Het is najaar 1958. Ik ben dan ruim een jaar aan het studeren. Na mijn propedeuse buig ik mij over mijn kandidaats.

Ik ontmoet Ria op een feestje, ze komt mee met een dispuutgenoot. Ze heeft een mooie jurk aan, maar valt van de trap en belandt in een plas bier. Onder aan die trap sta ik, en ik vang haar op. Ik zeg: 'Dat is ook een mooie manier om binnen te komen.' Ria heeft zo haar bedenkingen over mijn opmerking. 'Wat is dat voor een mal figuur,' is haar eerste indruk van mij. Maar later op de avond mag ik haar toch naar huis brengen.

Vanaf dat moment is het aan.

Het begin van mijn leven met Ria botst nog met het slot van het verhaal over Irene, de 'Hoogduitse'.

Ria is een ontzettend gezellige meid om mee uit te gaan. Ze is erg sportief en een jonge vrouw met veel humor. Maar zo nu en dan wordt ze heel droevig. Ik denk: wat is dat voor raars?

Dus ik zeg haar: 'Ria, ik vind het hartstikke gezellig samen, maar soms ben je zo droef. Wat is er toch aan de hand?'

We nemen plaats op het muurtje voor haar ouderlijk huis, aan de Hoflaan. Ria begint te vertellen.

'Ik ben halfwees. Vier jaar geleden is mijn moeder overleden. En nu heeft mijn vader keelkanker gekregen. Hij is advocaat. Dat hij zijn stem verliest, is fataal voor hem. Hij heeft niet lang meer te leven. Dus als ik soms zo droef kijk, komt het daardoor.'

'Dat is wat, Ria...,' zeg ik.

Die nacht kan ik niet slapen. Mijn lief is droef. Wat kan ik daaraan doen?

Dat heb ik geleerd op het Canisius. Als je een bijzondere ervaring hebt, zo kreeg ik mee van de jezuïeten, moet je voor de spiegel gaan staan en je afvragen: wat betekent dat nu voor mezelf? Dus ik denk na. Draai me nog eens om in bed. En ineens weet ik het.

De volgende ochtend laat ik Ria weten dat ik die avond naar haar toe kom.

's Avonds zitten we weer naast elkaar en zeg ik: 'Je vertelde me een afschuwelijk verhaal gisteren. Ik heb er eens goed over nagedacht. En ik weet wat ik ermee moet doen.'

'Wat wil je er dan mee doen, Ruud?'

'Nou ja,' zeg ik. 'Ik vraag je ten huwelijk.'

'Meen je dat?'

'Ja. Mijn ouders weten het niet. Jouw vader weet het niet. Maar ik denk dat dat gewoon het beste is. Ik vraag je ten huwelijk, dan hoef je daarover niet in de zorgen te zitten. Ik ga snel afstuderen en verdien mijn boterham in de dienstplicht. En dan kunnen we na een paar jaar al trouwen. Dus ja, ik vraag je ten huwelijk.'

Ria is verrast over mijn toelichting. Maar haar antwoord is een overtuigd: 'Ja.'

Ik zeg haar dat we het voorlopig nog even onder ons tweeën moeten houden.

Twee dagen later krijg ik weer post van Irene, de Duitse. We schrijven nog steeds, het is een beetje een routinebrief geworden. De zomer in Heidelberg ligt ongeveer een halfjaar achter ons.

'Ruud,' schrijft ze. 'Ik heb een vakantiebaantje in Engeland gevonden, in Londen. En ik heb besloten via Holland te reizen, met de boot. Dat geeft mij de gelegenheid om eens kennis te maken met jouw familie.'

Ik schrijf haar niet terug over Ria en mij. Ik wil haar dat persoonlijk vertellen, niet per brief.

Mijn moeder weet niets over mijn trouwplannen met Ria. Zij is enthousiast over het voorstel van Irene en wil deze 'Hoogduitse' weleens ontmoeten.

Dus Irene treint naar Rotterdam. Op het station sta ik haar op te wachten. Ik weet niet uit welk treinstel ze stapt; ik tuur naar de drommen mensen. En dan zie ik haar, op zo'n vijftig, honderd, meter afstand, en zij ziet mij. Ze rent op mij af.

En ze springt mij om de nek.

Het plan is om naar mijn ouders te gaan. Maar ik zeg: 'Irene, we gaan eerst een stukje lopen.' En ik vertel haar over Ria, dat ik inmiddels een vriendin heb en haar ten huwelijk heb gevraagd.

Irene zegt: 'Verdraaid. Ben ik dus toch te laat. Want ik had echt het gevoel toen ik je die brief schreef en voorstelde eens kennis te maken met jouw familie, dat ik toch ook wel op jou verliefd was.'

Irene vat het heel sportief op. 'Ruud, ik begrijp het. Ik ben te laat,' zegt ze.

Ik vraag haar natuurlijk nadrukkelijk: 'Voel je je genomen?'

'Nee,' zegt ze, 'sterker nog, ik hield er rekening mee. Ik dacht: het wordt nu echt tijd dat ik met zijn familie ga kennismaken voordat hij de verkeerde conclusies trekt en mij niet als mogelijke levenspartner ziet.'

Ze had ook niet geschreven: we vrijen met elkaar en ik wil nu je familie weleens zien. Dat had ze juist niet gevraagd. Dus ik dacht ook niet dat ik iets schandelijks had gedaan door haar naar Rotterdam te laten komen. En ik had Irene toch al wel enigszins opgegeven. Die is zo stijf, dacht ik. Ze schrijft nette brieven, maar daar blijft het bij.

Als ze mij eerder had geschreven, was ik denk ik met Irene Jaeschke door het leven gegaan.

Maar mijn besluit om met Ria te trouwen staat vast. Absoluut. En daar heb ik nooit spijt van gehad.

23

Andersom de trap op

Waarom studeer ik economie? De economische ontwikkeling begrijpen vind ik belangrijk en het beste wat je in Rotterdam kunt doen. Want daar woon ik nu eenmaal weer, bij mijn ouders.

Economie is in die tijd geen vanzelfsprekende keuze, eerder een minderwaardige – je kiest voor theologie of rechten. Studeren is überhaupt geen vanzelfsprekendheid binnen mijn familie, ik kom voort uit een traditie van koopmannen en rijnschippers en mijn vader is immers directeur van een fabriek. Van de negen kinderen gaan er ook maar enkele studeren. Maar voor mij voelt het als een logische stap. Ik ben geïnteresseerd in de maatschappij. En op het Canisius is me opgevallen dat in de verhalen die verteld werden de economische ontwikkeling nauwelijks aan bod kwam. Ik wil weten: 'Hoe werkt dat nou eigenlijk?'

Vanaf de Avenue Concordia is het niet meer dan twintig minuten fietsen naar de Nederlandsche Hoogeschool, een van de rechtsvoorgangers van de Erasmus Universiteit Rotterdam. Evenzo ben ik in een mum van tijd op de sociëteit van mijn vereniging, K.S.V. Sanctus Laurentius, de katholieke studentenvereniging aan de Walenburgerweg. Ik sluit me aan bij het dispuut Delta, waarvan ik wederom een van de jongsten ben. Met dit keer het verschil: Ruud, dat ben ik al.

Ik heb het naar mijn zin bij het dispuut, maar, zoals ik zal schrijven als redacteur van de almanak van het Laurentius: 'Hoewel ik een goed glas bier bijzonder waardeer en een kroegjool tot een culturele manifestatie reken, geloof ik toch, dat het een misvatting is als men als student meent dat men door gezamenlijk zat te worden meer tot de ander komt dan door het verkrijgen van kennis en inzicht door gezamenlijke studie.' Ik zie het als de voornaamste taak van een student om 'in en uit het bewustzijn van de belangrijke plaats, die hij heeft en met behulp van de hem in dienst staande middelen zichzelf steeds te scheppen en te herscheppen,' besluit ik mijn zienswijze.

Een professor die mij vanaf het eerste moment in de collegezaal tot ontwikkeling inspireert, is Johan Witteveen. Tijdens het tweede jaar van mijn studie ga ik colleges macro-economie bij hem volgen. Hij valt me meteen op. Witteveen is een indrukwekkende figuur, een intrigerend, erudiet en intellectueel man. Hij wordt mijn belangrijkste hoogleraar en zal, zo blijkt, telkens weer terugkeren in mijn leven.

Naast serieuze zaken ga ik ook graag naar de sociëteit om medestudenten te ontmoeten en mij te ontspannen. Voor de momenten dat het wel heel laat wordt en ik pas in de vroege ochtend thuiskom, heb ik zelfs een foefje ontwikkeld. Ik loop, eenmaal terug op de Avenue Concordia na een feestelijke avond, altijd andersom de trap op. Zo lijkt het net, mochten mijn ouders mij betrappen, alsof ik juist op het punt stond om de deur uit te gaan.

Het is een genoegen om het komen en gaan op de Avenue Concordia weer mee te maken. Het is er vaak een zoete inval, mijn moeder organiseert, zoals ik al schreef, geregeld feesten. Het is dan altijd de bedoeling dat je als partner ván even een handje komt geven aan het echtpaar Lubbers in de serre. Ik ben het zesde kind, dus mijn jongere broer en zussen wonen sowieso nog thuis, en de oudere garde schuift ook vaak aan voor de familielunch op zaterdagmiddag. Ria komt nu ook mee.

Ik kan de gemiste tijd goed inhalen.

De internationale lijn in mijn leven begint zich in die jaren ook te manifesteren, onder andere vanuit de voorzittersrol die ik gewend ben in te nemen sinds mijn Canisius-tijd. Zo betalen mijn zeven jaar gymnasium zich terug in een opmerkelijke ontwikkeling in mijn leven.

Er is behoefte aan een nieuwe voorzitter van de UKSV, de Unie van Katholieke Studenten Verenigingen in Nederland. De grote katholieke verenigingen in Nijmegen, Utrecht en Tilburg gunnen elkaar het voorzitterschap van die overkoepelende organisatie niet en gaan te rade bij Sanctus Laurentius. Dat is een kleine vereniging en ik ben tot dat moment nog niet echt politiek actief. Het voelt dan ook bizar als ze mij vragen voor die positie. Anderzijds komt het niet helemaal uit de lucht vallen, ik heb eerder getoond dat die rol mij goed bevalt – ik heb een sterke drijfveer om zaken te bewerkstelligen, en dat kan nu eenmaal goed vanuit een voorzitterspositie. Daarmee ben ik ineens als twintigjarige niet alleen bevoorrecht kennis te maken met de katholieke elite in mijn leeftijdsgroep, maar ontmoet ik ook studenten 'breed' – bijvoorbeeld van de Nederlandse Studenten Raad in Leiden, die alle studenten aan universiteiten en hogescholen vertegenwoordigt. Het is voor deze katholieke jongen eigenlijk het eerste moment dat hij niet-katholieken tegenkomt.

Het jaar dat ik deelneem aan het bestuur van de UKSV, 1959-1960, is nog om andere redenen bijzonder. Als voorzitter ontvang ik een uitnodiging voor de jaarlijkse ECOSOC-vergadering, de Economische en Sociale Raad van de Verenigde Naties (VN), die dat jaar niet in New York maar in Genève plaatsvindt, een stad die later nog een rol in mijn leven zou spelen. Dag Hammarskjöld, de secretaris-generaal van de VN, spreekt en maakt grote indruk op mij. Een jaar later treft hem het noodlot. Onderweg naar een vredesmissie in Congo stort het vliegtuig neer, nooit is helemaal opgehelderd of er wel of niet sabotage in het spel was. Hammarskjöld en alle andere vijftien inzittenden komen om, de wereld is geschokt. Postuum zal Hammarskjöld in 1961 de Nobelprijs voor de Vrede krijgen.

Na Genève reis ik met leeftijdsgenoten naar een groot Pax

Romana-congres van de Katholieke Kerk in Lissabon, waar katholieke studenten van over de hele wereld samenkomen. Het is dan nog de tijd van de dictators Franco in Spanje en Salazar in Portugal.

Deze en andere indrukwekkende internationale gebeurtenissen maken deel uit van mijn ervaringen als twintigjarige die tijdens mijn latere levensloop belangrijk voor mij zullen zijn.

Ik herinner mij ook nog een tripje dat ik naar Berlijn maakte.

Tijdens mijn studietijd biedt de West-Duitse regering, gezeteld in Bonn, studenten bijna gratis reisjes aan om kennis te maken met Duitsland. Na de overgave van het naziregime en de zelfmoord van Hitler verdelen de geallieerde mogendheden Duitsland in zones. Algauw leidt deze situatie tot de splitsing van Duitsland in de Bondsrepubliek Duitsland (BRD) en de Duitse Democratische Republiek (DDR). Mede dankzij de Marshallhulp herstelt de economie van de BRD op miraculeuze wijze. Bonn besteedt zijn geld onder meer aan mijn generatie om het 'vrije Westen' te propageren. Voor studenten zijn deze zwaar gesubsidieerde reizen zeer aantrekkelijk, zeker omdat het leven in de DDR ook nog eens extreem goedkoop is.

Met een groepje studenten besluiten we Koninginnedag, op 30 april 1960, te vieren in Berlijn. De Berlijnse Muur staat er dan nog niet – de bouw ervan start in 1961. We kiezen een restaurant uit op de Karl Marx Allee. Daar eten we wat en vooral drinken we veel bier. Zoveel, dat ik om een uur of drie, vier uur 's nachts het café uit stap om een beetje frisse lucht te halen. Maar tot mijn schrik zie ik grote tanks de allee oprijden, die met veel lawaai mijn kant op komen. Een minuut lang sta ik als verstijfd. Zouden de Russen een inval doen? En dan realiseer ik mij: o nee, we bevinden ons in de Russische zone en dit zijn Russische tanks voor de parade ter viering van de Dag van de Arbeid.

Het is ochtend. Het is 1 mei inmiddels.

24

Mijn bevrijding

Het huwelijksaanzoek aan Ria was in wezen ook een aanzoek aan mijzelf.

Natuurlijk, je trouwt met de ander om die ander. Ik hield van Ria, ik hou van Ria. Ik ga uit met een leuke meid, een levenslustige hockeyster. En haar frisheid, vrolijkheid en betrokkenheid raken een snaar bij die jongen Ruud die zegt: dit is een kans, daar ga ik voor. Dat bedoel ik met wat ik van de jezuïeten leerde en waarover ik wakker lig voordat ik Ria's hand vraag: hoe kun je het lot aanwenden zodat het voor jou betekenis krijgt?

Een jezuïetenoplossing kun je niet samenvatten als iets moois of lelijks, ook al krijgt het al snel de connotatie van iets negatiefs. Mensen zeggen: 'Dat is een jezuïetenstreek.' Alsof de jezuïet bedondert. Ik begrijp wel wat ze bedoelen. Maar het plan van de aalmoezenier die met de Behörde in het gijzelaarskamp sprak en mijn vader en andere gevangenen op die manier vrij kreeg, was ook de 'streek' van een jezuïet.

Een jezuïet leert je dat je het goed moet regelen in het leven, voor jezelf en daarmee voor een ander. Want het belang van een ander is verbonden met jouw eigenbelang, en dus andersom. Zijn oplossing is op die manier altijd gericht op iets positiefs. Ja, voor jezuïeten heb ik bewondering.

Je kunt zeggen: dat is een streek. Je kunt ook zeggen: er gebeurt iets voor het algemeen belang en dat is indrukwekkend. En dat moet je ook waarderen.

Ik heb altijd bewondering gehad voor een intelligente oplossing.

En dus krijg ik zo na ons gesprek over Ria's ouders die ingeving – dat heerlijke gevoel van weten hoe je de puzzel kunt leggen. Ik denk in een opwelling, wat past bij mijn karakter: hé, dat is eigenlijk wel fantastisch, zeg. Als ik Ria nou ten huwelijk vraag, heb ik niet alleen een lieve vrouw die ik op kan beuren met een plan. Ik stel mezelf ook voor de uitdaging om snel af te studeren, jong te trouwen en er wat van te maken in het leven. Ik ben tot die tijd toch nog wel enigszins verliefd op Irene Jaeschke. Aan die gevoelens kan ik eveneens een einde maken door helemaal voor Ria te gaan.

Dat is het wonderlijke: liefde vormt niet mijn eerste drijfveer om met Ria te willen trouwen. Het voelt ook als een 'opdracht' aan mijzelf. Alsof het de bedoeling is. Op die manier maak ik vaker keuzes. Ineens openbaart het zich aan me. Ik hoef er niet heel lang over te piekeren want het komt op mijn weg en dan wijst het zich vanzelf.

Het is zo bezien niet alleen een trieste geschiedenis dat Ria's moeder jong overlijdt en dat haar vader op sterven ligt. Het brengt me ook op het idee om voor haar te gaan.

In moeilijkheid schuilt dikwijls een godsgeschenk.

En: je moet het licht – de oplossing – ook opzoeken.

Ziehier de parallel met mijn vader, die mij uitlegde hoe hij het leven oppakte na de oorlog. Ondanks het feit dat hij verraden was door zijn eigen Hollandianen, de NSB'ers in zijn bedrijf – en natuurlijk, daar heeft hij flink onder geleden – aanvaardde hij de geschiedenis. Velen waren na de oorlog almaar bezig met: 'Dat zijn de foute en dat zijn de goeie mensen'. Mijn vader was er juist op gericht hoe hij door kon met het leven. En dat betekende dat hij, wilde hij toch nog met die mensen door één deur kunnen, ook moest kunnen vergeven. Dan moet je groots zijn en de langere lijn – het continuüm – in ogenschouw nemen.

Niet voor niks klikte het tussen mijn vader en De Quay, denk ik, de minister die met zijn Driemanschap een pragmatische oplossing voor Nederland zocht. Het idee was dat het land verder kon, ook in moeilijke tijden. Dat probeerde De Quay in het begin van de oorlog, maar dat ging fout en hij kwam in gevangenschap terecht. Later dook De Quay onder en na de oorlog kwam hij terug op het toneel als minister en vervolgens als minister-president.

Ik heb later als premier ook mijn opdracht om het land te regeren op die manier opgevat. De continuïteit, de langere lijn, de rust bewaken – als je eenmaal minister-president bent moet je de zaak wel doordragen. Daar gaat het om. Ik heb daarom zeker ook respect voor Mark Rutte, dat hij het die lange tijd heeft uitgezeten met zijn kabinetten.

En: je moet kansen pakken als ze zich voordoen. Mijn vader had voor mij een leerzame uitdrukking. Hij zei altijd: 'Geluk, mijn jongen, bestaat niet an sich. Iedereen heeft pech, iedereen heeft geluk. Maar geluk is net als een beestje dat je bij zijn staart grijpt. Het is het vermogen dat je hebt om als een situatie zich aandient, op het goede moment toe te slaan. *Tjoefff*, je pakt het beestje snel achter zijn kop. En als je dat kan, dán heb je geluk in je leven.'

Ga niet zitten wachten totdat er iets goed gaat of slecht, zoals bij een loterij. Nee, ieder leven heeft moeilijke situaties. Hoe kun je pech, verdriet, te boven komen? Dat is de juiste vraag. Wees altijd alert op: doet er zich hier een kans voor? Schat je kansen in. Grijp dan in. En bedank vervolgens de Lieve Heer.

Ik ontmoet Ria niet lang na het 25-jarig huwelijksfeest van mijn ouders. Het is niet zomaar een feest. Het dringt tot mij door dat na alle ellende die mijn ouders hebben doorstaan in de oorlog, wij vieren dat zij – wij – het gered hebben met elkaar. Het is een feest van bevrijding.

Ria vertelt me dat zij halfwees is en dat haar vader op sterven ligt. Ik luister. Denk na. En verinnerlijk wat ik heb geleerd van de jezuïeten en van mijn vader. De oplossing *is* de bevrijding.

Ria is mijn bevrijding.

25

Mijn vader

Doordat ik mijn Ria leer kennen, verlang ik er ineens naar om na mijn kandidaats snel voor mijn doctoraal te gaan. Econometrie valt daarom af. Ik studeer af op een macro-economisch onderwerp, de betalingsbalans van ontwikkelingslanden. Professor Witteveen heb ik ook geraadpleegd over die wens om in korte tijd af te studeren, hij is daarin nog zeer bepalend geweest.

Ria en ik verloven ons in het voorjaar van 1962 en trouwen in het najaar. Zij is dan eenentwintig, ik drieëntwintig. Ik ben dan net in vierenhalf jaar cum laude afgestudeerd aan de Nederlandsche Economische Hoogeschool en begonnen als onderofficier bij de Luchtmacht.

Als vaandrig word ik verantwoordelijk voor de voorraadbeheersing en verneem ik dat Amerikanen nucleaire wapens in Nederland gestationeerd hebben staan. 'Hoe kunnen we de wapens vermelden op de voorraadlijst, zónder dat het bestaan ervan op Nederlands grondgebied direct alom bekend wordt?' is de vraag die ik krijg voorgelegd. Simpel, denk ik. We kunnen het beste vrij weinig doen. We nummeren slechts de bevoorrading door, in plaats van dat we aparte categorieën vermelden op de lijst. De wapens staan daarna gewoon tussen de schoenen en de veldflessen.

Die wapens werden destijds – ten tijde van de Koude Oorlog – geplaatst om de toenmalige Sovjet-Unie af te schrikken. Later, in 2013, draait *De Telegraaf* mij in dit verband nog een loer. Daar kom ik nog over te spreken.

Als vaandrig verdien ik mijn eigen boterham en kan ik het me permitteren om met Ria te trouwen. Wanneer mijn militaire diensttijd ten einde loopt, ontwikkel ik vervolgens plannen om bij professor Witteveen te promoveren op de katholieke priester en hoogleraar economie Martinus Cobbenhagen. Plannen die ik echter nooit ten uitvoer zal brengen, omdat de geschiedenis een andere loop neemt.

Een maand na ons trouwen overlijdt eerst mijn schoonvader, Ria's vader. Het jaar daarop wordt mijn eigen vader doodziek. Hij krijgt trombose in de hersenen. In feite heeft hij zich kapotgewerkt.

Er speelt ook nog een andere slopende kwestie.

Mijn vader en de fiscus hebben een groot dispuut over Hollandia. De belastingdienst vindt dat hij het bedrijf voor een te lage koopsom heeft verkregen en vordert daarom veel belasting van hem. Tot razernij van mijn vader. Hij heeft het destijds allemaal netjes afgesproken met de De Vilders.

Ria en ik wonen niet ver van mijn ouders vandaan. Zij is inmiddels hoogzwanger van ons eerste kind. Ik ga naar mijn ouderlijk huis toe om mijn ernstig zieke vader te bezoeken.

Ik zie mijn moeder nog voor me de trap aflopen. Ze zegt: 'Godzijdank, Ruud, je vader is net uit zijn lijden verlost, hij is overleden. Hij heeft het laatste jaar vreselijk geleden. Ik ben zo blij dat het afgelopen is.'

Dat herinner ik me als de dag van gisteren. Dat mijn moeder, toen haar man het leven liet, zei: 'Godzijdank, hij is overleden.'

Ze vertelt me dat het uitputtende conflict met de fiscus hem fataal is geworden. In datzelfde gesprek zegt ze ook: 'Ruud, Paul en ik hebben besproken dat Rob zijn opvolger in Hollandia wordt.' Mijn oudste broer Richard is dan al naar Nijmegen uitgeweken om socioloog te worden, hij zag er niets in om hem op te volgen. 'Maar wij zouden graag zien dat jij als executeur-testamentair de zaken met de fiscus afhandelt. Daarbij meld ik meteen dat ik als niet onbemiddelde schippersdochter mijn erfdeel verwerp.'

Ik denk dat bij deze beslissing van mijn ouders meespeelde dat Rob met zijn zevenentwintig jaar al genoeg belast was met het overnemen van het bedrijf. Ze zullen gedacht hebben: laten we Ruud, de boekenjongen, aanwijzen om de zaken met de fiscus in goede banen te leiden. Die kwestie was op het moment van mijn vaders overlijden nog steeds niet afgerond. Het was wederom een praktisch besluit van mijn ouders om mij daarvoor te vragen.

En zo ontferm ik me over de discussie met de fiscus – die verdomde fiscus die mijn vader zo'n zwaar laatste jaar van zijn leven had bezorgd.

En dan komt de jezuïetenjongen in mij weer boven.

Na de begrafenis ga ik naar de betreffende belastingambtenaar toe en zeg ik: 'Ik lees in de stukken dat er een geschil is over de belastingaanslag en daar wil ik nu met u over praten. Kent u het dossier?'

Ja, natuurlijk kent hij het. 'Er is inderdaad een geschil. Ik neem aan dat u dat met ons tot een oplossing wilt brengen?'

'Dat wil ik wel,' zeg ik, 'maar het is eigenlijk vrij simpel. U moet namelijk weten dat ik vind dat mijn vader gewoon gelijk had. Hij heeft er hard voor gewerkt. Hij heeft destijds die afspraken gemaakt met de De Vilders. Er is geen enkel bewijs te leveren dat de broers het oneens waren met de koopsom.'

'Wat bedoelt u daarmee?'

'Nou,' zeg ik, 'er zijn zojuist nog allerlei positieve artikelen over hem in de krant verschenen. Als u hem niet in het gelijk stelt, dan zal ik daar één artikel aan toevoegen en naar buiten brengen – dan maak ik publiek dat mijn vader overleden is vanwege de onredelijkheid van de fiscus. Bespreekt u het met uw chefs. Ik kom er volgende week op terug.'

Een week later zitten we weer met elkaar om de tafel. De man zegt: 'We hebben het intern besproken. En we denken inderdaad dat de afspraken redelijk zijn. Voor ons is het akkoord. U krijgt gelijk, met terugwerkende kracht.'

Ik weet niet waarom hij instemde, maar het gebeurde.

Er is daarna nooit meer met een woord over gesproken.

De verantwoordelijken bij de fiscus hebben niet geweten welke geschiedenis zich had afgespeeld met betrekking tot de De Vilders. Ze zullen gedacht hebben: die meneer Lubbers is een slimme ondernemer en wil zo min mogelijk belasting betalen en daar willen we een stokje voor steken.

Ik denk dat mijn vader hun had gezegd: 'Dit is met reden goed geregeld, dus je kunt hier niet spreken van een bevoordelingssituatie.'

Het heeft mijn leven natuurlijk sterk beïnvloed dat mijn moeder tegen mij zei: 'Je vader is overleden aan de fiscus.'

Hij was zo nijdig, dat hij eraan doodging.

Terugkijkend denk ik ook: hoe moeten de dienstdoende belastingambtenaren zich hebben gevoeld toen ik zei dat hij overleden was door hun toedoen? Maar ik heb geen spijt van dat moment. Het was natuurlijk een streek van mij, maar ik vond het goed bedacht. Ik kwam op voor mijn vader. En je moet wel een beetje ingrijpen wanneer het nodig is. Dat had ik van mijn vader geleerd.

Nu deed ik dat voor hem.

Mijn vader was niet een heel erudiete, maar wel een gelovige en vooral zeer sociale man. Na zijn overlijden werd hij vooral om dat laatste geroemd.

De vader van Lee Towers, de bekende Rotterdamse volkszanger, werkte vroeger bij Hollandia. Leen stapte een keer op mij af en zei: 'Weet u, meneer Lubbers, uw vader is bij ons thuis ontzettend geliefd. Toen mijn eigen pa aan zijn pensioengerechtigde leeftijd kwam, hadden wij nog een hoop kinderen thuis. Maar hij kon niet rondkomen van zijn pensioen. Hij is daarop naar uw pa gegaan en heeft uitgelegd hoe het zat. Uw vader heeft toen eigenhandig geregeld dat mijn oudeheer een jaartje langer kon blijven dan officieel mocht en oogstte daarmee grote bewondering in de familie. Daar zeggen we: "Meneer Lubbers, die speelt van alles klaar. Aardige man is dat toch."'

Mijn vaders belangrijkste sociale functie was bedrijfsapostolaat – hij had zich ook al ingezet voor een apostolaat bij de schippers. Hij vond het belangrijk dat voor een bedrijfsgemeenschap als Hollandia een plek voor bezinning was ingeruimd. Iedereen die behoefte had aan geestelijke steun was welkom, niet alleen katholieken. Hij praatte met mensen en steunde ze financieel.

Mijn vader was een bijzondere directeur. Een zakelijk man, met het hart op de juiste plaats. Toen hij in 1963 overleed, werd hij vooral herdacht als de man van het bedrijfsapostolaat.

Hij is tweeënzestig jaar geworden.

Twee weken na de begrafenis van mijn vader bevalt Ria van onze eerste zoon. We noemen hem Paul. Naar mijn vader.

26

Mijnheer Ruud

Ook om een andere reden zet het overlijden van mijn vader mijn leven op een totaal ander spoor.

De dag na de begrafenis belt mijn moeder mij op met de vraag direct naar haar toe te komen. Daar aangekomen zegt zij zichtbaar aangedaan: 'Ruud, voordat je vader overleed heeft hij mij gevraagd jou als executeur-testamentair te vragen. Dat wilde hij, en ik ook. Dat is besproken.' Mijn moeder slikt. 'Maar daar is vandaag een groot probleem bijgekomen. De president-commissaris van Hollandia is mij komen condoleren en liet mij weten dat zij Rob nog te jong achten om Paul als directeur op te volgen. Zij pleiten ervoor om voor een aantal jaren een interim-manager te benoemen. Ik denk echter dat je vader zich bij die gedachte zal omdraaien in zijn graf. "Ik heb mij toch niet doodgewerkt opdat Hollandia nu aan een niet-Lubbers in plaats van mijn zoon wordt toevertrouwd?" Ruud, ik hoor het hem zeggen. Onverdraaglijk!'

Ook ik ben ontsteld en vraag haar hoe zij heeft gereageerd.

'Ik heb hem alleen ontdaan aangekeken en gezegd dat ik daar eens goed over moet nadenken,' antwoordt mijn moeder. 'Kort daarna heb ik jou gebeld en gevraagd direct te komen.'

'Goed dat u dat deed. Maar vraagt u mij dat idee van een interim-directeur uit zijn hoofd te praten?'

'Hij sprak zo gedecideerd. Dat gaat moeilijk worden. Ik heb daarom een ander plan. Wat ik het beste zou vinden is dat jij Rob een aantal jaren gaat helpen bij de directievoering van Hollandia en daarna je eigen weg volgt. Samen zijn Rob en jij ruim vijftig jaar. Dat moet voor de commissarissen toch aanvaardbaar zijn? Dus Ruud, kun jij niet afzien van andere plannen, en in plaats daarvan mededirecteur van Hollandia worden?'

En zo word ik inderdaad directiesecretaris van Hollandia en mijn broer Rob directeur van de zeshonderdvijftig werknemers. Rob is dan zevenentwintig jaar, ik vierentwintig. Samen inderdaad meer dan vijftig.

Vanaf dag één noemen ze mij 'mijnheer Ruud' en mijn broer 'mijnheer Rob', een gebruikelijke aanspreekvorm in die jaren voor opvolgers in familiebedrijven. Ik word gauw geaccepteerd in het bedrijf, want heb economie gestudeerd en dat levert aanzien op – dat was vroeger meer dan tegenwoordig. Bovendien kan ik praktisch iets bijdragen want ik heb verstand van boekhouden en beschik over de juiste kennis.

Het is geen keuze om in de directie van Hollandia te stappen, maar een plicht. Mijn moeder vraagt mij immers. Maar ik neem hem met plezier op me. Mijn brede interesse blijk ik erin kwijt te kunnen.

Wat bij aanvang een tijdelijke oplossing van mijn moeder was, zou een periode van tien jaar gaan bestrijken.

Rob vraagt mij onder meer om in de plaats van mijn vader voorzitter van de ondernemingsraad te worden. Normaal gesproken is die rol voor het hoofd personeelszaken bestemd, maar ik doe het graag en vind het ook bij mijn taak als directiesecretaris horen om *feeling* te houden met de vakbonden.

Het levert mij een boeiende ervaring op.

De ondernemingsraad bestaat voor de helft uit leden van de christelijke vakbond en voor de andere helft uit leden van de socialistische vakbond. Ze zijn het dikwijls met elkaar oneens. Tijdens één bepaalde vergadering is er echter vooral eensgezindheid. In overleg met de bonden is een jaar eerder besloten om vanwege een sterk tekort aan mankracht voor de smederij van Hollandia gastarbeiders uit Marokko aan te trekken. Sindsdien zijn er tientallen Marokkanen werkzaam, het verloopt allemaal prima. In die smederij werken ze met hete vuren en daarom ontvangen zij met hittetoeslagen een stevig salaris.

'Mijnheer Ruud,' klinkt het in de vergadering, 'inmiddels is het voor deze Marokkanen ramadan en vertellen zij ons dat zij vanwege hun geloof in die periode niet mogen drinken tijdens het werk, ook al staan zij voor hete vuren. Maar dat is toch zeer onverantwoord! Daar komen ongelukken van. Wat moeten we nu doen?'

Een ander lid vult aan: 'We kunnen hoog of laag springen, maar we weten dat zij strikt zijn wanneer het op geloven aankomt. Wat vindt u?'

Ik antwoord: 'Het is nu einde werktijd, het gebruikelijke uur voor het ondernemingsraadoverleg. Het is inderdaad een groot probleem. Maar ga nu naar huis en laten wij elkaar morgenochtend vroeg weer zien. Dat geeft mij tijd om na te denken.'

De volgende ochtend komt de raad weer samen en neem ik het woord. 'Ik heb eens goed nagedacht. Ik ben bereid als voorzitter van de ondernemingsraad mijn nek uit te steken. Maar ik doe het alleen als jullie het volgende plan steunen.'

Ik stel voor aanplakbiljetten door de fabriek van Hollandia te verspreiden met de tekst: 'Een veilige smederij, ook in de ramadan.' De oproep is gericht aan Hollandianen, met name de schoonmakers, om tijdens de ramadan in de smederij te komen werken. Zij ontvangen dan de hittetoeslagen boven op hun salaris als corveeër. De Marokkaanse gastarbeiders kunnen dan de corveewerkzaamheden overnemen, uiteraard zonder de hittetoeslagen.

De oplossing is dus, dunkt mij, om tijdelijk even het werk te ruilen.

De ondernemingsraadsleden kijken elkaar eerst onderzoekend aan. Maar stemmen dan in. En zo gebeurt het dat de biljetten door het gebouw worden opgehangen en de corveeërs en Marokkaanse gastarbeiders tijdelijk hun werkzaamheden verwisselen. Waarbij de laatstgenoemden over het hele jaar toch aanzienlijk meer verdienen dan de corveeërs. Vanwege die hittetoeslagen.

27

Zelf vader

Terwijl ik opgroei als boekenjongen, word ik zo met vierentwintig jaar geheel onverwacht werkgever in de metaal. Na twee jaar als directiesecretaris te hebben gewerkt, neem ik daarna plaats in de directie.

In de jaren die volgen staan Ria en mij nog meer grote levensgebeurtenissen te wachten. Na de geboorte van Paul komt exact twee jaar later, op 4 december 1965, zoon Bart ter wereld. We zijn dan amper ingetrokken in ons nieuwe onderkomen op de Essenlaan, ook in Kralingen. Daarvoor woonden we nog in het ouderlijk huis van Ria, op de Hoflaan. Het huis is net behangen, we hebben na onze intrek de boel een beetje opgeknapt. Het is zo'n koude winter dat we het huis eens goed warm stoken, vooral vanwege de bevalling op komst. Maar dat doet de lijm op de vellen behang geen goed, zo blijkt. Tijdens Barts geboorte, na het verjaardagsfeestje van Paul, vallen de stukken behang weer van de muur.

Weer twee jaar later, op 8 september 1967, worden we gezegend met een dochter, onze Heleen.

Net als mijn vader ben ik doordeweeks vooral aan het werk. Ria heeft heilgymnastiek gestudeerd en werkt een tijdje met spastische kinderen in het zwembad – in het water kunnen kinderen met spasmen zich beter ontspannen. Maar vooral neemt ze de zorg van de kinderen op zich. Wanneer ik nog op de zaak zit, is Ria thuis met thee en koekjes – iets wat ze door het vroege overlijden van haar eigen moeder heeft gemist. Toch hoef ik het als directeur van een fabriek niet gek laat te maken, de werktijden zijn minder ongewis en intensief dan ze later zullen zijn in de politiek – ook al laat ik dan Den Haag zo veel mogelijk Den Haag zijn en Rotterdam thuis. Ik heb altijd geprobeerd die werelden te scheiden. Bovendien ben ik gedisciplineerd in de organisatie van mijn leven, ik maak duidelijke keuzes over de indeling van mijn uren. Naast werk is er tijd voor het gezin en sport. Ik trim, en op zondag hockey ik bij de veteranen op dezelfde katholieke hockeyclub Leonidas waar Ria actief is, net als de kinderen – ik kom weleens kijken bij wedstrijden van zoon Paul. Ook als premier blijf ik hockeyen, op aandringen van Ria. Dat is goed voor me, vindt ze. Ik ben dan vijf minuten van tevoren aanwezig en ga daarna direct weer weg, biertjes na de wedstrijd sla ik over. Op die manier past het allemaal in mijn dag.

Op een uurtje rijden van Rotterdam, in het Noord-Brabantse Chaam, hebben we een heel klein huisje met stapelbedden. Daar gaan we als het even kan ieder weekend heen en ook in de zomervakantie, waar we de Tour de France kijken op een heel klein zwart-wit-tv'tje. Ik zie zoon Bart nog de antenne vasthouden, anders zien we mist in plaats van wielrennen. Vriendjes van Paul, Bart en Heleen komen dikwijls mee en dan spelen ze met elkaar in de bossen.

In de zomer rijden we ook vaak met de auto door Frankrijk. Ria en ik verblijven in kleine hotelletjes, de kinderen slapen soms in de camper op de parkeerplaats van het hotel. Op vakantie, maar ook thuis in Kralingen, in het weekend of als het schema het toelaat doordeweeks na het avondeten, neem ik graag, zoals mijn vader dat met mij en mijn broers en zussen deed, de kinderen mee uit voor een stevige wandeling. Dan hoor ik hoe het ze vergaat.

Ik zal ze van kinds af aan ook betrekken bij mijn ervaringen in Den Haag. Met zoon Bart neem ik bijvoorbeeld al wandelend de Algemene Beschouwingen door; hij heeft later weleens opgemerkt dat hij zich realiseerde dat ik dan aan het oefenen was voor een debat. Aan tafel, op de Essenlaan, en later op de Lambertweg, vindt er ook geregeld discussie plaats over politieke onderwerpen. En ten tijde van de Molukse treinkaping bij De Punt, in 1977, maken Ria en ik de kinderen 's nachts wakker om, met het hele gezin, vanuit ons bed de beëindiging van de kaping op televisie te zien, na weken waarin Nederland zijn adem heeft ingehouden. Paul is dan veertien, Bart twaalf en Heleen tien. Ik ben dan inmiddels drie jaar als minister van Economische Zaken actief en natuurlijk op de hoogte van wat er zich afspeelt in Den Haag. Ik weet ze tijdig te wekken.

Maar doorgaans hebben we een gewoon gezinsleven en voor de kinderen, schat ik in, maakt het niet veel verschil of hun vader premier is of een andere baan heeft. Misschien dat leeftijdsgenootjes hun weleens vragen: 'Jouw vader is toch minister-president?' Beatrix en Claus dineren een enkele keer bij ons thuis wanneer ze het Concours Hippique in Rotterdam bezoeken, of we ontmoeten hen met de kinderen tijdens vakanties in Italië. Tijdens een staking storten vuilnismannen eens afval voor onze deur. Dat is heftig voor de kinderen. En soms spreken mensen me aan op straat, dan geven ze me een hand. Maar het gaat gepaard met gemoedelijkheid.

Wanneer voor de tweede keer de autoradio van Ria wordt gestolen, ren ik zelf met mijn zonen achter de dieven aan en draag ik ze over aan de politie. Ook staat er een tijdje een politiepost voor ons huis, wat niet betekent dat vreemden niet gewoon zelf kunnen aanbellen of een pakje in de bus gooien. Wanneer Ria aan de bewaker vraagt of hij de post niet moet controleren, antwoordt hij verbaasd: 'Maar mevrouw, daar waag ik mij niet aan. Er kan wel een bom in zitten!'

Eenmaal wordt er daadwerkelijk een bom door een ruit naar binnen gegooid, een relatief onschuldige molotovcocktail. Toevallig ben ik op dat moment thuis. Ik pak de brandbom op en gooi hem weer terug naar buiten.

Ons leven is kortom, een betrekkelijk gewoon gezinsleven. Nu heeft Nederland sowieso een ander karakter dan landen waar politieke macht samen kan gaan met uiterlijk vertoon. Dat laatste is mij hoe dan ook vreemd. Grote auto's, culinaire taferelen of dure kleding interesseren me niet. Wel: boeken en inhoud.

We hebben het goed, de kinderen komen niets tekort, maar we leven betrekkelijk sober. Ik ben van huis uit gewend om de groenten in te wecken, dan ben je voor de winter weer klaar. Het is een manier om duurzaam te leven. En dan heeft het katholicisme nog een plek in ons gezin, een vanzelfsprekende uitloper van mijn jeugd en de generaties vóór mij. Onze kinderen gaan op zondagochtend naar de kerk en doen communie en vormsel, zitten op katholieke scholen. Maar we bidden niet meer zoals ik dat vroeger thuis deed. Geloven krijgt sowieso, in de decennia van de jaren zestig en zeventig, een meer persoonlijke invulling. We bidden sporadisch voor het avondeten, met kerst denk ik zo.

Hoe voeden we onze kinderen op? Ik wil ze in ieder geval zelfstandig leren denken en verantwoordelijkheid meegeven. Daarom stel ik ze dikwijls de vraag wat ze zouden beslissen of ondernemen als ze zelf verantwoordelijk zouden zijn voor de situatie. Je kunt keuzes maken, vertel ik ze. Je kunt het geluk pakken als het voorbijkomt. En: de mensen maken het. Dingen gaan niet vanzelf. Iets ontstaat altijd omdat er mensen bij betrokken zijn. Dus wil je iets voor elkaar krijgen in je leven, dan moet je er eerst voor zorgen dat je iemand kent die erin geïnteresseerd is.

Problemen kun je in grote stukken verdelen. Doe nu wat nú makkelijk kan, dan is een deel van het probleem al verholpen en blijft er nog een restje over. Zal je zien dat dat laatste deel zich eenvoudig laat oplossen.

Ik werk hard. Leven is werken. En eenmaal actief in de politiek kom ik dikwijls laat thuis en zijn er altijd wel dossiers die doorgenomen moeten worden. Op de bank, op mijn werkkamer, aan de keukentafel – mijn kinderen zien veelal een lezende vader. Maar op zondagavond kijken we met het gezin *Studio Sport*, vaste prik, en halen we chinees. Wanneer ik met mijn vrouw en kinderen ben, ben ik aanwezig. En geen afgeleide man.

Nou goed, nu zullen mijn kinderen mogelijk tegensputteren. Soms ben ik afgeleid. Ik had in een bepaalde periode regelmatig vergaderingen met de jonge werkgevers in Den Bosch. In hotel-restaurant Chalet Royal kwamen we samen, en bij vertrek kregen we dan een Bossche koek mee. Maar eenmaal thuis in Rotterdam, waar ik blijmoedig het smakelijke souvenir aankondigde, kwam het weleens voor dat ik dacht: gut, waar is de koek? Bij vertrek, nog in Brabant, had ik 'm even op het dak van de auto gelegd.

28

Het andere perspectief

Na verloop van tijd spreek ik af met broer Rob dat ik een deel van mijn week bewust niet aan Hollandia besteed, maar aan maatschappelijke functies. Het plan is dat ik op een passend ogenblik Hollandia geheel aan Rob kan overlaten en mijn boterham elders ga verdienen.

Zo word ik vanaf midden jaren zestig voorzitter van de Katholieke Jonge Werkgevers, de club die later zou opgaan in VNO-NCW.

Deze nevenactiviteit levert mij opmerkelijke ervaringen op.

Zo maak ik mee dat Paul van Boven, voorzitter van de volwassen tak van de vereniging, mij vraagt of ik in zijn plaats op werkbezoek wil naar Zuid-Amerika.

'Jij spreekt toch Spaans, Ruud?'

Dat klopt, ik ben die taal immers vanaf mijn middelbareschooltijd gaan leren nadat ik van mijn ouders voor kerst een cursus Spaans had gekregen.

Niet lang na Van Bovens verzoek reis ik met de Nederlandse delegatie af naar Argentinië, Brazilië en Bolivia. Vooral in dat laatste land staat ons een frappante gebeurtenis te wachten. 's Avonds beleven we een mooie receptie met het Boliviaanse bedrijfsleven en de Boliviaanse machthebbers. Daarbij komen ook de vrouwen en dochters van de heren mee, in de hoop een geschikte huwelijkskandidaat voor die dochters in de wacht te slepen.

De volgende ochtend bij het ontbijt krijgen wij te horen: 'Wij hebben met elkaar een amusante avond genoten. Maar er is vannacht iets bijzonders gebeurd. Er is een staatsgreep gepleegd. Maakt u zich geen zorgen, het geplande programma krijgt gewoon vervolg, met één wijziging. De receptie van gisteravond wordt herhaald, maar nu met de nieuwe machthebbers en hun echtgenotes en dochters.'

Naast de werkgeversvereniging vervul ik bestuursfuncties in de binnenvaart en neem ik zitting in de schippersbond – mijn moeder was beschermvrouw van het schippersinternaat. Daarnaast zit ik in de Programma Adviesraad bij de KRO (Katholieke Radio Omroep), ben ik lid van het presidium van de FME – de werkgeversorganisatie voor technologische industrie –, lid van het presidium van de werkgeversdelegatie in de Raad van Overleg Metaalindustrie (ROM) en schrijf ik voor ESB (*Economisch Statistische Berichten*), het vakblad voor economen. Dat laatste geeft mij ook de voldoening die ik anders in een wetenschappelijke loopbaan had genoten, op deze manier kan ik mij toch nog bezighouden met economische verhandelingen. Ik ben een voorstander van ondernemingsraden, dus dikwijls is dat onderwerp van mijn redactionele inbreng. Een ondernemingsraad was een relatief nieuw verschijnsel in die tijd.

Een van deze nevenactiviteiten brengt mij een andere memorabele ervaring. Voorzitter van de werkgevers, Arne Prins, vraagt mij hem bij te staan in loononderhandelingen met de toenmalige voorzitter van de vakbond FNV, Arie Groenevelt, een vooraanstaand vakbondsman. Ik ben daarom onthutst als Arie tijdens deze loonbesprekingen iets beweert wat gewoonweg niet klopt. Ik heb behoefte aan een moment om hierover na te denken en vraag een plaspauze aan. Dat doe ik wel vaker als ik tijd nodig heb om mijn gedachten te ordenen en een volgende stap wil uitdenken. Dat plan inspireert kennelijk ook Arie, waardoor wij enkele minuten later naast elkaar staan in het herentoilet.

'Waarom werd je nou zo nijdig, Ruud?' vraagt Arie, zijn urinoir naast de mijne.

Ik kan mijn frustratie niet langer voor me houden. Verbijsterd zeg ik: 'Arie, je weet donders goed dat je net zat te liegen. Daarom ben ik nijdig.'

'Ruud, je hebt gelijk,' antwoordt de vakbondsman, wederom tot mijn verbazing. 'Maar ik moet nu eenmaal voor mijn leden – de arbeiders – opkomen. En daar hoort liegen soms bij.' Arie vervolgt: 'Jij hoort nu eenmaal bij de bazen, die hebben macht en dus niet de noodzaak weleens te moeten liegen. Zij moeten zich netjes gedragen.'

'Ja maar, Arie, dat kan je toch niet maken,' zeg ik, 'dat je gewoon beweert dat jij mag liegen en ik niet?'

'Toch wel,' houdt Groenevelt vol. 'Want wij werknemers hebben geen macht. Dus moeten we het spel creatiever spelen. Ik moet als onderhandelaar alle mogelijkheden benutten. Het is maar dat je het weet. Laten we nu weer doorgaan met onderhandelen.'

En dat deden we.

Dit verhaal is mij bijgebleven omdat het me de ogen opende over machtsverhoudingen. Ik was het er niet mee eens dat Arie Groenevelt loog, ik vond het in zekere zin *crazy*. Maar vanuit zijn perspectief kon ik het wel begrijpen.

Het was een leerzame ervaring voor mij hoe mensen vanuit verschillende posities in de samenleving anders kunnen denken.

Ik herinner mij een blokkade van binnenvaartschepen in de jaren zeventig. Schippers gingen de barricaden op, zij vonden dat bestuurders, mensen die doorgaans weinig met de praktijk van de schipperij ophebben, te veel voor hen beslisten. Ik was toen inmiddels minister van Economische Zaken en de blokkade was op zich niet in mijn belang. Maar ik respecteerde het wel dat mensen opkwamen voor hun zaak. Bovendien kon ik mij hun standpunten goed voorstellen, ik was immers opgevoed door een schippersdochter.

Ik accepteer wat anderen doen en denken vanuit hun perspectief. Want dat iedereen iets anders vindt, is evident. Ik denk dat dit inzicht zich vooral is gaan ontwikkelen vanaf dat moment in het herentoilet. Met dank aan Arie Groenevelt.

29

Stap richting Den Haag

'Hoe was dat "vernieuwde Nederland" dan, waartoe koningin Wilhelmina destijds opriep?' vraag ik op een dag aan opa Chiem van Houweninge, de vader van de gelijknamige acteur en scenarioschrijver en eigenaar van een bloemenzaak in Den Haag, om de hoek van het Torentje. Ik ben dan al werkzaam in Den Haag.

'Ook na de Tweede Wereldoorlog kwam de koningin weer in mijn winkel, samen met haar hofdame,' antwoordt de bloemist. 'Maar dit keer was het anders. Vóór de oorlog verzocht de koningin haar hofdame altijd of ze mij wilde vragen naar de prijs van de rozen. Kort na de bevrijding richtte de koningin zich ineens zelf tot mij en zei: "Meneer Van Houweninge, goed u weer te zien. En wat kosten de rozen vandaag?"'

'Dat was het vernieuwde Nederland.'

Maar de werkelijke vernieuwing liet nog een decennium op zich wachten.

Het is niet mijn plan om de politiek in te gaan. Hoe raak ik daar dan in eerste instantie in verzeild? Ik stem natuurlijk al op de Katholieke Volkspartij, de KVP. Als student ga ik vanuit mijn hoedanigheid als voorzitter van de UKSV op bezoek bij het ministerie van Onderwijs – het is de tijd dat wij jongeren van studentenraden vinden dat wij daar ook iets te zeggen hebben. En ik word als jonge katholieke werkgever in de metaal meerdere malen gevraagd voor de gemeenteraad en de Provinciale Staten.

Maar elke keer zeg ik nee. Tot in het midden van de jaren zestig in Rotterdam de regionale Rijnmondraad wordt opgericht. Het gaat slecht met het milieu, en daar moet deze Rijnmondraad iets aan gaan veranderen. Kijk, dat spreekt mij aan. Als de kinderen opgroeien schrijven zij hun namen in het achtergebleven roet van de luchtvervuiling op de autoruiten, zijn kikvorsen er niet meer – prachtige kikkers die ik ken uit mijn jeugd – en smaakt het uit de Maas gewonnen water in Rotterdam nog naar het chloor waarmee het wordt gedesinfecteerd. Dat gebruik begint in de winter van 1963, een van de koudste van de twintigste eeuw en de winter dat mijn vader overlijdt: een combinatie van kou, droogte en wind maakt dat het zoete Rijnwater de Maas niet kan bereiken, en bovendien blaast een flinke westenwind zeewater de Maas in. Het water is als gevolg daarvan ontzettend zout en niet te drinken. Vandaar de toevoeging van het chloor. Ik breng daarom, als ik in militaire dienst ben, nog jerrycans drinkwater vanuit Den Haag mee. Dit gaat door totdat de Biesboschbekkens in 1973 in werking gaan, waarna Rotterdam niet meer afhankelijk is van het water uit de Maas.

Waar gaat het heen met onze aarde? De gesteldheid ervan vind ik belangrijk voor kinderen, voor hen wil ik mij inzetten. En zo neem ik vanaf 1970 drie jaar deel aan de Rijnmondraad. Maar eigenlijk begint mijn politieke betrokkenheid al eerder, met de christenradicalen, met de Nacht van Schmelzer, met de verschuivende verhoudingen tussen publiek en politiek en binnen bestaande politieke partijen zelf.

Het zijn de gistende, boeiende jaren zestig.

Een radicaal, een rebel, heb ik mij zoals gezegd nooit gevoeld. Mijn ratio heeft altijd de overhand gehad. En toch, wie noemde zichzelf een christenradicaal? Ik. De tijden, dat zijn wij. Want de tijden veranderden.

Ik weet nog dat er in de jaren na de Tweede Wereldoorlog, tijdens de wederopbouw, sprake is van een zogeheten 'Bisschoppelijk Mandement'. Dat betekent dat bisschoppen tegen katholieken zeggen: 'Een katholiek moet trouw zijn aan katholieke organisaties, je behoort KVP te stemmen.' Anders gezegd: je mag niet op de PvdA stemmen. Dat is de tijd waarin ik opgroei, tot in mijn studententijd ken ik ook alleen katholieken. In de jaren zestig gaat dat op de schop. Traditie en conventie worden ingeruild voor een zoektocht naar authenticiteit en persoonlijke betrokkenheid, buiten de kaders van het verzuilde Nederland. Daarin paste al die oproep van koningin Wilhelmina tot een 'vernieuwd Nederland', waarmee ze pleitte voor het verdwijnen van een strikte scheiding tussen de verschillende levensbeschouwelijke groepen. Een inspirerende gedachte. Eigenlijk was ze daarmee haar tijd vooruit, want Nederland blijkt er in de jaren vijftig nog niet klaar voor.

Een decennium later wel.

Dan ontstaat er ook binnen de zuilen zelf verdeeldheid, bijvoorbeeld binnen de confessionele partijen. Die nacht van 13 op 14 oktober 1966, waarin KVP-fractievoorzitter Norbert Schmelzer een einde maakt aan het kabinet-Cals (KVP, PvdA en ARP), illustreert het verzet tegen die verandering. Zijn eigen katholieke premier, Jo Cals, die sinds jaren met de PvdA regeert, is Schmelzer te progressief. Te linksig. Schmelzer vindt dat het kabinet te veel overheidsgeld uitgeeft en trekt aan de noodrem – hij dient een kritische motie in op de rijksbegroting. Ik ben dan zevenentwintig jaar en werk nog bij Hollandia, maar voel mij als KVP'er betrokken.

Het kabinet valt inderdaad. De gistende processen zijn echter niet te stoppen. Precies op diezelfde 14 oktober 1966 dat Schmelzer zijn bepalende motie in stemming brengt, wordt symbolisch genoeg ook een nieuwe partij opgericht, D'66, op initiatief van Hans van Mierlo. Intrigerend is dat Van Mierlo, die dezelfde jezuïetenopleiding genoot, daarmee een totaal andere lijn ingaat dan ik. Hij komt op voor het democratiseren van het politieke stelsel door een nieuwe partij te beginnen. Ik geloof dat verandering juist het beste van binnenuit georganiseerd kan worden.

Want wat gebeurt er?

Die beruchte nacht van 13 op 14 oktober 1966 valt slecht, ook onder christelijke jongeren die beweging willen in de samenleving. Jongeren uit de Anti-Revolutionaire Partij (ARP), de Christelijk-Historische Unie (CHU) en de KVP, zoals ik. Uitbreiding van de overheidsuitgaven heeft inmiddels moreel terrein gewonnen, bezuinigen op sociale zekerheid wordt gewoonweg onfatsoenlijk gevonden. Nee, wij zijn niet voor de val van het kabinet-Cals. Na dat kabinet volgt tot de verkiezingen van februari 1967 nog het rompkabinet-Zijlstra (ARP en KVP), waarna het behoudsgezinde kabinet-De Jong (KVP, ARP, CHU en VVD) gaat regeren. Van het 'evangelisch radicalisme' waarover ARP-lijsttrekker Barend Biesheuvel tijdens de aanloop naar de verkiezingen nog bevlogen spreekt, ziet dit groepje christelijke jongeren weinig terug.

We noemen onszelf de christenradicalen. Ik heb nog meegeschreven aan het manifest. We willen gehoor geven aan een christelijk, vooruitstrevend geluid. En dat leidt dan tot de beslissende vergadering, in februari 1968, waarin rechtsgeleerde Eric Jurgens, die zich later bij de PvdA zou aansluiten, het plan in stemming brengt om te komen tot een afzonderlijke partij, de PPR (Politieke Partij Radikalen). Dat is nog wel een verhaal, voor het eerst ervaar ik een nachtelijke vergadering.

Een duidelijke meerderheid van de christenradicalen was voor het *niet* splitsen van de partij, maar dat waren vooral de ouderen en die hielden het niet zo lang vol en gingen geleidelijk aan naar huis om te slapen. Dat wist Jurgens wel – de vergadering ging net zo lang door totdat de jonge minderheid overbleef, die meer energie voor nachtelijk vergaderen had en vóór splitsing stemde. En zo is het tot die stemming gekomen om voor een afzonderlijke partij te kiezen.

Maar ik beslis, al ver na middernacht: daar doe ik niet aan mee. Ik voel mij thuis aan de progressieve linkerzijde van het politieke centrum, maar ik ga niet weg bij de KVP. Want wij moeten van binnenuit hervormen en moderniseren. Dat doe je niet door een aparte partij op te richten, daar ben ik echt van overtuigd.

Een decennium later zal ik bijdragen aan de vorming van het Christen-Democratisch Appèl (CDA), waarin de verschillende confessionele partijen zich in 1980 verenigen in één nieuwe partij. Dat is dan onvermijdelijk geworden. Weer een decennium later, in 1990, fuseert de PPR overigens weer met andere partijen van de linkervleugel, waaruit GroenLinks voortkomt. De PPR, dat groepje christenradicalen waar ik destijds nog onderdeel van was.

Ieder gaat zijn eigen weg.

De Nacht van Schmelzer zet die veranderingen allemaal in gang. Je ziet een versplintering van het relatief stabiele, verzuilde politieke systeem. Polarisatie voert sindsdien de boventoon.

Met de Rijnmondraad, als christenradicaal, en vanuit mijn functie als voorzitter van diverse raden in mijn studententijd lopen er nu al verschillende politieke lijntjes door mijn leven. Maar de stap naar Den Haag maak ik pas echt wanneer ik in het begin van de jaren zeventig Marga Klompé leer kennen. Met deze de-moeite-waard-vrouw, Nederlandse politica namens de KVP en vanaf 1956 de eerste vrouwelijke minister van Nederland, van Maatschappelijk Werk, kom ik in contact via een kajotter, zoals een lid van de Katholieke Arbeiders Jeugd dan wordt genoemd.

Marga vraagt aan de kajotter die voor haar werkt: 'Zeg, ken jij geen ondernemer die geschikt is om in Justitia et Pax te werken?' Justitia et Pax is een internationale katholieke commissie voor vrede en gerechtigheid waar Marga veel tijd aan besteedt, ook al is ze dan geen minister meer.

De katholieke knaap antwoordt: 'Ik ken een jongeman in Rotterdam. Ruud Lubbers heet hij. Hij zit in Hollandia, een metaalbedrijf. Maar hij heeft ook maatschappelijke belangstelling. Misschien moet je een keer met hem praten?'

Wanneer Marga en ik elkaar ontmoeten is er direct een klik. Ik leer Marga kennen als een vrouw met een ethisch kompas en een katholieke inborst. Zij wakkert het vuur in mij aan om mij ook in te zetten voor Justitia et Pax en we spreken af dat ik vergaderingen kom bijwonen van deze organisatie, waarvan Marga Klompé bazin is.

Zo raak ik in de jaren zestig politiek betrokken. Maar het komt nog niet tot een vertrek bij Hollandia. Integendeel, de samenwerking tussen mijn broer Rob en mij verloopt uitstekend en het bedrijf verdient veel geld. Dat brengt ons ertoe om in 1969 een stap te zetten die vergelijkbaar is met mijn vaders huzarenstukje wat betreft Hollandia, zijn managementbuy-out van 1 december 1955. We kopen onze broers en zussen uit.

Onze zussen Paula, Mieke, Helma, Erna en Carla en broers Richard en Leo hebben andere interesses. Richard, de oudste van het stel, is socioloog en Leo, de vierde en jongste zoon, ontwikkelt in die jaren belangstelling voor Van der Spek B.V., een bouwmachinehandel in Vianen – mijn vader is als directeur van Hollandia nog steunpilaar geweest voor weduwe Van der Spek, in de tijd dat haar man overlijdt.

Zo worden Rob en Ruud samen *fiftyfifty* eigenaar van Hollandia.

Bij deze tweede managementbuy-out eind jaren zestig ben ik dertig jaar en in de kracht van mijn leven. Vol zelfvertrouwen denk ik weinig over mijn toekomst na. Het zal zich wel wijzen.

En dat doet het drieënhalf jaar later, in het voorjaar van 1973.

De jonge werkgever in de metaal heeft geen idee wat hem te wachten staat.

Deel III: van dossierman naar staatsman

1973-1994

30

Jong minister

Geheel onverwacht vraagt in het voorjaar van 1973 KVP-leider Frans Andriessen mij als minister van Economische Zaken onder PvdA-leider Joop den Uyl. Het was nooit mijn ambitie, maar opmerkelijk genoeg had ik al veel eerder, toen Ria me vroeg wat ik dan toch studeerde, geantwoord: 'Ik studeer voor minister van Economische Zaken.'

Bij het aantreden van het kabinet-Den Uyl hebben we net de kabinetten-Biesheuvel I en II achter de rug, die gevolgd zijn op het kabinet-De Jong. Het zijn de jaren van de ontluiking van de democratisering van universiteiten, de tweede feministische golf en de emancipatie van werknemers, maar ook van de toenemende inflatie. Vooral dat laatste bepaalt mijn periode in Den Haag.

Andriessen beveelt mij aan bij kandidaat-premier Joop den Uyl. De formatie van een kabinet is gaande waarin naast de PvdA voor het eerst D'66 en de PPR zitting nemen, samen met de zich meer aan de rechterflank bevindende partijen KVP en ARP. Ook schijnt Joop advies bij Arie Groenevelt te hebben ingewonnen, de man met wie ik een gesprek had in het herentoilet. Arie zou gezegd hebben: 'Daar zul je een goede aan hebben, Joop.' Wij hadden blijkbaar wederzijds respect voor elkaar ontwikkeld.

Krap tien jaar na het overlijden van mijn vader, toen mijn moeder mij vroeg mijn broer Rob voor een aantal jaren te gaan helpen, komt er zo een nieuwe wending in mijn leven en volgen er vier boeiende jaren in de politiek als minister in het kabinet-Den Uyl.

Het vak is nieuw voor me en ik ben jong – vierendertig jaar. Maar tegelijkertijd ben ik dan al tien jaar bij Hollandia werkzaam, waarvan de laatste acht jaar als directeur. Dus groen ben ik niet. Ik gebruik mijn leeftijd niet zozeer als troef, ik laat eerder zien dat ik een serieuze partij ben.

Het is prettig een maatje te hebben in de politieke arena. Vanaf het eerste begin is dat Jan de Koning voor mij. Jan is ouder dan ik, politiek ervaren en als een mentor, vertrouwenspersoon en goede politieke vriend. Vanuit zijn positie als Tweede Kamerlid voor de ARP steunt hij me in het kabinet-Den Uyl en geeft hij daarin bovendien links tegenwicht aan rechtse krachten onder de ministers. Binnen de ARP, de KVP en de CHU vind je zowel behoudende krachten als vooruitdenkenden, zoals De Koning, bij wiens opvattingen ik mij thuis voel. Typisch Jan: toen hij als minister eens in onderhandeling was met een vakbond die meer geld van de overheid eiste, stond hij een keer op, trok zijn broekzakken binnenstebuiten en zei tegen zijn onderhandelingspartners: 'Nee, er zit niets in.' Van hem leer ik het speelse van het politieke spel. Met Lubbers I en II gaat hij met me mee als minister van Sociale Zaken en Werkgelegenheid.

In mijn politieke jaren, wanneer de kinderen nog jong zijn, staat Ria er wat betreft de opvoeding alleen voor. Een kindermeisje, Lenie, springt in. Die is er overdag, net als vroeger mijn Nettie Lonis, later Nettie Groen. Onze kinderen gaan in de tijd van Hollandia weleens mee naar de fabriek, net zoals ik met mijn vader meeging. Met hoogwater, waardoor de fabriek onderstroomt, halen kranen de machines omhoog en hangen de kinderen aan die haken, takelen ze pardoes omhoog. Nu gaat hun papa in Den Haag werken en komt hij met een dienstauto voorrijden.

Daar zit trouwens nog een verhaal aan vast.

Ik volg minister van Economische Zaken Harry Langman op, die dan naar de directie van de ABN gaat. Langman heeft vast eens artikelen van mijn hand gelezen in het economenblad *ESB*, waarin ik heb geschreven dat ik het belachelijk vind dat ministers in van die dure auto's rijden. Wat doet de vertrekkende minister? Hij bestelt voor zijn opvolger de allergrootste Amerikaanse bak die hij maar kan vinden. Wanneer ik voor de eerste bijeenkomst op het Catshuis in de belachelijke slee verschijn, krijg ik natuurlijk meteen commentaar van mijn nieuwe collega's.

'Jij hebt wel een hele mooie auto, Ruud.'

'Vind je? Zullen we ruilen?'

'Prima,' zegt die ander. Onze chauffeurs ruilen de autosleutels en ik rijd vanaf dan in het kleinere model, dat mij veel beter bevalt.

Al enkele dagen nadat ik als minister aan de slag ben gegaan, is er publicitaire ophef over het feit dat ik eigenaar ben van de helft van het bedrijf Hollandia. De minister-president, Joop den Uyl, belt mij op en zegt: 'Ruud, wat vervelend voor je. Maar reken je dit niet aan, ik had als formateur en met mijn politieke ervaring jou erop moeten attenderen dat dit een voorziening zou vergen. Ik heb dat verzuimd.'

'Fijn Joop,' antwoord ik. 'Maar wat vind je dat er nu gebeuren moet?'

'Ik raad je aan de zeggenschap over je Hollandia-aandelen onder te brengen in een stichting,' zegt Den Uyl. 'En ik heb al nagedacht wie daarvoor geschikt zou zijn.' Hij weet dat ik afgestudeerd ben bij professor Witteveen, die na mijn studie namens de VVD minister van Financiën wordt en later voorzitter van het Internationaal Monetair Fonds (IMF). Den Uyl stelt hem voor als voorzitter. Als tweede man van de stichting heeft hij professor Henk Hofstra (PvdA) in zijn hoofd, eveneens oud-minister van Financiën. En als derde man denkt hij aan professor Piet Sanders (PvdA), een befaamde advocaat uit Schiedam en goed bekend in de kunstwereld. Sanders heeft ook nog gevangengezeten in Kamp Sint-Michielsgestel.

'Wat denk je ervan?' vraagt Joop.

'Prima idee,' antwoord ik. 'Kun jij dit wellicht in gang zetten, Joop? Dan zal ik mijn broer Rob, de directeur en medeaandeelhouder van Hollandia, informeren. Ik verwacht dat hij het ook prima zal vinden.'

En zo gebeurt het. Rob en eveneens de drie heren gaan akkoord.

Het is een enorme verrassing dat Den Uyl het voor me opneemt. Hij springt echt voor me in, heeft het al helemaal uitgedacht. Heel voortvarend en doortastend.

En zo wordt niet alleen een kwestie die aan het begin van mijn ministerschap anders moeilijkheden zou hebben opgeleverd, bevredigend opgelost door Den Uyl. Ook Witteveen is terug op het toneel. Hij begint opnieuw een rol in mijn leven te spelen.

Wel verandert, wanneer ik eenmaal weg ben en in de politiek zit, Hollandia snel van karakter. Binnen een jaar komt het tot een fusie met collega-bedrijf Kloos, zeer tot mijn verrassing. Maar het emotioneert mij niet. Ik heb nu eenmaal afscheid genomen van het bedrijfsleven.

Ik heb voor de politiek gekozen.

19. In het kader van zijn kennismaking met Nederland bezocht de aanstaande prins Claus in 1966 de jonge Katholieke Werkgevers, waarvan Ruud Lubbers toen voorzitter was.

20. 1973. Het begin van 7777 dagen in Den Haag. De kabinetsformateurs Marinus Ruppert en Jaap Burger ontvingen de op dat moment drieëndertigjarige Ruud Lubbers.

21. Oliecrisis, december 1973. Minister van Economische Zaken Lubbers, Saoedi-Arabische minister van Olie Ahmed Zaki Yamani, en de Algerijnse minister van Energie Belaid Abdessalam, na hun gesprek in het Hilton, in Brussel.

22. Om het goede voorbeeld te geven tijdens de oliecrisis, hield het gezin Lubbers een fietsvakantie in eigen land. Deze foto is genomen in de Essenlaan in Rotterdam.

23. 1979. In de Tweede Kamer bij de interruptiemicrofoon. Op de voorgrond PvdA-leider Joop den Uyl.

24. Met de CDA-fractie in de Tweede Kamer.

25. 1981. In de Tweede Kamer als fractieleider. Op de achtergrond Hans Wiegel en Ed Nijpels.

26. 1981. Een vriendschappelijk onderonsje met zijn oude premier Joop den Uyl.

27. Van 1977 tot 1982 zat Ruud Lubbers vijf jaar in de Tweede Kamer. Eerst als vicefractievoorzitter, en na het vertrek van Wim Aantjes als fractievoorzitter van het CDA. Binnen het net opgerichte CDA waren er dissidenten. Aan fractieleider Lubbers was het de taak om steeds opnieuw meerderheden te vinden, het CDA bij elkaar te houden en de kabinetten-Van Agt in het zadel te houden.

28. Een van de eerste daden van Ruud Lubbers als premier was het Torentje innemen als zijn werkkamer. Zo werd voor iedereen zichtbaar waar de minister-president werkte. Hij begon iedere dag om zeven uur 's morgens. Foto uit 1985.

29. 1982. Premier Ruud Lubbers en minister van Sociale Zaken Jan de Koning overleggen met Wim Kok, voorzitter van de FNV en Chris van Veen, voorzitter van het VNO. Enkele dagen later zouden de sociale partners het historische Akkoord van Wassenaar ondertekenen om de economische crisis te lijf te gaan. Het Akkoord wordt gezien als het begin van het poldermodel.

30. Houtrusthallen, 26 oktober 1985. Tijdens de toespraak van premier Lubbers keerden de vredesdemonstranten de rug naar hem toe. Op televisie was de toespraak echter goed te horen. Het feit dat Lubbers naar de bijeenkomst kwam en de demonstranten toesprak, leverde hem veel respect op.

31, 32, 33. Nederland had een piepklein regeringstoestel, de PH-KBX, een Fokker 28. Nederlandse staatsreizen waren een avontuur met een kleine groep vertegenwoordigers van Nederland. In het regeringstoestel pasten negentien personen, inclusief bemanning en journalisten. Om naar Washington te vliegen moesten er tussenstops worden gemaakt om bij te tanken. De inzittenden strekten dan even de benen. Op de foto rechtsonder premier Lubbers en minister van Buitenlandse Zaken Hans van den Broek tijdens zo'n tussenstop.

31

Het voorgesprek

Op de middelbare school lees ik als boekenjongen ook de Koran. Dat zal me nog van pas komen tijdens mijn ministerschap.

Als minister van Economische Zaken krijg ik direct met grote economische problemen te maken vanwege de oliecrisis.

Wat is die crisis?

Op Jom Kipoer, de grote verzoendag en meest heilige dag binnen het joodse geloof, vallen Egypte en Syrië, gesteund door andere Arabische landen, Israël binnen, in reactie op eerdere aanvallen van Israël op omringende landen. Deze uitbarsting van geweld vindt plaats in oktober 1973, bijna een halfjaar na het aantreden van het kabinet-Den Uyl. Nederland betuigt steun aan Israël, net als de Verenigde Staten en andere landen wereldwijd. De Arabische landen reageren met een verhoging van de olieprijs, productiebeperkingen en, voor de landen die Israël net als de jaren daarvoor direct hebben gesteund, een volledige olieboycot. Nederland is doelwit. Voor het eerst wordt olie als wapen ingezet.

Ik sta voor het eerst van mijn dan nog prille politieke loopbaan voor een groot wereldomvattend conflict.

Vanaf de jaren vijftig is door een ongekende economische groei de vraag naar energie enorm toegenomen. Daarvoor gebruikten we mondiaal vooral steenkool. Aardgas en aardolie komen daarbij en ook alternatieve vormen van energie ontstaan. Maar olie wordt de grootste bron van energie. De Verenigde Staten kunnen de vraag niet bijbenen en geleidelijk aan raken westerse landen afhankelijker van het Midden-Oosten. Zonder olie loopt alles in de soep. Ik zal mijn genoegen in het vinden van oplossingen nu op een internationaal niveau mogen inzetten.

Ik beraad mij op een krijgsplan.

Ahmed Zaki Yamani is in die tijd minister van Olie van Saoedi-Arabië en baas van de OPEC, de organisatie van olie-exporterende landen. Ik ontwikkel de gewoonte om mij goed voor te bereiden op gesprekken, om zo iets te weten te komen over mijn gesprekspartners. Dus wanneer er een afspraak op de agenda komt te staan, vraag ik aan een van mijn medewerkers of hij informatie kan inwinnen over die sjeik Yamani en tip hem: 'Wij hebben nog een beroemde arabist in Leiden, hij weet mogelijk meer.' De medewerker neemt contact met hem op. Yamani blijkt te boek te staan als een gewaardeerd ethicus binnen de islam. Ik bel ook zelf de arabist nog even op.

'Ik kan u niet zo goed helpen met informatie over zijn kwaliteiten als minister,' zegt hij me. 'En ook al is hij nu bekend als voorzitter van de OPEC, voor ons, arabisten, is het een bijzondere man.'

Ik weet voldoende.

Aan die informatie geef ik een vervolg en dan komt het geluk waar ik eerder over sprak – wanneer je je eigen geluk organiseert en kansen pakt.

Yamani komt in december 1973 naar Brussel, met zijn tweede man en Algerijnse minister van Energie, Belaid Abdessalam. Yamani is dan drieënveertig, Abdessalam vijfenveertig, en ik ben vijfendertig jaar. Aanleiding van het gesprek is zowel het uiteenzetten van wederzijdse standpunten naar aanleiding van de gewijzigde pro-Israëlkoers van Nederland van een maand daarvoor, die als handreiking aan de Arabische staten wordt beschouwd, als de olieboycot. De OPEC-landen hebben last van hun eigen boycot van Nederland, want olie bestemd voor Duitsland en België gaat via Rotterdam. Dus met de boycot tegen Nederland onthouden ze ook onze buren van reserves. 'Kan daar niet iets aan gebeuren?' klinkt het binnen de OPEC. 'Moeten wij niet eens met de Nederlandse minister van Economische Zaken, meneer Lubbers, praten of wij tot een oplossing kunnen komen?' Het idee is dat Nederland de olietransporten dan naar Duitsland en België doorlaat, zonder er zelf van te snoepen.

Het is eigenlijk een buitenlandse zaak, dus ik spreek er van tevoren over met de minister van Buitenlandse Zaken, Max van der Stoel. Max zegt onmiddellijk: 'Linke soep – daar brand ik liever mijn vingers niet aan.' Het idee is dat met mij als minister van Economische Zaken het vooral kan gaan over de economische kant van de boycot, en niet over de Nederlandse politiek in het Midden-Oosten. 'Neem jij de onderhandeling maar op je, Ruud,' zegt Max.

Afgesproken. Op zaterdagochtend 1 december 1973 tijg ik goedgemutst naar het Hilton Hotel in Brussel, voor een gesprek met sjeik Yamani en de Algerijnse minister.

Mijn krijgsplan is in kannen en kruiken.

'Wil jij aan de voorzitter van de OPEC voorleggen of het mogelijk is dat hij een halfuurtje eerder komt?' heb ik mijn directeur-generaal van energie gevraagd. 'Ik wil namelijk ook iets persoonlijks met hem bespreken. Meer moet je niet zeggen.'

Sjeik Yamani blijkt beschikbaar en een halfuur eerder dan aanvankelijk gepland zitten wij aan een tafeltje in het Hilton.

'Welk persoonlijk punt wilde u met mij bespreken, meneer Lubbers?' vraagt Yamani.

'Nou ja,' zeg ik. 'Ik ben een jonge minister. Ik weet een klein beetje van de Koran. Ik heb er geen verstand van, eerlijk gezegd. Maar ik heb hem een beetje bestudeerd toen ik nog scholier was.'

Yamani knikt.

'En nu heb ik mijn licht opgestoken bij een arabist,' vervolg ik, 'en hoor ik dat u wel een heel bijzonder mooi proefschrift heeft geschreven. Het schijnt zeer de moeite waard te zijn. Dus ik vond het wel leuk om u vandaag niet alleen te ontmoeten als voorzitter van de OPEC, maar ook als iemand die in de wereld van de arabisten, bij ons in Leiden, hooggeacht wordt. Ik wilde dat compliment graag met u delen.'

Dat vindt Yamani toch bijzonder om te horen. Hij vertelt over zijn proefschrift en vraagt natuurlijk waarom ik de Koran heb gelezen. Ik vertel hem het verhaal over de jezuïeten en de extra tijd die ik had om te lezen vanwege het dubbelen van de tweede klas. 'En toen dacht ik als jonge jongen: ik ga alles lezen wat mij interesseert. Dus ook de Koran.'

'Wat boeiend om te horen,' zegt Yamani. 'Dus dat was waarom u mij eerder wilde spreken?'

'Ja. Hier kunnen we het bij laten wat mij betreft.'

Het halfuur is voorbij en de Algerijn, Abdessalam, komt binnen.

'We zitten hier al even, collega,' legt de sjeik uit, 'want de heer Lubbers had een persoonlijk punt. Maar daar hoeven we nu geen tijd aan te besteden. We weten waarvoor we hier gedrieën zitten en dat is om het idee te bespreken om de Duitsers en de Belgen in de boycot te ontzien.'

'We hebben er goed over nagedacht, en ik denk dat dat een prima idee is,' zegt de Algerijn. 'Maar daar moeten we dan wel een juiste, praktische invulling aan geven. Ik heb een sommetje gemaakt en ik schat in dat ik een dozijn controleurs nodig heb om te checken of de inkomende olie niet in Nederland blijft, maar naar Duitsland en België gaat. Wat vindt u ervan, sjeik Yamani?'

'Wel,' zegt Yamani, 'eerst wil ik meneer Lubbers er weleens over horen.'

Mijn intuïtie zei me: ik moet eerst maatjes worden met Yamani. Dat heb ik gedaan.

En dan grijp ik mijn kans.

'Het basisidee vind ik goed,' antwoord ik de heren. 'Maar ik ben heel verbaasd. Want ik ben hier de minister voor olie. Dus ik begrijp niet dat u, meneer Abdessalam, hier eigen inspecteurs voor nodig heeft. Dat kan ik toch beter zelf regelen?'

Waarop die man zegt: 'Maar hoe zijn wij er dan zeker van dat er niet mee wordt gesjoemeld?'

'Dat moet u mij natuurlijk toevertrouwen. Ik ben hier nu eenmaal minister en als ik zeg dat ik ervoor zorg dat de olie die voor Duitsland en België bestemd is niet in Nederland blijft, kunt u daarvan op aan.'

De Algerijn vindt het geen vertoning. 'Ik kan als mededirecteur van de OPEC toch niet zomaar op uw woord afgaan?'

'Nou,' zeg ik. 'Ik denk dat u dat heel goed wél kan doen.'

En dan neemt Yamani het woord. 'Collega,' zegt hij, 'ik zit te luisteren. Ik zei u al dat ik over een ander onderwerp met meneer Lubbers heb gesproken. En eerlijk gezegd vertrouw ik hem. U heeft dus geen inspecteurs nodig.'

De Algerijn is even in verwarring. Yamani is eigenlijk zijn baas. Maar dan zegt Abdessalam: 'Als u dat verantwoord vindt, meneer Yamani, als u dat kunt verdedigen... dan doen we het zo.'

De boycot komt ongeveer een halfjaar later tot een einde. Onder mijn ministerschap overbruggen we de schaarste nog met een periode van autoloze zondagen, benzinebonnen en een uur eerder de gordijnen dicht. Met mijn gezin gaan we in de vakantie fietsen op de Veluwe, om het goede voorbeeld te geven – ook zonder auto is het prettig vertoeven. En het wordt vanzelf lente. Uiteindelijk zou het ook nadelig zijn voor de Arabische afzet van olie als westerse landen in een recessie zouden geraken. Bovendien kunnen we ook via andere kanalen aan olie komen – het embargo is vrij nutteloos geworden. En jawel, na het verminderen van productiebeperkingen heft Algerije op 2 juni 1974 als eerste de boycot op, nota bene het land waarvan Abdessalam minister van Energie is.

Een week later volgen de andere Arabische landen. Eind goed, al goed.

Maar voordat het zover is, krijgt het voorbereide geluk nog een staartje. Op de trappen van het Hilton.

32

'Niet om olie te kopen'

Na het gesprek met Yamani en zijn collega loop ik het Hilton uit. Beneden bij de trappen tref ik veel joodse pers. Dat had ik natuurlijk voorzien. Ik dacht: joodse journalisten zullen vanwege het onderwerp van gesprek willen weten wat we zijn overeengekomen. Ik moet een quote formuleren die voor hun hoofdredacteur voorlopig voldoende is. Daarom heb ik een tekst voorbereid. Die is vrij simpel en luidt: 'Ik ben hier niet op een sabbat gekomen om olie te kopen. Dat is het, dank u wel.'

De joodse rustdag, de sabbat, is immers van vrijdagavond tot en met zaterdagavond en de bespreking met Yamani en zijn collega vindt op een zaterdag plaats. Bovendien is die hele oliecrisis een reactie op het binnenvallen van Israël enkele maanden daarvoor, op Jom Kipoer, de belangrijkste zaterdag van het jaar. Tonen dat je die gevoeligheid inziet en respect hebt voor hun religieuze rustdag, is politieke punten scoren. Ik wil bovendien de pers niet alleen tevreden naar huis laten gaan, maar ze ook met mijn antwoord afleiden van de werkelijke zaak – als politicus heb je natuurlijk geen behoefte alle details die je zojuist besproken hebt met hen te delen.

Ik ben hier niet op een sabbat gekomen om olie te kopen. Dat zeg ik. Heel simpel. En het werkt.

De volgende dag staat de uitspraak in alle joodse kranten te lezen en word ik heel populair in de joodse wereld. De olieboycot is voorbij en mijn positie als politicus is verstevigd.

Zo gebruik ik steeds twee elementen die belangrijk blijven in mijn politieke leven: het gebruik je te informeren over je gespreksgenoot, én goed na te denken over hoe je omgaat met de media. Je moet kortom continu vooruitkijken en voorbereid zijn op wat op je afkomt.

Ik heb daar altijd van genoten. Bij debatten was ik altijd goed voorbereid. Dan had ik precies in mijn hoofd: als dit gebeurt, doe ik dit, als zus dan zo.

Het voorgesprek was mijn geheime wapen.

Wanneer ik thuiskom, kan ik Max en Joop bellen. 'Nou,' zeg ik. 'Het is goed gegaan. De boycot in Rotterdam is afgewend, zonder dat er ingewikkelde controles in de haven komen.'

Ik ga verder niet op de details in. Die houd ik voor mezelf.

33

Gro Harlem Brundtland

Wanneer ik goed en wel minister van Economische Zaken ben, komt er een heel bijzonder iemand in mijn leven.

Minister-president Joop den Uyl belt mij op en zegt: 'Ruud, je moet me helpen. Overmorgen komt hier in Den Haag de Noorse minister van Milieu op bezoek. Haar naam is Gro Harlem Brundtland. Dat zegt jou waarschijnlijk niets, maar zij is zo'n veelbelovende sociaaldemocraat dat ik Irene Vorrink, onze collega voor Milieu, aangeraden heb haar uit te nodigen voor een bezoek aan Den Haag. Maar nu is Irene ineens ziek geworden. Kun jij haar vervangen en Gro Harlem Brundtland op Economische Zaken ontvangen?' vraagt hij me. Joop vertelt me dat zij arts is, mijn leeftijd heeft en dat ze, hoewel ze van een andere politieke familie is dan ik, 'zo veelbelovend is dat een gesprek met haar zeker geen verloren tijd betekent'.

En zo zit ik twee dagen daarna met Gro op Economische Zaken. Ik heb natuurlijk een keurig dossier gekregen van onze milieuambtenaren, ter bespreking met de Noorse collega en haar begeleidende topambtenaren. Het belangrijkste punt blijkt hoe Nederland en het fossielrijke Noorwegen omgaan met vervuilende scheepsrampen. Een gedachtewisseling daarover blijkt geen verloren tijd, maar omdat Irene er nu eenmaal niet bij kan zijn, besluiten wij deze dossierbespreking kort te houden. Dat geeft Gro de gelegenheid om een ander onderwerp te berde te brengen.

'Ruud, jij bent minister van Economische Zaken en jouw

ministerie is met energie bezig. Heb jij toevallig ook kennisgenomen van *The Limits to Growth* van de Club van Rome, dat een paar jaar geleden is uitgekomen? En zo ja, wat vind jij daarvan?'

De Club van Rome is een particuliere stichting waarmee Europese wetenschappers hun bezorgdheid over de toekomst van de wereld over het voetlicht willen brengen om politici te stimuleren met maatregelen te komen. Ze bestaat dan al een paar jaar, maar krijgt met dat in 1972 uitgebrachte rapport *De grenzen aan de groei* wereldwijde bekendheid. De oliecrisis heeft de schaarste en kwetsbaarheid van energiebronnen onder de aandacht gebracht. Ook de relatie tussen economische groei en de impact daarvan op het milieu is urgenter dan ooit tevoren. Een continue zoektocht naar milieuvriendelijke manieren van energiewinning vangt aan. Dat is de positieve kant van de crisis. En zo zitten Gro en ik binnen de kortste keren geanimeerd met elkaar over deze thema's te praten.

Mijn minister-president had geen woord te veel gezegd. Gro blijkt voluit en breed de moeite waard.

Na dat eerste gesprek gaan we ieder onze eigen weg. Zij wordt inderdaad een vooraanstaand sociaaldemocraat en enkele jaren later premier, een jaar voordat ik zelf dat ambt ga vervullen. Met haar eenenveertig jaar is zij in die tijd zelfs zowel de jongste als de eerste vrouwelijke minister-president van Noorwegen. Zij moet in 1982 over mijn premierschap vernomen hebben. Mogelijk is er toen door haar hoofd gegaan: 'Maar dat is toch mijn Ruud Lubbers met wie ik indertijd over *The Limits to Growth* sprak?' Van mijn kant heb ik dan echter geen reden om contact met haar op te nemen. Als regeringsleider gaat zij vol voor de NAVO, maar de Noren piekeren er niet over beschikbaar te zijn voor de plaatsing van Amerikaanse nucleaire middellangeafstandswapens, als reactie op grotere aantallen Sovjet SS-20 raketten. Voor Nederland en voor mij als premier is dat indertijd de heikele kwestie. Er is dus persoonlijk tussen haar en mij radiostilte. Ieder van ons heeft zo zijn eigen problemen aan zijn hoofd.

Pas tegen het eind van de wapenwedloop, nadat in 1986 in Reykjavik Michail Gorbatsjov en Ronald Reagan in een witgeschilderd huis het beroemde beslissende gesprek over de vermindering van kernwapens hebben gevoerd, is er voor Gro en mij weer ruimte voor contact. Ik herinner mij dat zij me op een regeringsconferentie aanspreekt met: 'Gelukwensen met je verkiezingsresultaat. Ook ik ga weer door als premier. Zullen wij straks even samenzitten *to compare notes*?'

Dat wordt een geanimeerd gesprek. Gro meldt dat zij als Noors premier een bijzondere periode ingaat, omdat zij VN-man Maurice Strong beloofd heeft een deel van haar tijd te besteden aan een document ter voorbereiding op de voor 1992 in Rio de Janeiro voorziene VN-top voor Milieu en Ontwikkeling (UNCED). Strong wordt benoemd tot secretaris-generaal van deze VN-conferentie. Zo komen wij te spreken over *Our Common Future*, ofwel het Brundtland-rapport, dat in 1987 gepubliceerd zou worden en waar zij dan aan werkt. De belangrijkste conclusie van het rapport is dat de mondiale milieuproblemen het gevolg zijn van de armoede in het ene deel van de wereld en van de niet-duurzame consumptie en productie van het andere deel van de wereld. De ondertekenaars ervan roepen op tot actie voor de toekomst.

Ik meld haar dat ik in mijn tweede kabinet wil toewerken naar een Energy Charter, voortbouwend op de nu goede relatie met sovjet-leider Gorbatsjov. Dat lijkt in de jaren tachtig van de vorige eeuw mogelijk. Het idee evolueert om niet alleen voor de landen van de Europese Gemeenschap een vervolg te geven aan eerdere samenwerkingen, zoals die van de Kolen en Staal en Euratom, maar ook voor wat Gorbatsjov in 1991 de *Commonwealth of Independent States* gaat noemen, het Gemenebest van Onafhankelijke Staten (GOS). Het Energie Handvest dat ik voor ogen heb, een juridisch raamwerk om het westerse bedrijfsleven te stimuleren tot investeringen in de Oost-Europese energiesector in ruil voor exportcontracten, komt er inderdaad in 1991, tijdens mijn derde kabinet. Later verneem ik van de politieke rechterhand van mevrouw Brundtland dat dit in Oslo het Plan Lubbers genoemd werd.

Daarnaast, zo zeg ik Gro, wil ik in Nederland werken aan een Integraal Nationaal Natuur- en Milieubeleidsplan. Dat komt er eveneens en wekt bij mijn Franse collega, voormalig eerste minister Michel Rocard, zoveel enthousiasme op dat hij mij voorstelt er een wereldwijde conferentie aan te wijden, echter zonder de twee grootmachten, de Verenigde Staten en de USSR. Zonder deze vervuilers erbij wil Rocard meer stappen kunnen zetten.

'Goed idee,' antwoord ik hem, 'maar alleen als onze Noorse collega Gro Harlem Brundtland er ook voor in is.'

Dat blijkt het geval en zo zien wij elkaar wederom in Den Haag. Daar vindt in 1989 de door Rocard geïnitieerde internationale Milieutop plaats.

Die ontmoeting leidt ook tot meer persoonlijke verhoudingen met Gro en haar echtgenoot Arne Olav. Zij nodigen Ria en mij uit voor de Olympische Winterspelen van 1994 in Noorwegen. Het blijkt een heel bijzonder stel, hij vol humor en zij altijd inhoudelijk.

Maar nog voordat wij op die manier kennismaken, zien wij elkaar eerst uitgebreid in 1992 in Rio de Janeiro, bij de UNCED-conferentie die de aanzet zal geven tot een Wereldklimaatverdrag. Tijdens die Milieutop peilt Strong informeel hoe men tegenover het initiatief staat voor een Handvest van de Aarde, een internationaal document waarin ecologische integriteit, mensenrechten, gelijkwaardigheid en vrede verbonden zijn. Slechts twee regeringsleiders, Gro en ikzelf, laten op dat moment aan Maurice een positieve grondhouding weten. Gro is dan al beroemd vanwege haar *Our Common Future* en wij stellen samen vast dat met het einde van de Koude Oorlog voornamelijk ngo's wereldwijd klaar zijn om voor een dergelijk Handvest van de Aarde te pleiten. Deze *civil society*-organisaties zien risico's aan wat 'The End of History' gaat heten – naar het boek *The End of History and the Last Man* van Francis Fukuyama dat dan zojuist is verschenen, waarin hij het kapitalistisch en westers liberaal-economisch systeem bestempelt als 'het einde van de geschiedenis en de laatste mens'. Het maatschappelijk middenveld mobiliseert zich vanuit zorg om de impact daarvan op de aarde.

Gro en ik zien hoe in Rio de Janeiro het pleidooi voor het Handvest ook gesteund wordt door vertegenwoordigers van de inheemse volken. Maar toch duurt het nog enkele jaren voordat dit internationale document er daadwerkelijk komt.

Daarna volgen er vele ontwikkelingen op het gebied van het Handvest. Dat is een hoofdstuk apart. Zelfs paus Franciscus laat zich er nu door inspireren! Dat mag een godswonder heten.

Gro en ik zijn, wanneer ik dit opteken, nog steeds de beste vrienden. We zagen elkaar nog in december 2015 tijdens de eenentwintigste VN-klimaatbesprekingen in Parijs. Ze volgt de pauselijke ontwikkelingen in relatie tot het Handvest van de Aarde op afstand. Maar mocht ik haar nu weer eens ontmoeten, dan weet ik al wat ons gespreksonderwerp zal zijn.

34

Naar de Kamer

'Ruud, ik zie helemaal niets in het CDA. Waarom zouden we met die protestanten samengaan? Daar hebben we geen behoefte aan.' Het is Marga Klompé die dat tegen me zegt, tot mijn verrassing.

Wanneer ik Marga ontmoet, rond de wisseling van de jaren zestig naar de jaren zeventig, bestaat het CDA nog niet. Maar dat gaat zich vanaf dan vrij snel ontwikkelen.

Marga is tijdens de jaren van oprichting van het CDA al oud-minister en minister van staat. Ze heeft dat publiekelijk altijd een beetje verdoezeld, maar zij was bewust anti-CDA. 'We hebben een eigen partij en dat is de KVP,' zei ze. Ze vindt het ook maar niks dat ik me aansluit bij het CDA. Maar ze staat het toe.

Ik had het al over die revolutionaire jaren zestig en de versplintering van partijen die daar het gevolg van was. De CHU wilde niet meeregeren met het kabinet-Den Uyl, omdat het maar één minister en één staatssecretaris mocht leveren. Ook daar ontstond dus weer ongenoegen. Ik zie in de totstandkoming van het CDA de oplossing om van al die toestanden af te zijn en verder te gaan met één sterke partij.

Dat samengaan is natuurlijk een heel traject op zich. Drie verschillende christelijke partijen, ieder afkomstig uit een ander deel van Nederland, uit een andere stroming... voordat die verschillende 'bloedgroepen' het alleen al met elkaar eens zijn over de grondslag van de partij – 'moet je christelijk zijn om lid te kunnen worden van het CDA, of niet?' – gaan er maanden, zo niet jaren overheen. Ik kan me herinneren dat er nieuwe gebruiken worden geïntroduceerd – als we bijvoorbeeld met de gefuseerde partijen vergaderen, staat er ineens een fles jenever op tafel, dat was het gebruik bij de ARP. Als jochie gooi ik stenen naar protestantse jongens en vice versa, nu gaan we met alle confessionelen in één partij. Dat is zeer zeker revolutionair te noemen. Overigens gaat later, met mij als premier, de drank tijdens vergaderingen helemaal van tafel.

Mijn ministeriële periode onder Den Uyl beschouw ik als een levendige tijd, maar tegen het einde van het kabinet vinden de vicepremier, KVP'er Dries van Agt, en ik dat er een einde moet komen aan de lijn-Den Uyl. Hij is me te verstard in zijn sociaal-economische opvattingen, ik kan me er niet meer in vinden. Ik zeg: het gaat niet goed met onze economie. De ideeën van Den Uyl en mij gaan dan uiteen.

De verkiezingen van 1977 leveren uiteindelijk een onverwacht succes op voor de PvdA. Den Uyl krijgt direct de formatieopdracht toegewezen. Dat verkiezingssucces hangt natuurlijk nauw samen met de Molukse treinkaping waar het kabinet-Den Uyl in diezelfde periode, twee dagen voor de stembusgang, succesvol een einde aan weet te maken. Maar de formatie met de PvdA aan het roer strandt en uiteindelijk, na een zeer lange formatieperiode, stellen Van Agt en VVD'er Hans Wiegel een kabinet samen bestaande uit het CDA en de VVD.

Ik krijg dan nog een politiek lesje mee.

Dries moet tegen mij zeggen: 'Ruud, je begrijpt toch wel dat ik voorrang moet geven aan Frans Andriessen als minister van Financiën? Als hij instemt, is er voor jou geen plaats.' Want het politieke regime dicteert nou eenmaal dat je de ministersposten evenwichtig verdeelt. En bij instemming van Andriessen op Financiën betekent dat weer, zo legt Dries mij uit, dat een VVD'er de post van minister van Economische Zaken gaat vervullen, Gijs van Aardenne in dit geval.

Dat zijn nu eenmaal de politieke mores. Ik had dat, tijdens die periode van samenwerking tussen Dries en mij om de vorming van een volgend kabinet-Den Uyl te voorkomen, zelf ook wel kunnen bedenken. Maar ik had er eerlijk gezegd niet bij stilgestaan, had het even gemist. Ik kan dat anderen niet verwijten.

Dus ik denk: hé, die gang van zaken had ik zelf wel kunnen voorzien. Maar dan ga ik gewoon naar de Kamer. Zo gaat het.

'Dries,' zeg ik, 'dan rest mij niet anders dan lid te worden van de Tweede Kamer onder voorzitter Wim Aantjes.' Het prille CDA had, met de katholieke Dries als premier in het vooruitzicht, deze antirevolutionair als politiek leider aangewezen. En zo word ik na tien jaar Hollandia en vier jaar minister onder Den Uyl tot mijn verrassing lid van de Tweede Kamer en vicefractievoorzitter van het CDA in wording.

Dries en ik kenden onze eigen geschiedenis met persoonlijke herinneringen, maar daarna werken wij vijf jaar nauw samen in kabinet en fractie.

Ik denk: ik steun Van Agts alternatief voor Den Uyl en dat is gelukt. Niet dankzij mij, maar dankzij Van Agt. Ik ben ervan overtuigd dat Van Agt niet met Den Uyl samen wil, dat wil ik ook niet meer. Maar ik denk tegelijkertijd: dan zal Van Agt wel met mij willen. En later realiseer ik me: ik mis een punt.

Het was natuurlijk heel begrijpelijk dat Andriessen er oren naar zou hebben om minister van Financiën te worden. Hij had zijn eigen carrière te maken. Nee, ik neem Van Agt niet kwalijk dat hij mij niet vroeg voor een ministerspost. Ik had meer het besef dat ik die politieke mores zelf ook wel had kunnen voorzien. En ik dacht: wees nu de grootste en help Van Agt om een kabinet te vormen.

Ik ga de Kamer in en er volgen emotionele jaren, vooral ook door het pijnlijke vertrek van Aantjes uit de politiek, wat betekent dat ik hem plotseling als voorzitter moet opvolgen. Daarmee ben ik de eerste fractievoorzitter van het CDA. Zo gaat het door tot 1982.

Een intens leven.

35

Beatrix

Op een zekere ochtend tijdens mijn fractievoorzitterschap rijd ik in mijn tufje naar kasteel Drakensteyn.

Dat heeft een voorgeschiedenis.

De Oranjes zijn van protestantse huize. Willem van Oranje, de voorvader van ons koningshuis, kwam in opstand tegen de katholieke Filips II – vertegenwoordigd door de hertog van Alva – vanwege de vervolging van protestanten. Van Oranje had niets tegen het katholicisme van de Spaanse overheersing op zichzelf, wel tegen hun intolerantie jegens andersdenkenden. Toch ligt het gevoelig wanneer prinses Irene begin jaren zestig thuiskomt met de katholieke en omstreden Spaanse troonpretendent Carel Hugo van Bourbon-Parma. Beatrix is er benauwd over en wil meer weten over de achtergronden van dit geloof. Marga Klompé wordt dan ingehuurd door het koningshuis om onderwijs te geven over 'wat is dat eigenlijk, katholicisme?' En later zou zij de kroonprinses adviseren: 'Ik ken iemand uit mijn club Justitia et Pax, Ruud Lubbers. Hij weet er ook veel van.'

'Ah,' zegt Beatrix, 'u bedoelt de voormalig minister van Economische Zaken. Maar wat voor een verstand heeft hij van de Kerk?'

Ik ben op dat moment Tweede Kamerlid en zal de koningin later, in mijn hoedanigheid als minister-president, wekelijks spreken. Van het echtpaar ontmoet ik als eerste Claus van Amsberg, in 1966. In het kader van zijn kennismaking met Nederland is hij dan op bezoek bij de katholieke werkgevers. Ik ben daar aanwezig vanwege mijn voorzitterschap van de jonge tak van deze club. Van tevoren voeren we nog overleg over wie de aanstaande prins een sigaret zal aanbieden. Aangezien ik niet rook, gaat die eer naar Dimpel van Spaendonck.

'Vergis u niet,' zegt Marga in antwoord op de vraag van Beatrix wat ik dan zou afweten van de Kerk, 'zijn achtergrond is katholiek. Ik heb nauw met hem samengewerkt en ik denk dat hij u er veel over kan vertellen. Dus ik raad u aan hem eens uit te nodigen en met hem te spreken.'

En zo ontvang ik op een goede dag een telefoontje van het Koninklijk Huis met het verzoek een bezoek te brengen aan de kroonprinses en reis ik kort daarna van Rotterdam richting gemeente Baarn, waar het door groen omgeven kasteel Drakensteyn van de toekomstige koningin ligt.

Eenmaal gearriveerd bevestigt Beatrix dat Marga Klompé haar heeft aangeraden met mij te praten.

Ze maakte zich zo'n zorgen over haar zusje Irene, die met een katholiek gaat, vertelt ze me. 'En ze had van die zweverige verhalen. Vertelt u mij eens,' vraagt ze me, 'hoe zit dat dan eigenlijk met het katholicisme?'

Ik vertel Beatrix over de verschillen in de Katholieke Kerk. Je hebt in die tijd de zwaar conservatieve Joannes Gijsen die later, in 1980, zelfs door het Vaticaan tot bisschop wordt benoemd. En er zijn de moderne katholieken, vertegenwoordigd door de jezuïet Jan van Kilsdonk, een luis in de pels van de Rooms-Katholieke Kerk. Hij keert zich tegen het verplichte celibaat en komt op voor homo's en vrouwen. Deze splitsing voert terug op de Middeleeuwen.

Nederland is een land van Reformatie. In 1517 klaagt de theoloog Maarten Luther de machtsmisbruiken binnen de Katholieke Kerk aan, net zoals zijn jongere evenknie Johannes Calvijn dat later zou doen. Ongeveer de helft van de Europeanen wordt protestants en ook in de noordelijke gebieden van Europa krijgt het protestantisme steeds meer aanhang – ziedaar de Reformatie.

Maar je hebt ook mensen die niet meegaan. Je kunt ze splitsen in rooms-katholieken, degenen die trouw zijn aan Rome, en oud-katholieken, christenen die ervoor kiezen om katholiek te blijven maar dan op eigen wijze, zoals zij hun geloof al beleden vóór de Reformatie.

Ik kan vertellen over het Maria-katholicisme, waar ik door mijn moeder veel over weet. De Maria-katholieken kennen een zware rol toe aan Maria. Niet Christus is volgens hen de centrale figuur, maar de maagd, die zij heilig verklaren. Maria-katholieken dragen een rozenkrans, het gebedssnoer waar ik het eerder over had.

Ik heb thuis een mapje liggen. 'Wat is dat eigenlijk?' vraag ik Ria eens.

'Dat heb je van de paus gekregen toen je ooit bij hem op bezoek was in Rome,' zegt ze. 'Je hebt het nooit opengemaakt.'

Ik zeg: 'Ik heb het weleens opengemaakt. Ik weet alleen niet meer wat erin zit.' Dus ik kijk in het mapje. Zie ik een rozenkrans. Dan weet ik het weer. Ik logeerde daar en bij vertrek zei de paus, Johannes Paulus II, nu twee pausen terug: 'Zo'n rozenkrans zal zo'n Nederlandse katholiek vast de moeite waard vinden.'

Ik vertel Beatrix ook over het jansenisme, de kerkelijke tak van mijn vader. Mijn Groningse grootvader, die deze stroming beleed, vond het eigenlijk godslasterlijk dat je iedere dag, zoals mijn moeder, ter communie ging. Het jansenisme is weer een religieuze en politieke afsplitsing binnen de Katholieke Kerk die de pauselijke onfeilbaarheid en Maria's onbevlekte ontvangenis verwerpt. Jansenisten leven, in tegenstelling tot Maria-katholieken, in de Jezustraditie. Ik ben dat eens gaan uitzoeken en heb nog een tijdje gedacht dat het zo zat. Nu ik dit zo vertel, op mijn achtenzeventigste, denk ik: heb je jezelf niet iets wijsgemaakt? En dan hoor ik mijn moeders woorden weer: 'Dat geeft niet, Ruud. Als het niet waar is, is het toch een mooi verhaal.'

Dat was ook haar opvatting over haar schoonvader – mijn grootvader – en zijn geloof.

Zo praten Beatrix en ik lange tijd over de verschillen in de Kerk en over onze persoonlijke ervaringen. Zij blijkt bijvoorbeeld een fan te zijn van Dag Hammarskjöld, nota bene de secretaris-generaal van wie ik zo onder de indruk was toen ik namens de UKSV een VN-vergadering in Genève bijwoonde, en ze reikt mij een boek van hem aan. Na Hammarskjölds tragische dood werden in zijn appartement in New York spirituele aantekeningen gevonden die postuum werden gebundeld en uitgegeven onder de titel *Merkstenen*. Het boek is een reflectieve verkenning over het leven en zijn relatie tot God, langs onder anderen denkers en schrijvers als Friedrich Nietzsche, Meister Eckhart en Hermann Hesse.

'Kent u dat boek?' vraagt ze me.

'Nee,' zeg ik.

'Moet u eens lezen.' En ze leent haar exemplaar aan mij uit.

Zo ontdek ik dat Beatrix niet alleen belangstelling heeft voor rechten en protocol.

De koningin en ik ontwikkelen een boeiend contact. Het is een zakelijke band. We zijn allebei van dezelfde leeftijd en hebben beiden de ambitie om er iets van te maken. Ze is nog maar pas in functie wanneer ik in 1982 premier word en we vinden elkaar in een pragmatische benadering van regeren. Die beider benadering loopt synchroon met de tijdgeest. Daarbij was haar moeder vooral een lieve koningin; Juliana bemoeide zich niet echt inhoudelijk met het land. Met haar dochter komt daar verandering in. Beatrix heeft gestudeerd, het koningschap wordt substantiëler. Ook spreek je elke week met elkaar bij de koffie over het land. Dan krijgt een band natuurlijk de ruimte om zich te versterken. Af en toe komen dan persoonlijke dingen voorbij. Zo hebben we allebei jonge kinderen van dezelfde leeftijd. En Ria kan het ook goed vinden met Claus.

Claus geeft eens, tijdens een etentje, te kennen dat hij vindt dat zijn kinderen naar 'herrie' luisteren.

'Maar wat voor een herrie dan?' vraagt Ria.

'Nou, iets met *Queen*.'

'Maar dat is heel mooi,' zegt Ria. 'Ik zal u een lp geven. Daar moet u maar eens op een rustig moment naar luisteren. En dan in het bijzonder naar de teksten, die op de platenhoes staan.'

Dat heeft Claus toen gedaan en sindsdien kon hij de muziek meer waarderen.

Als Claus ziek wordt, komt Beatrix weleens bij me voor opvoedkundige zaken.

'Hoe zou u dat doen?' vraagt ze me dan.

36

Minister-president

En dan gebeurt er weer iets verrassends.

Ik zit inmiddels vijf jaar in de Kamer, onder de kabinetten-Van Agt I, II en III. Het is najaar 1982.

Van Agt II is voortijdig gevallen op basis van een conflict tussen het CDA en de PvdA over bezuinigingen. Ik geloofde bij voorbaat al niet in dat kabinet, want ik weet dat Van Agt in zijn aard helemaal niet opnieuw wilde samenwerken met Den Uyl. Maar hij krijgt het toch een beetje opgedrongen om het verkiezingsresultaat van 1981 in een kabinet met Den Uyl te vertalen. Een voortzetting van de coalitie CDA-VVD was niet mogelijk en D'66, de vierde grootste partij, wilde slechts deelnemen als ook de PvdA ging meeregeren. Dat kabinet van CDA-PvdA-D'66 mislukt en dan komt Van Agt III, een overgangskabinet (CDA-D'66), als opmaat naar nieuwe verkiezingen in september 1982.

We verliezen licht met het CDA, maar kunnen toch samen met de VVD blijven regeren. Die boekt met Ed Nijpels als lijsttrekker behoorlijke winst.

Ik denk: Van Agt gaat gewoon door als premier voor een volgend kabinet, samen met de VVD.

Ik heb al bedacht wat ik ga doen. Wanneer Van Agt IV van start is gegaan, zal ik zeggen: mijn klus zit erop. Want nu heb ik het wel gezien. Ik ben een aantal jaren fractievoorzitter geweest van het CDA, politiek leider heet dat dan, maar dat is toch mijn leven niet. Dus: ik stop ermee. Alsmaar die politiek. Ik ga weg. Ik moet daar niet mee vergroeien. Ik vind dan ook wel dat ik eruit kan stappen. Ik heb mijn steentje bijgedragen aan de oprichting van het CDA, mij jarenlang ingezet in de Kamer – mijn werk is gedaan, mijn missie zit erop. Ik ben nog niet zo oud en vind het toch wel redelijk om te gaan. Ja, ik heb daar zin in! Ik ben er dan zo langzamerhand ook wel aan toe om iets anders te gaan doen.

Toen ik de Kamer inging, op het moment dat Aantjes weg moest, was mijn motivatie: nou ja, nu ben ik nog één keer loyaal aan het CDA. Van Agt slaagde er vervolgens in om met Wiegel een kabinet te vormen. Ik steunde Van Agt nog een ronde. En dan zou ik gaan – dat was mijn plan.

En goed, toen bleef ik óók nog eventjes tijdens het demissionaire kabinet-Van Agt III. En daarna, oké, stelde ik voorop dat het volgende kabinet-Van Agt eerst goed op gang moest zijn, dan pas zou ik uit de politiek gaan.

Het kriebelt dus al een tijdje. Ik pieker: wat wordt mijn volgende stap? Moet ik hiermee doorgaan, is dit mijn leven? Ik heb het gevoel: nee, dit is niet mijn leven. Mijn leven zou ook anders kunnen gaan. Maar wanneer is het juiste moment om als eerste politieke man in de Tweede Kamer van het CDA te zeggen 'en nu is het genoeg geweest?' In die context begeef ik mij dan. Ik heb alleen nog het idee 'ik stop ermee'. Hier eindigt mijn politieke carrière. Verder ligt alles open.

Einde oefening Den Haag. Dat denk ik echt.

Maar dan besluit Van Agt om 'in de herfstnevelen' uit de politiek te gaan, zoals hij het zelf duidde. Totaal onverwacht.

En mijn leven draait.

Hoe komt het dat Van Agt, nu hij minister-president is, het ineens voor gezien houdt? Wat meespeelt is dat zijn goede vriend Hans Wiegel, met wie Van Agt in het eerste kabinet samen optrekt, plots heeft besloten in te gaan op het verzoek commissaris van de koningin te worden in Friesland. Dat knakt Van Agt, denk ik. Want dan moet hij met de jonge VVD'er Ed Nijpels een coalitie vormen. Van Agt neemt de keuze van Wiegel eigenlijk zo persoonlijk, dat is echt mijn overtuiging, dat het hem er uiteindelijk toe brengt om te zeggen: dan ga ik ook niet verder. Ik stap op.

Ik vind het als politiek leider van het CDA natuurlijk geen goed nieuws. Aan de andere kant heb ik als fractievoorzitter ook veel kritiek gehad op hoe Van Agt samen met Wiegel opereerde. Maar ik ben wel voor een voortzetting van het kabinet.

Eerst was er de fase waarin Van Agt met mij samenwerkte om het kabinet-Den Uyl tot een einde te brengen. Toen ging hij met Wiegel samen en creëerde een situatie waarin er voor mij maar één alternatief was – 'Dan ga ik naar de Kamer' – ik stond vrij hoog op die lijst. Dat deed ik. Dat vond ik een eerbare oplossing. Daarna volgde de neergang van Aantjes, waardoor ik weer levensvervulling kreeg als fractievoorzitter. Vervolgens zag ik Van Agt een aantal jaren als premier functioneren, waarop ik een zekere kritiek had, maar niet met de ambitie om hem van zijn stoel te stoten. En dan denkt hij: ik stop ermee en ik bevorder dat mijn opvolger Jan de Koning wordt.

Dat overkomt mij. Want ineens gaat het heel snel.

Jan de Koning, mijn grote politieke vriend, zegt namelijk met instemming van onze partijvoorzitter Piet Bukman: 'Ik ben niet de man om Van Agt op te volgen. Dat kan Ruud Lubbers beter doen.'

Hij meent het. En zo word ik ineens heel snel door de partij geparachuteerd en is het binnen een paar dagen geregeld.

Ik word premier. En ik zal dat twaalf jaar blijven.

Toen ze me ervoor vroegen, ben ik erover na gaan denken. Ja daarop zeggen, voelde eigenlijk meteen heel natuurlijk.

Voor Van Agt is het even wennen, denk ik. Maar mijn gedachte is: ik doe dit, het is zinvol.

En ineens ben ik daar.

Het voelt ook als een opdracht, een verantwoordelijkheid. Eén die ik niet voor anderen, maar voor mezelf en mijn eergevoel moet nemen. Het past mij.

Ik leefde eigenlijk helemaal met het idee dat Van Agt minister-president was en zou blijven, ik had absoluut niet verwacht dat hij zou opstappen als eerste man van het CDA. Maar als dat wel gebeurt en ze vragen me om hem op te volgen, krijg ik toch ineens zin. Want er is een andere situatie en dan ontwikkel je nieuwe gedachten. Hé, Jan de Koning acht me ineens nodig. Nou ja, dan is het toch wel raar als ik nee zeg.

Kun je 'nee' zeggen op de vraag of je premier van Nederland wilt worden? Je kunt nee zeggen. Maar als ik een 'nee' overweeg, denk ik: ben ik dan niet deloyaal naar mijn minister-presidentiële ambities? En bij een 'ja': lijkt het niet alsof je Van Agt van zijn stoel wilt verdrijven? Maar dat is niet aan de orde. Bovendien voel ik mij natuurlijk ook gevleid door de vraag van Jan de Koning.

Er ontstaat een nieuwe situatie en dan neem je een beslissing op grond van hoe de kaarten op dat moment zijn geschud. Ik was ook klaar om het premierschap te dragen. Ik kreeg zin in de uitdaging die mij te wachten stond. Maar, ik heb niet het initiatief genomen. Van Agt besloot om te vertrekken. Dus het moment dat hij eruit ging heeft mijn besluit getriggerd, niet mijn eigen ambitie om minister-president te worden. Dáár ligt het accent.

Van Agt besluit in de herfstnevelen uit de politiek te gaan. En ik word door de politiek respectievelijk Hare Majesteit gevraagd de nieuwe regering te vormen.

Het is weer zo'n voorbeeld van hoe scharnierpunten op elkaar inwerken. Ik had er nog geen flauw idee van wat ik zou gaan doen en voordat ik daar ook maar aan hoefde te denken, kwam er al een ander plan op mijn pad. Net zoals mijn moeder destijds aan mij vroeg: wil je, boekenjongen of niet, toch met Rob de leiding van de zaak van je vader overnemen? Of toen ik een klas oversloeg en daardoor op een goede dag die boekenjongen werd. Ik had ook nooit het voornemen om zo vroeg te trouwen. Maar dan zit Ria als halfwees in de rats over haar vader, biedt mij een perspectief om iets goeds te doen en neem ik dat besluit.

Ik zie het leven van jongs af aan als een film die je nog niet helemaal kent. Het is nooit alleen je eigen leven dat je leeft, het is verbonden met dat van anderen. Het leven neemt een wending en daar ga je.

Als ik terugkijk kan ik wel zeggen: wonderlijk toch dat ik op hele jonge leeftijd dat ambt aanga, de jongste tot dan toe, en tot nu toe – Mark Rutte lijkt misschien de jongste maar is toch net ietsje ouder als hij begint. Maar je maakt het leven niet echt zelf uit.

Ja, het voelt alsof de dingen me overkomen. Bijzondere gebeurtenissen. Het is ook zoals met het beest en zijn staart – zoals mijn vader mij leerde: het gaat er telkens weer om hoe je reageert op wat er op je pad komt. De omstandigheden leiden ertoe dat ik op jonge leeftijd premier word. Door die gang van zaken ben ik capabel om op jonge leeftijd te pieken. Dat voelt niet als te vroeg. Ik resoneer met die omstandigheden, zou je kunnen zeggen. Het heeft immers ook met mijn grondhouding te maken en met mijn capaciteiten. Dat raakt vervlochten met wat gebeurt. Ik had ook kunnen zeggen: ik trouw niet met Ria. Of ik word geen premier. Maar ik had een andere instelling.

Ik ga de uitdaging aan.

Op mijn eerste avond als minister-president zegt minister van staat Marga Klompé, die mij voor een borrel heeft uitgenodigd om mij geluk en sterkte te wensen: 'Ruud. Vandaag is het bederf begonnen. Als je het goed doet en succesvol blijkt, zullen mensen je steeds meer naar de mond gaan praten. Beloof mij dat als dit gaat gebeuren, je concludeert: tijd voor een opvolger.'

Dat advies is mij altijd bijgebleven.

37

De opdracht

En dan ben je premier. Hoe pak je dat aan, de verantwoordelijkheid van het bestuur van het land op je schouders nemen? Hoe houd je dat vol?

Hoeveel verantwoordelijkheid je ook draagt, je doet de klus natuurlijk nooit alleen. In de politiek word je gevoed door de energie, ideeën en informatie van anderen, die houden je op de been. Je werkt met capabele mensen. Je hebt als minister bijvoorbeeld ook raadadviseurs voor elk ministerie, de een weet alles af van volksgezondheid, de ander weer alles van landbouw. Zo blijf je goed op de hoogte, en dat is een luxe. Het zijn boeiende onderwerpen, het liefst lees ik alle dossiers. Als je van debatteren houdt, zit je op je plek. Je hebt een doel en je gaat ergens voor, je kunt een verschil maken. Dat past mij allemaal. Mijn brede interesse heb ik er altijd in kwijt gekund. Ik houd het vooral vol vanwege de voldoening die ik uit de inhoud haal. Daarin ligt mijn grootste motivatie.

Van boekenjongen ben ik inmiddels dossierman geworden.

Je moet je manieren hebben om een hoge werkdruk te kunnen bolwerken. Als premier, zo zeg ik ook tegen mijn kinderen, zorg je ervoor dat je één: de agenda bepaalt, twee: in hoog tempo werkt en dus drie: daarmee altijd een stap voor bent op de rest. Iedere zondag zit ik vooral aan de telefoon en bespreek ik de belangrijkste zaken voor. Op maandagochtend om zeven uur werk ik alles uit. En als velen diezelfde dag om negen uur binnenkomen, heb ik eigenlijk al bepaald wat er gebeuren gaat en de belangrijkste beslissingen genomen. Dat is mijn tactiek.

Ik denk dat ik altijd zorg voor rust, reinheid en regelmaat. Dat is niet zozeer een opgave, maar eerder een behoefte. Ik ben altijd gedisciplineerd geweest in mijn werk en in mijn denken. Ik heb ten tijde van mijn premierschap nooit burn-outverschijnselen gehad of andere moderne ziektes. Ik respecteer mijn zelfzorg vanuit discipline, zo zou je het ook kunnen zeggen. Aan mijn zeven uur slaap kom ik dikwijls toe. Waar een minister-president aan denkt wanneer zijn hoofd op het kussen ligt? Of hij bidt, trots is, zorgen heeft? Ik val als een blok in slaap. Bovendien, ik draai al jaren mee in het vak. Je leunt op je ervaring. De rol van voorzitter gaat mij altijd al op natuurlijke wijze af. Die positie maakt het mogelijk voor mij om problemen op te lossen, het liefst met vijf varianten. In dat creatief puzzelen vind ik mijn drijfveer. Mede daarom heb ik mijn jaren als directeur bij Hollandia ook als zeer plezierig ervaren.

Het metier van regeren is mij doorgaans niet zwaar gevallen. De eer die je behaalt aan zaken samen voor elkaar krijgen, geeft energie. Wat mij nog de meeste moeite kost, is de sleur die later in mijn werk sluipt.

In het begin van mijn politieke loopbaan put ik nog weleens kracht uit mijn geloof. Later wordt dat minder. Mijn kracht om door te gaan vind ik zoals gezegd in de inhoud. Zo haal ik mijn zekerheid uit een gedegen voorbereiding op debatten. Wanneer je goed bent voorbereid op kansen die zich voordoen, kun je ze ook beter grijpen. Doe wat je kan.

Ik maak ook het liefst contact met anderen op basis van inhoud. In de politiek ken je natuurlijk talloze mensen, maar doorgaans zijn die relaties functioneel, zo is mijn ervaring. Ik heb nooit veel persoonlijke politieke vrienden gehad, wel zeer veel goede relaties. En als er iets mis is, of als ik zelf over de schreef ga, klim ik in de pen en schrijf ik een brief. Om er met elkaar uit te komen. Ik steek veel tijd in het repareren en gezond houden van mijn betrekkingen.

Ik hanteer wellicht geregeld de benaming dat ik iemand 'de moeite waard' vind, alsof dat een elitaire zienswijze zou betreffen. Maar dat is het geenszins. Het gaat voor mij dan vooral om mijn interesse die kennelijk door die ander geprikkeld wordt: iemand heeft een aansprekend verhaal. Daarom merk ik dat ik in mijn loopbaan mij altijd vrij gemakkelijk begeef onder wereldleiders, omdat mensen op hoge posities niet altijd maar wel vaak een zekere intelligentie bezitten en snel kunnen denken. Ik weet ook: je maakt eerst contact met de ander, pas daarna volgen de afspraken. Het functionele en plezierige vormen een tweespan. Want als iets werkt, geeft dat immers plezier. Ja, het geeft mij voldoening als dingen lukken. 'Dan kan dat ook weer van het lijstje af.' Dat gevoel.

Over mijn taalgebruik spreekt men wel. Lubberiaans noemen ze dat: lange, ingewikkelde zinnen waarmee ik niet het achterste van mijn tong laat zien. Mijn beste politieke vriend Jan de Koning, die bereid was minister te worden in mijn kabinet, zei tegen mij, maar ook tegen anderen: 'Ruud Lubbers en ik zitten altijd op eenzelfde lijn, maar hij heeft er meer woorden voor nodig dan ik.' Het is natuurlijk een methode om je letterlijk met een verhaal overeind te houden, zonder dat je direct de informatie verstrekt die politiek gevoelig ligt. Het is niet voor niets politiek: elk woord weegt en kan een nieuwe dynamiek veroorzaken. Ik vind het dus geen probleem dat mensen mijn zinnen als lubberiaans bestempelen, want het gaat om het resultaat.

Neem de tijd dat ik fractieleider was van het CDA onder Van Agt-Wiegel. Het was vaak koorddansen om al die verschillende bewegingen en belangen binnen het CDA verbonden te houden – de fractie steunde maar deels het kabinet. Er waren allerlei uiteenlopende Kamerleden, van conservatieve tot progressieve, ieder afkomstig uit zijn eigen confessionele huize. Vooral de zogeheten 'loyalisten' waren bokkig: ze gedoogden het kabinet-Van Agt, maar waren er niet vóór.

Balanceren tussen die verschillende sentimenten en overtuigingen en zo de fractie overeind houden én het kabinet in het zadel houden was mijn belangrijkste taak in die tijd – de coalitie had slechts een meerderheid van twee Kamerzetels en Den Uyl was natuurlijk ontstemd omdat het minister-presidentschap aan zijn neus voorbij was gegaan. Dus de PvdA ging er flink in.

Maar voor een gevallen kabinet kochten we óók niets. Dus mijn taalgebruik was functioneel.

En zo blijf ik erover denken, ook wanneer ik minister-president word.

Je moet jezelf de vraag stellen: wat is het grotere belang?

Bij cricket is het cruciaal dat de bal niet afgevangen wordt. In de politiek gaat het erom dat je zo ouwehoert dat je geen kleur hoeft te bekennen als dat niet het grotere belang dient. Lubberiaans is de politieke vorm van defensief cricket spelen. Dus nee, ik heb met die benaming nooit veel moeilijkheden gehad. Oké, het is niet zozeer aardig bedoeld als anderen dat woord in de mond nemen. Maar ik heb altijd gezegd: je moet weten, het is functioneel. Want ja, ik doe dat heel erg bewust. Dat is niet alleen het spel. Dat is vooral de opdracht!

Als je eenmaal minister-president bent, moet je de boel doordragen en je team in stand houden. Ik kets de bal naar de grond. Breng de goede zaak vooruit.

38

De aanpak

Het jarenlange gebakkelei tussen Den Uyl en Van Agt zonder dat er beslissingen genomen worden, heb ik met lede ogen aangezien. Wanneer ik aantreed als premier sta ik daarom te popelen om beslissingen door te voeren. Wanneer zeg zestig of zeventig procent naar de kant van een bepaalde oplossing wijst, zeg ik: doen. Oeverloos emmeren zonder een knoop door te hakken, dat liever niet.

Zo breng ik ook onder mijn ministers een polderoplossing in, de zogeheten 'biechtstoelprocedure'. Die gaat als volgt: wanneer twee ministers een geschil hebben en er samen niet uitkomen, spreek ik ze afzonderlijk en vraag ik ze tot hoe ver ze in de oplossing zouden willen gaan. Ik vraag ze hun kaarten op tafel te leggen, 'dit wil ik maximaal behalen'. En wat blijkt dan? Dikwijls ligt de oplossing er al, maar willen ze kennelijk in eerste instantie niet ver genoeg reiken om het gat te overbruggen. Door even uit elkaar te gaan en erop terug te komen is het verschil in opvatting kleiner geworden, zo niet verwaarloosbaar klein, en kunnen we door. Daarin ligt de kracht van effectief regeren.

Ik heb altijd helder voor ogen waar de belangen liggen en waar invloed op uitgeoefend kan worden. Waarom zouden wij ons met x en y bemoeien, dat is toch niet onze zaak? Zo moet je het zien. De insteek is praktisch. Die gaat over dit en de ander gaat weer over dat – ga niet op andermans stoel zitten. Maar goed, het klopt, ik denk ook vaak wel even mee met mijn ministers. 'Zal ik even meedenken?' zeg ik dan. Maar dat is evident: dat zie ik dan ook als mijn verantwoordelijkheid. En dus als de reikwijdte van mijn invloed.

Dat is ook hoe ik piekeren bezie versus je ergens blij over maken. Mijn kinderen hebben weleens gezegd dat zij mij zelden euforisch zagen, maar dat ik ook weinig hardop prakkiseerde. Dat kwam weer door mijn vertrouwen in het vinden van een oplossing. Als je nadenkt over wat jou aangaat, ontdek je vanzelf het antwoord. Ik maak dan vliegensvlug een inschatting van wat speelt en dan stromen vanzelf talloze ideeën binnen. Hoe emotioneler de situatie is – neem de olieboycot – hoe rationeler ik word. Zo zit ik in elkaar. Ik denk dat dat mij beschermd heeft. Anders zou politiek bedrijven weleens een nare affaire kunnen zijn.

Het familiebedrijf en mijn premierschap zijn me in zekere zin 'overkomen'. Mijn startpunt is in die zin het toeval. Hoe daarop te reageren? Leven is een mix van autonomie en wat er gebeurt. Naast het 'toeval' geloof ik ook in het maakbare. Niet in predestinatie. Je kunt situaties naar je hand zetten. En elke keer gaat het weer om die balans: oefen invloed uit waarop je dat kunt en wilt doen. En waarop niet – laat dat rusten.

Denk aan verkiezingen. We leven in een democratisch bestel. Dus ben je erop uit je ideeën erdoorheen te krijgen, dan moet je meerderheden voor je winnen die daarin mee willen gaan. Macht bestaat uit een juridisch verankerd want in ons land democratisch verkregen mandaat. Maar je werkelijke macht? Die ligt in je *gezag*. Denk je slechts vanuit je juridische macht, dan bewerkstellig je niet veel. Heb je eenmaal gezag, dan kun je ineens ook een uitspraak doen over iets waar je juridisch gezien niet per se over gaat. Dan kun je als het ware 'buiten de lijntjes kleuren'.

Dan, onderhandelen. Hoe doe je dat nou effectief?

In de politiek heb je steeds weer met mensen te maken die verschillende belangen vertegenwoordigen. Daarin moet je tot een besluit komen – een boeiend proces. Het is psychologie. Je moet weten: wat drijft die persoon? Het is bijna een platitude: denk goed na over de positie van de mensen met wie je onderhandelt. Begin daarom met goed luisteren. Verplaats je in de ander, bedenk waarom hij soms naar jouw mening wonderlijke opvattingen heeft – daar zal een goede reden voor zijn. Om dat te achterhalen heb je geduld nodig. Er kunnen talloze redenen zijn waarom iemand een standpunt inneemt. Misschien staat hij onder druk, heeft hij bepaalde belangen te verdedigen, of draagt hij gewoon zijn visie uit. Je moet erachter zien te komen vanuit welk wereldbeeld zijn opvattingen ontspruiten. Mensen kunnen wel ongelijk hebben. Maar probeer je in ieder geval in hen te verplaatsen, om te ontdekken waarom zij gelijk denken te hebben. Dat leerde ik immers door die ervaring met vakbondsman Arie Groenevelt. Het is continu vanuit verschillende invalshoeken zien en vooruitzien. Dat ligt in mijn aard, daar ben ik voortdurend mee bezig. Het doorgronden van hoe alle verschillende belangen in elkaar vouwen, vind ik een genoeglijk spel.

Je weet bovendien dat wanneer je met iemand om de onderhandelingstafel zit de kans groot is dat je hem op een ander moment weer tegenkomt. Dat kun je ook als argument in de onderhandeling meenemen, zodat je je er beiden bewust van bent dat het belangrijk is dat je er samen goed uitkomt. Belazer je iemand een keer, dan zakt je gezag al snel als een kaartenhuis in elkaar. Elkaar kunnen vertrouwen is essentieel.

In de onderhandeling presenteer je dat gemeenschappelijk belang.

Wanneer de tegenpartij met sterke argumenten komt en dat politieke spel goed weet te spelen, groeit mijn respect voor hem des te meer. Dat betekent niet dat ik het met hem eens moet zijn. Het scheelt een hoop als je dat zo kunt zien in de politiek. Debat hoef je je niet persoonlijk aan te trekken.

Mensen handelen vanuit eigenbelang. Die grondslag ontwaar je. Daarna ga je kijken wat het gemeenschappelijk belang is.

Dat zijn de stappen.

Ik denk dat een kleine afspiegeling daarvan zichtbaar is aan de

34. In 1985 ontving de katholieke premier Ruud Lubbers paus Paulus Johannes II op het Catshuis.

35. Het verkiezingsdebat in 1986 met v.l.n.r. Hans van Mierlo (D66), Ed Nijpels (VVD), Joop den Uyl (PvdA) en Ruud Lubbers (CDA).

36. Ruud Lubbers wordt gefeliciteerd met de historische verkiezingsoverwinning in 1986 door zijn vrouw Ria en door Molly de Koning-Rellum, de vrouw van minister Jan de Koning. Ruud Lubbers mocht 'zijn karwei afmaken'. Het CDA ging van 45 naar 54 zetels in de Tweede Kamer.

37. In 1987 waren Ruud en Ria vijfentwintig jaar getrouwd. Met het gezin maakten zij een rondreis door Marokko. De muurschildering was gemaakt ter gelegenheid van vijfentwintig jaar Koning Hassan II op de troon.

38. 9 september 1987. Ruud en Ria bezoeken het Muziektheater in Den Haag.

39. Premier Lubbers tijdens de dinerpauze van de Tweede Kamer in de vergaderzaal aan zijn stukken. 'Hier werkte je het rustigst,' zo merkte hij op voor aanvang van het debat over het begrip 'sociale vernieuwing'.

40. Ruud Lubbers was bekend om zijn dossierkennis. Hij las alles en razendsnel. Hierdoor kon hij 'meedenken' met zijn collega-ministers. Op de foto is hij aan het werk in het Catshuis.

41. 1984. Op bezoek in het Midden-Oosten. Ook tijdens zijn premierschap speelde de olie nog een grote rol.

42. 1989. Het kabinet-Lubbers II was gevallen over het reiskostenforfait, onderdeel van het Nationaal Milieubeleidsplan.

43. 13 april 1986. De generatiegenoten Lubbers en Beatrix konden het goed met elkaar vinden. Als premier bracht Lubbers elke maandagmiddag een bezoek aan de koningin op Huis ten Bosch.

44. 1984. Achter de regeringstafel. Ruud Lubbers ging met plezier naar de Tweede Kamer om zijn beleid uit te leggen en meerderheden voor zijn plannen te verwerven.

45. 1991. Ruud Lubbers in een onderonsje met Wim Kok. Wim Kok volgde in 1994 Ruud Lubbers op als premier.

keukentafel, thuis in ons gezin. Discussies zijn niet fel, het gaat er altijd om een vraagstuk vanuit verschillende benaderingswijzen te bekijken. Er zijn argumenten voor en er zijn argumenten tegen. Laat de redelijkheid prevaleren. Maar, je moet er wel uitkomen met elkaar. Je kunt heel lang praten, maar neem op een gegeven moment een beslissing. Een besluit, een oplossing, is altijd beter dan geen besluit. Als je met iemand wilt zwieren, moet je 'm immers ten dans vragen. Doe iets. Daarom: verras je onderhandelingspartner, want dat brengt beweging in de zaak. Beweging draagt bij aan de oplossing.

Een van de allereerste maatregelen die ik neem als premier zijn bezuinigingen invoeren. De staatsschuld is in die tien jaar voorafgaand aan mijn premierschap enorm opgelopen. In combinatie met inflatie en een stagnerende economie brengt dit de staatshuishouding in groot gevaar. We willen met Lubbers I geen geld meer in banenplannen pompen, zoals Den Uyl nog geprobeerd had, maar arbeid minder duur maken, de uitgaven van de overheid verlagen en het rendement van bedrijven vergroten. Het gaat erom de economie te moderniseren, de tijd is er rijp voor.

De overheidsuitgaven fors terugbrengen – ons middel om de economie te redden – is een behoorlijke uitdaging.

We grijpen daarom in: we verlagen de lonen van de ambtenaren en dreigen met een loonmaatregel. Dat is onverwacht, want als overheid hebben we daar op dat moment nog geen overeenstemming over bereikt met de vakbonden. Maar die schok van plotselinge loonsverlaging schudt de boel wel los. En daarna worden werkgevers en werknemers het eens: de FNV gaat akkoord in ruil voor arbeidstijdverkorting – om de werkloosheid te bestrijden krijgt een werknemer meer vakantiedagen per jaar en minder salaris, zodat het werk over meer mensen verdeeld kan worden. Slechts bezuinigen haalt niets uit, het is juist belangrijk om te komen tot werk en meer banen. En daar draagt dit plan toe bij. We komen uiteindelijk met de ambtenaren overeen om de lonen met drie procent te verlagen. Ook andere bezuinigingen op de

Rijksuitgaven kunnen we zonder al te grote protesten doorvoeren.

We introduceren de loonmatiging op rustige wijze. We beginnen in sectoren waar het voor de hand ligt, en bouwen daarna gestaag uit. Problemen en oplossingen in stukjes hakken, zoals ik al noemde, helpt.

Werkgevers en werknemers sluiten het Akkoord van Wassenaar, twee dagen na de installatie van mijn eerste kabinet, op 24 november 1982 om precies te zijn. Het is van blijvende positieve invloed gebleken op de Nederlandse samenleving vanwege de combinatie van sociale zekerheid, langdurige loonmatiging, arbeidstijdverkorting én eendracht tussen overheid, werkgevers en vakbonden.

Het is net zoals Ludwig Wittgenstein het zei: 'Als een vraag kan worden gesteld, kan zij ook worden beantwoord.'

Oplossen als het kan en door naar het volgende.

39

De bijdrage

Wanneer ik aantreed als minister-president is de economische situatie penibel: bijna één miljoen werklozen, zeven procent inflatie, geen economische groei en een torenhoge staatsschuld. Ik krijg de kruisrakettencrisis op mijn bord en er woedt een discussie op het gebied van abortus en euthanasie.

Het Akkoord van Wassenaar is de eerste *move* van mijn eerste kabinet. Het is de introductie van ons kenmerkende Nederlandse poldermodel: partijen die er verschillende ideeën op nahouden doen allemaal water bij de wijn en komen tot een oplossing. Vergeet niet dat ons land op dat moment – in 1982 – net de jaren zestig en zeventig achter de rug heeft: een tijd van toegenomen polarisatie vanwege ontzuiling, ontkerkelijking en emancipatie. Nederland ontwikkelt zich. Maar Nederlanders moeten ook dóór kunnen: samen verder, samenleven, door één deur met elkaar.

Te midden van alle problematiek die ik aantref bij aanvang van mijn kabinetstijd is een van mijn basale voornemens daarom ook: rust bewerkstelligen in het land door knopen door te hakken en voor breed gedragen oplossingen te zorgen. Ik ben immers door de jezuïeten, en niet het minst door mijn ouders, grootgebracht in de geest van zorgdragen voor de historische continuïteit van de mens.

Dat zou steeds mijn dubbele taak blijven: verzoenen, maar ook durven ingrijpen.

Tijdens het eerste kabinet-Den Uyl filosoferen we – dan nog

in de Oude Zaal van de Tweede Kamer – tot diep in de nacht. Met sigaretten en drank erbij houden we dat wel vol. En wanneer de zon opkomt, gaan we nog even met elkaar voetballen op het grasveld van het Catshuis. Als jong minister heb ik een hoge pet op van Den Uyl en heus, dat voetballen is ook gezellig. Zelf sla ik echter met mijn kabinetten een hele andere koers in. Aan de gewoonte van de nachtelijke vergaderingen maak ik resoluut een eind. Voortaan vergaderen we niet meer na middernacht. Met mij als premier wordt het zakelijker – wordt er niet meer gevoetbald of, zoals gezegd, gedronken. Dat bevordert ook bij ieder het streven naar oplossingen.

Mijn bijdrage aan de politiek, zeg ik weleens, is dat ik haar saaier heb gemaakt.

Ik kom om mijn standpunten te verwezenlijken en veranderingen door te voeren waarvan ik denk dat de samenleving er baat bij heeft. Ik kom niet om verkiezingen te winnen of gezellig te filosoferen zonder dat er resultaten uit volgen.

Verkiezingen zijn er om te ontdekken of je stemmen voor je standpunten kunt vinden. En daarna ga je onderzoeken met welke meerderheid je gaat regeren om die ideeën zo veel mogelijk te realiseren. Het gaat er dus niet om de kiezer te *pleasen*. Het is juist andersom.

Ria levert ook haar bijdrage. Zij schenkt op maandagochtend koffie op het Catshuis voor alle partners van de ministers. Zij kunnen zo hun hart luchten bij elkaar – de levensgezel van een minister zijn is niet niks. Het is heel belangrijk en bijzonder dat Ria deze koffie heeft geïnitieerd en het draagt bij aan een stabiel kabinet. Ze is betrokken, maar houdt zich verder verre van politieke uitspraken. Als de pers bij ons thuis aan de deur komt en vraagt of Ria nog commentaar heeft op de val van mijn tweede kabinet, zegt ze: 'Ja hoor. Tuut, tuut, tuut, en de groetjes van Ruud.'

Wat kun je doen? Wat kun je bijdragen? Dat is steeds de vraag. Denk niet: wat erg dat mij dit overkomt. Denk wel: wat doe je ermee?

Wanneer ik de politiek verlaat is een catastrofe voor de Nederlandse economie afgewend, is er een einde gemaakt aan de verdeeldheid op sociaaleconomisch terrein en hebben morele kwesties als abortus, euthanasie en de kernwapencrisis te midden van veel verdeeldheid een weg gevonden.

40

Berlijnse Muur

Op een ochtend in de herfst van 1989 spreek ik mijn zoon Bart en zijn vriendin Marieke Oomen, later zijn vrouw en mijn schoondochter, die bij ons in Rotterdam op bezoek zijn. Zij studeren dan in Utrecht.

'Wat doen jullie hier nog?'

'Hoezo?' vraagt Bart.

Ik zeg: 'Jullie moeten naar Berlijn. Daar wordt geschiedenis geschreven.'

Het is dan bijna dertig jaar geleden dat ik als student de tanks in de straten van Oost-Berlijn zag, op die vroege ochtend van de 1 mei-viering.

Bart en Marieke vertrekken naar Berlijn met drie studievrienden.

Bart is dan bijna afgestudeerd als historicus. Wanneer hij aankomt, op 10 november 1989, is de Muur al gevallen. Wat hij ziet, is de stilte van de tweede dag.

Op de foto waar hij mee thuiskomt zie je een Oost-Berlijner die met zijn zoontje een kijkje neemt in West-Berlijn, voor het eerst niet tegengehouden door de Volkspolizei.

Die foto hangt nog altijd bij mij thuis.

41

Gedrukte boeken

Mijn ouders gaven mij inzicht in hoe te leven. De jezuïeten onderrichtten mij op het Canisius. En dan, eenmaal zelf in het politiek-maatschappelijke veld actief, heb je je eigen ervaringen die je op een bepaalde manier naar de maatschappij laten kijken.

Zo ook past hier een anekdote over mijn ontmoeting met Lou de Jong, de historicus die bekend werd vanwege zijn oorlogskroniek *Het Koninkrijk der Nederlanden in de Tweede Wereldoorlog*. Tijdens die oorlog zat hij in Londen. De Jong zag zichzelf en werd gezien als expert op het gebied van de Tweede Wereldoorlog, maar er zijn ook mensen die erop hebben gewezen dat hij geen flauw idee had van wat er destijds in Nederland gebeurde.

In 1982, wanneer er weer een nieuw deel van de kroniek verschijnt, komt De Jong langs op het Torentje. Ik ben dan net minister-president. Want hoe dat gaat: het boek wordt voor een 'akkoord' van de regering naar Algemene Zaken gestuurd – een handtekening van de minister-president.

De affaire met Aantjes is dan al achter de rug.

In 1978 treedt ARP'er Aantjes af als fractieleider van het CDA nadat De Jong stelt dat hij in dienst van de Waffen-SS, de militaire tak van de nazi's, kampbewaker is geweest in strafkamp Port Natal, en dus geen recht heeft op de Nederlandse nationaliteit. Een parlementaire commissie onderzoekt de kwestie en rapporteert dat Aantjes niet lid was van de Waffen-SS maar van de Germaansche SS, met als doel om uit Duitsland naar Nederland terug te kunnen keren. Hij was bovendien niet als bewaker maar als gevangene terechtgekomen in Port Natal, wegens zijn weigering om in dienst te gaan bij de Waffen-ss. Aantjes wordt gerehabiliteerd en zijn Nederlanderschap staat daarmee niet langer ter discussie. Maar dan is hij al afgetreden en ben ik hem opgevolgd als fractieleider.

De Jong is destijds wat snel geweest in het trekken van negatieve conclusies over Aantjes.

In voorbereiding op het gesprek met de historicus besluit ik dat ik het niet met hem over deze affaire wil hebben, dat is zo pijnlijk voor Aantjes. Ik vraag een medewerker: 'Ik wil *feeling* krijgen met die boeken van De Jong – kun jij de nieuwe uitgave voor me lezen?'

Ik vertel die raadadviseur over mijn vader en zijn geschiedenis in de oorlog. Hij informeert mij over wat hij in het boek van De Jong leest.

Ik weet wat ik met De Jong wil bespreken. Ik focus mij op één gespreksonderwerp. Net als bij die joodse journalisten die mij op de trappen van het Hilton om een quote vroegen. Eén ding.

Er volgt een boeiend gesprek met de historicus, waarbij ik hem vraag hoe hij er toch bij komt om te schrijven dat, terwijl hijzelf in Londen zat, in de oorlog katholieken en met name katholieke ondernemers 'fout' waren? De Jong luistert met belangstelling wanneer ik hem vertel over mijn vader, maar kijkt mij ook ietwat verbaasd aan. Maakt een paar aantekeningen. En ik besluit: 'Dat is het dan, want ik houd het kort.'

Ik wil, nogmaals, niet over Aantjes spreken.

Met wat ik hem vertel daag ik hem uit om nog eens de geschiedenis in te duiken. Enigszins verward verlaat hij het Torentje, maar tien dagen later vraagt hij weer een gesprek aan. Hij heeft alles uitgezocht en meldt dat zijn ogen zijn opengegaan.

'U heeft gelijk, meneer Lubbers. Ik heb te snel geschreven over die katholieke ondernemers. U had het over uw vader en het staat er zo haaks op. Hier hebben we een ondernemer die juist wel goed was. Ik heb daar foute ideeën over gehad.'

Maar ja, zijn boeken zijn al gedrukt. Ook later, bij een nieuwe druk, wordt er niets gerectificeerd.

De geschiedschrijving is een weergave van de geschiedenis, maar niet altijd de juiste. Veel laat zich verklaren door, laten we zeggen, maatschappelijke situaties waarbij mensen zich inprenten, ikzelf incluis, dat zij zich kunnen veroorloven dingen te doen of te denken.

42

By far mijn grootste puzzel

Ik zit in mijn Torentje en de telefoon gaat.

Twee jaar daarvoor, op 29 oktober 1983, heb ik tegen mijn kinderen gezegd: ‘Het is mooi weer en dat is fijn want het is belangrijk dat mensen gaan demonstreren en gebruikmaken van hun democratisch recht.’ Die dag zijn in Den Haag een half miljoen mensen op de been om te protesteren tegen de plaatsing van Amerikaanse kruisraketten in Nederland. Het blijkt de grootste publieke betoging in Nederland ooit gehouden. Twee jaar daarvoor waren in Amsterdam de straten ook al volgestroomd met meer dan vierhonderdduizend demonstranten tegen deze kernwapens.

De demonstratie van 1983 is in feite tegen mij gericht, ik ben immers minister-president. De kruisrakettenkwestie zou ik *by far* rekenen tot mijn grootste op te lossen probleem tijdens mijn premierschap.

Vanuit mijn functie ben ik bevoegd om de plaatsing te verhinderen. Of nee, dat moet ik anders zeggen. Dat kan ik in theorie besluiten, maar zoals je leven afhangt van omstandigheden, is een besluit ook altijd een knooppunt te midden van verschillende belangen. In een enkelvoudig internationaal ‘nee’ tegen kernwapens ligt op dat moment niet de oplossing. Al tijden schieten mijn gedachten naar alle mogelijke uithoeken van dé oplossing.

Wat is de puzzel? In reactie op het in verontrustend tempo groeiende aantal SS-20 raketten van de Russen ligt er een in 1979 nog onder Van Agt genomen NAVO-voornemen om in vijf Europese landen Amerikaanse middellangeafstandsraketten te plaatsen, waaronder achtenveertig op Nederlandse bodem. Parallel nodigen de NAVO-partners, mede op aandringen van Nederland, de Russen uit om te spreken over wapenbeheersing in Europa. Deze afspraak gaat de geschiedenis in als het zogeheten NAVO-dubbelbesluit.

Nederland maakt een voorbehoud op dit akkoord – het verbindt zich nog niet tot stationering want wil eerst de gesprekken over wapenbeheersing met de Russen afwachten. Doordat deze onderhandelingen pas in 1981 beginnen, kunnen wij, Nederlanders, ons nog permitteren een definitief plaatsingsbesluit uit te stellen.

Nederland, en zo ook de politiek, is hevig verdeeld over de kwestie. Ik ben als fractieleider van het CDA onder Van Agt destijds nog betrokken geweest bij het formuleren van vertrekpunten, zoals ik die noemde, om de over de kwestie verdeelde CDA-fractie te verenigen. Deze vertrekpunten zijn zo geformuleerd dat ze 'niet-plaatsing' kunnen laten bovendrijven. Het is continu de kunst om verschillende partijen tevreden te stellen, tijd te winnen en de beslissing tot plaatsing van de Amerikaanse middellangeafstandsraketten uit te stellen.

Maar met de jaren dringt de tijd. NAVO-partners worden ongeduldig. En Nederlanders opstandig.

En dan krijg ik in 1982 als premier direct de kruisrakettenkwestie in het pakket.

Enerzijds wil ik als lid van de NAVO loyaal zijn aan dat bondgenootschap. De NAVO beoogt met het plaatsen van nucleaire middellangeafstandswapens de zogenaamde finlandisering door de Russen tegen te gaan. Deze negatieve term komt in zwang wanneer het Finland lukt om geen satellietstaat van de Russen te worden, maar daarvoor wel de prijs betaalt dat het voortdurend op zijn tellen moet passen – de Russen roepen het land in die Koude Oorlogsjaren voortdurend ter verantwoording. Anderzijds wil ik, net zoals het merendeel van mijn landgenoten, een basale poging doen om over en weer, dus tussen én de USSR én de NAVO, tot minder nucleaire wapens te komen.

Daarbij heb ik leiding te geven aan een kabinet dat bestaat uit het CDA en de VVD, waarbij de laatste volledig meegaat in de NAVO-lijn en de eerste, mijn partij, hevig verdeeld is over hoe te handelen in de kernwapenwedloop.

Ooit heb ik Atoms for Peace aanschouwd en maakte ik mij blij over de bestemming van nucleaire energie voor andere doeleinden dan oorlog. Dat ik dit op mijn bord krijg als minister-president… Achteraf zou je bijna kunnen zeggen: het is *meant to be.*

Ik moet en zal dit uitknobbelen.

Mijn liefde voor het zoeken naar de juiste oplossing krijgt met al dat protest in Nederland extra veel druk te verduren. Maar aan de andere kant komen die demonstraties mij ook goed uit – zo zien de Amerikanen en de Russen dat het een belangrijk onderwerp is in Nederland. Dat geeft me meer ruimte om met een compromisvoorstel te komen. En zo vind ik, op weg naar het antwoord op het wel of niet plaatsen van de middellangeafstandswapens, nog een paar andere gelukjes op mijn pad.

Allereerst kom ik er in 1983, tijdens mijn eerste bezoek aan de president van de Verenigde Staten, achter welke strategie Reagan erop nahoudt om een goede onderhandelingspositie te bemachtigen: hij laat de Russen zweten. Dat heeft hij nog opgepikt uit Hollywood waarin hij, voordat hij president werd, onderhandelde namens de acteursvakbond met de bonzen van de studio's. Hij zet zijn hakken bewust een tijdje in het zand – 'Let the commies sweat first!' Maar in feite is hij tégen nucleaire bewapening en vóór overeenstemming met de Russen, fluistert hij me in, wanneer we nog een ommetje maken in de tuin van het Witte Huis. De Koude Oorlog zal dus een einde kunnen vinden, weet ik op dat moment. Alleen hoe? Dat weten we dan nog niet.

Ik denk: wat leven we toch in een absurde wereld. De mens doet het een, maar vindt het ander. Het is één groot spel. Ik realiseer me weer hoe belangrijk het is om onderdeel van de onderhandeling te zijn, van dat spel – het politieke proces – wil je meedoen en vooruitgang boeken.

Het winnen van tijd is in ieder geval van cruciaal belang. De oplossing ligt in druk blijven uitoefenen op de Russen, én met hen in gesprek blijven.

Dat brengt mij een jaar later tot de ingeving om het plaatsen van de Amerikaanse wapens afhankelijk te maken van de vermindering van Russische SS-20 raketten. Mijn stappenplan luidt dat Nederland afziet van plaatsing míts de Sovjet-Unie in het jaar daarna afziet van toename van het aantal SS-20 raketten. Zo niet, dan neemt ook Nederland een positief plaatsingsbesluit en zal de NAVO haar middellangeafstandsraketten op Nederlandse bodem mogen stationeren.

Het plan komt op 1 juni 1984 door de ministerraad en kort daarna stemt ook het parlement in. Zo kan ik zowel rechts Nederland als de vredesbeweging tevredenstellen.

Er is weer een beetje tijd gewonnen. Anderhalf jaar. Het debat in Nederland luwt in die periode inderdaad. Maar wanneer de *due date* van 1 november 1985 bijna aanbreekt – de dag waarop wij, anderhalf jaar na het 1-juni-besluit, toetsen of de SS-20 wapens van de Russen inderdaad niet toegenomen zijn – blijkt een deel ervan aan de overzijde van de Oeral geplaatst, zodat Gorbatsjov kan zeggen dat de op Nederland gerichte systemen niet zijn toegenomen. Die verplaatsing is niet moeilijk geweest, het betreffen mobiele systemen. Ze zullen dus evengoed weer kunnen worden 'teruggerold'.

Daar trap ik niet in.

De afspraak was: zijn de wapens aan Russische zijde voor 1 november niet verminderd, gaat Nederland over tot het besluit van plaatsing. Maar nu zijn ze weggerold. Wat nu?

Het is een brandende kwestie.

Op zaterdag 26 oktober 1985, een week voordat de termijn van anderhalf jaar afloopt, organiseert het Komitee Kruisraketten Nee (KKN) onder leiding van Sienie Strikwerda met onder anderen

Mient Jan Faber van het Interkerkelijk Vredesberaad (IKV) daarom een massale protestactie, om het kabinet alsnog over te halen zich te scharen achter een eenzijdig 'nee' tegen kernwapens – en dus tégen het in de lucht hangende plaatsingsbesluit. Op die betreffende herfstdag zal het Komitee mij in de Houtrusthallen in Den Haag een petitie aanbieden met 3,75 miljoen handtekeningen van Nederlanders die tegen het plaatsen van de raketten zijn.

Ik zit in het Torentje. Morgen is de grote dag. En dan gaat de telefoon.

Het volgende gelukje dient zich aan.

43

Rajiv Gandhi

'Rajiv… hoor ik dat goed?'

Rajiv is de zoon van Indira Gandhi, niet te verwarren met de familie van Mahatma Gandhi. Nog tijdens mijn ministerschap van Economische Zaken onder Den Uyl ontwikkel ik contact met Indira, op dat moment premier van India. Wij ontmoeten elkaar voor het eerst in Belgrado, tijdens een United Nations Conference on Trade and Development (UNCTAD), een conferentie die onder mijn portefeuille valt. Indira, de wereldwijde voorzitter van deze VN-organisatie, wordt op dat moment beschouwd als informele leider van de 'Derde Wereld'. Ik ben op dat moment nog veel jonger en slechts minister in Nederland. Toch hebben wij persoonlijk direct een klik en na thuiskomst houden we contact. Kort daarop nodigt ze me uit om en marge van een Algemene Vergadering van de Verenigde Naties een Indira Gandhi-topje in New York bij te wonen. Den Uyl dringt er bij mij op aan per Concorde te vliegen, zodat ik de ministerraad op vrijdag niet zal verzuimen. Bij beide vergaderingen ben ik aanwezig.

Van de inhoud van die conferentie met Indira Gandhi heb ik weinig herinneringen meer. Wel staat mij bij dat ze me tijdens een persoonlijk gesprek vertelt over haar zoon Rajiv, die inmiddels een levenspartner gevonden heeft, Sonia, een Italiaanse. Daardoor is zij nu grootmoeder van twee kleinkinderen. Dat is het goede nieuws. Maar ook uit ze haar zorgen. Rajiv heeft tot haar grote spijt besloten om straaljagerpiloot te worden en daarmee niet zijn moeder op te volgen in de politiek. Ze doet nog moeite om hem ervan te overtuigen op een dag in haar voetsporen te treden.

Daarna hebben Indira en ik niet zoveel contact meer. Ikzelf raak druk verwikkeld in het einde van het kabinet-Den Uyl en het vervolg daarop. Wanneer ik op een gegeven moment hoor dat zij vermoord is en als premier van India toch is opgevolgd door haar zoon Rajiv, is dat voor mij nog geen reden om contact met hem op te nemen.

Ik zit in het Torentje. Mariska Ipenburg, mijn secretaresse op dat moment, heeft zojuist gezegd dat ze weet dat ik het liefst niet gestoord word nu, aan de vooravond van de demonstratie in de Houtrusthallen, maar dat ze denkt dat dit belangrijk is. 'Ik heb hier iemand aan de lijn die ons uit Washington belt en beweert dat te doen in opdracht van de nieuwe premier van India, de heer Rajiv Gandhi. De heer Gandhi zou graag telefonisch met u willen spreken. Zegt u dat iets?' En dan realiseer ik mij in een flits: dat moet Indira's zoon Rajiv zijn.

'Jazeker, verbind maar door.'

Aan de telefoon klinkt Rajiv: '*Prime Minister*, u kent mij niet persoonlijk, maar u heeft mijn moeder goed gekend. Ik ben nu met mijn vrouw Sonia in Washington voor een bezoek aan het Witte Huis. Dat zit er inmiddels op en wij zijn nu de terugreis met ons regeringsvliegtuig naar New Delhi aan het plannen. Daarover pratend schoot mij te binnen dat mijn moeder jaren geleden tegen me zei: "Rajiv, als je mij op enig moment toch opvolgt, weet dan dat ik midden jaren zeventig een Nederlandse politicus goed heb leren kennen. Ruud Lubbers heet hij. Je zou er goed aan doen te proberen hem te ontmoeten."'

Daaraan voegt Rajiv toe: 'We weten dat u inmiddels Prime Minister bent, maar ik veroorloof me de vraag of het u zou schikken als wij een tussenstop maken om u op uw residentie te bezoeken? Als dat mogelijk is, dan zou ik dat – en hetzelfde geldt voor mijn vrouw Sonia – zeer waarderen.'

Ik antwoord met: 'U bent zeer welkom.' Hoewel ik mij direct realiseer dat hun tussenstop plaatsvindt op een bijzonder moment, namelijk precies aan de vooravond van die grote demonstratie. Wat is wijsheid...? Maar ik denk ook: *so what*? Dan heb ik wat afleiding voordat die spannende happening aanvangt. En ik ga toch pas zaterdagochtend nadenken over wat ik die dag zal zeggen. Bovendien, wie weet wat dit bezoekje nog brengt.

Direct na dit onverwachte telefoongesprek met de premier van India zorg ik ervoor dat minister van Buitenlandse Zaken Hans van den Broek op de hoogte is en dat hem gevraagd wordt het gezelschap van vliegveld Valkenburg naar het Catshuis te begeleiden. Het plan is dat ik daar met Rajiv en Sonia over Indira spreek en over hoe zij beiden het nu persoonlijk maken. Aan dat gesprek hoeft Hans niet deel te nemen. Zo zitten wij – Rajiv, Sonia en ik, Rajiv is dan eenenveertig jaar, ik zesenveertig – aan het eind van die middag, de dag voor de Houtrusthallendemonstratie, samen.

En dan nemen de gebeurtenissen hun loop.

Nadat wij enige tijd met elkaar hebben zitten praten, meldt Cor Bron, op dat moment de huismeester van het Catshuis, zich bij ons met de mededeling dat hij in het Catskamertje een dringend telefoongesprek voor de eerste minister van India heeft.

Rajiv vertrekt en komt enkele minuten later terug met een sombere uitdrukking op zijn gezicht. 'Slecht nieuws. De KGB in Moskou blijkt lucht te hebben gekregen van ons bezoek aan Nederland. Gorbatsjov vraagt mij nu op onze terugreis ook een visite aan hem te brengen. Wat een ellende. Ik ben na Washington en deze tussenstop al doodop.'

Ah, denk ik, daar doet zich een kans voor.

'Rajiv,' zeg ik. 'Nu Gorbatsjov je uitnodigt heb ik er belang bij dat je hem bezoekt. Echter, dat kan ik je beter uitleggen nadat jij en Sonia hier op het Catshuis eerst goed geslapen hebben. Voor je entourage is hier helaas geen plaats, maar het is geen enkel probleem die in het hotel *next door* onder te brengen. Dan vliegen jullie morgen uitgerust door naar Moskou. Voor jullie vertrek zal ik je dan, hier op het Catshuis, uitleggen waarom jouw bezoek aan Gorbatsjov juist nu voor mij zo belangrijk is.'

De volgende ochtend verschijnt Rajiv monter, goed uitgerust en nieuwsgierig aan de ontbijttafel. 'Wat wilde je me vertellen?'

Ik maak Rajiv er deelgenoot van dat ik die middag moet spreken bij een enorme publieke demonstratie tegen nucleaire middellangeafstandswapens. Ik vertel hem ook over mijn stappenplan, dat anderhalf jaar daarvóór door het parlement is aangenomen. Er zijn sindsdien ss-20 raketten bij gekomen, maar er is wel iets vreemds mee gebeurd; ik licht toe dat de systemen zijn teruggerold in plaats van daadwerkelijk verminderd. Daarop volgt mijn verzoek aan Rajiv: 'Zou je Gorbatsjov willen laten weten dat ik dit simpelweg als een truc beschouw, omdat dit mijn doel, over en weer minder nucleaire middellangeafstandswapens, in het geheel niet dient. En dat ik daarom voornemens ben een positief plaatsingsbesluit te bevorderen?'

Gorbatsjov moet immers begrijpen dat wij hier niet intrappen.

Rajiv luistert aandachtig en zegt: 'Ruud, ik begrijp je en het belang van het grotere plaatje. Ik laat je na thuiskomst weten hoe het gesprek is verlopen.'

En inderdaad, de daaropvolgende maandag, dus na de betoging in de Houtrusthallen, stelt Rajiv mij telefonisch op de hoogte van een goed en nuttig gesprek met Gorbatsjov. 'Hij laat je weten dat hij je, als je dit plaatsingsbesluit neemt, publiekelijk zal bekritiseren. In de huidige omstandigheden heeft hij namelijk absoluut geen ruimte om de aantallen ss-20's te verminderen. Echter, hij vraagt mij jou ook te laten weten geen haast te maken met daadwerkelijke plaatsing. Hij is ervan overtuigd dat het noodzakelijk maar ook mogelijk is met de Verenigde Staten, met Reagan dus, tot een akkoord te komen. Hij schat dat dat binnen een jaar haalbaar zal blijken en raadt je daarom aan tijd te kopen alvorens daadwerkelijk in Nederland tot plaatsing te komen.'

Daarmee heb ik mijn informatie gegeven, en mijn informatie gewonnen.

Die informatie van Rajiv houd ik uiteraard vertrouwelijk. En zo komt het in de Tweede Kamer tot een uitgesteld plaatsingsbesluit, maar nooit tot feitelijke plaatsing. Zoals Gorbatsjov Rajiv had voorspeld is die niet meer nodig, Reagan en Gorbatsjov strepen de middellangeafstandswapens en ss-20's tegen elkaar weg en komen inderdaad in Reykjavik tot een akkoord.

De Koude Oorlog loopt op zijn einde.

En tijdens die zaterdagmiddag in de Houtrusthallen ben ik dus in gedachten bij Rajiv, die op dat moment spreekt met Gorbatsjov in Moskou.

44

En marge van de kruisraketten

Ria en ik brengen niet lang na het cruciale gesprek met Rajiv en Sonia op het Catshuis een bezoek aan het koppel bij hen thuis in New Delhi. Ons contact krijgt een sterk familiair karakter. Met hun gezin zitten we voor een ontspannen avondmaal aan de keukentafel en komen we erover te spreken waar hun kinderen, Rahul en Priyanka, het beste en veilig zouden kunnen studeren. De sfeer is gemoedelijk.

Maar dan zegt Rajiv ineens, tot mijn ontzetting: 'Wij praten nu wel over jullie veiligheid, Rahul en Priyanka, maar ik wil benadrukken dat jullie moeder en jullie beiden je ervan bewust moeten zijn dat ik zomaar, net als mijn moeder, over niet al te lange tijd vermoord kan worden.'

Dat zegt hij zomaar! Ria en ik zwijgen, maar we zijn onthutst en praten daar getweeën over na. 'Hoe kan je het je vrouw en kinderen aandoen dat zomaar rauwelings te zeggen?' Wij vinden het ronduit schandalig en raken er niet over uitgepraat.

Wat Rajiv voorspelde, gebeurt echter. En in vervolg daarop, zo herinner ik mij, wissel ik in 1991 niet alleen condoleances uit met Sonia, maar bezweer ik haar ook zich niet beschikbaar te stellen voor enigerlei functie in de Congrespartij, omdat haar dan iets kan overkomen. Tijdens haar jaren als echtgenote van premier Rajiv en als schoondochter van Indira heeft zij, hoewel geboren in Italië, namelijk enorme indruk gemaakt door te leven in lijn met de Indiase cultuur en die van de familie. Daarvoor verdiende zij lof en kreeg die ook ruimschoots. Dus de kans dat zij het ambt zou gaan bekleden, was groot.

Sonia blijft de eerste jaren nadat zij weduwe is geworden gewaardeerd, maar zonder zichtbare rol in de partij.

Een fors aantal jaren later ontmoet ik Sonia weer, op de begrafenis van Moeder Teresa in Calcutta – de katholieke zuster die in september 2016 heilig is verklaard. Ik ben tijdens die begrafenis in 1997 al geen minister-president meer; het paarse kabinet van Wim Kok en Hans van Mierlo is aan zet. Het ministerie van Buitenlandse Zaken, mogelijk op de hoogte van mijn katholieke wortels en mijn bijzondere relatie met Indira, heeft mij als minister van staat gevraagd Nederland tijdens die plechtigheid te vertegenwoordigen.

Het wordt voor mij een merkwaardige gebeurtenis. Het is een formele, nogal stijve bijeenkomst. Daar, na zoveel jaren, zit ik ineens weer tegenover Sonia. Op een rustig moment wenkt zij mij en fluistert zij, wanneer ik naar haar toe gelopen ben, in mijn oor: 'Ik heb je iets belangrijks te zeggen. Kun je vanavond in New Delhi bij mij langskomen alvorens je weer naar Nederland vertrekt?'

Die avond zegt Sonia: 'Ruud, ik ben toch gezwicht voor de druk uit mijn politieke kringen om de leiding te nemen. Als seculiere Congrespartij zijn wij erop beducht dat de Hindoestanen zich steeds meer aangetrokken voelen tot de gedachte dat India zich moet keren tegen hun moslims en dat dat hun electorale winst zal bezorgen. Ik ben het zeer met die zorgen eens en dat is voor mij reden nu toch de partij van Indira en Rajiv te gaan leiden om dat te voorkomen.'

Ze wordt het jaar erop inderdaad gekozen als voorzitter van de Indiase Congrespartij en zal daarmee niet alleen de eerste buitenlandse president van de Congrespartij zijn sinds de Indiase onafhankelijkheid, maar ook de langst zittende. In 2017 treedt Sonia ongeschonden af. Zoon Rahul volgt haar op.

45

Václav Havel en 'zijn' Monika

Tijdens Lubbers III krijg ik bezoek van de dan ook als schrijver al zeer bekende Václav Havel. Hij reist vanuit Praag; uiteraard niet in de hoedanigheid van literator, maar als collega-minister-president.

In die jaren zijn Ria en ik zeer bevriend met de beroemde fotograaf Paul Huf en zijn vrouw Bonnie, die hij als fotomodel heeft leren kennen. We kwamen met hen in contact via goede vriend en fotograaf Vincent Mentzel en 'zijn' World Press Photo.

Havel, de laatste president van Tsjechoslowakije en de eerste van Tsjechië, stond bekend als dissident in Tsjechoslowakije vanwege zijn op de overheid gerichte kritische publicaties. Hij bracht vijf jaar in gevangenschap door. In 1977 helpt hij Charta 77 oprichten, een dissidente beweging geïnspireerd op filosofisch werk van Hannah Arendt. De aanleiding is het speelverbod dat de Tsjechoslowaakse overheid het jaar daarvoor oplegt aan een Praagse rockband. Charta 77 wijst de Tsjechoslowaakse overheid op schendingen van mensenrechten, iets waarvoor Havel in 1986 op mijn voorspraak de Erasmusprijs in ontvangst neemt.

Enkele dagen voordat Havel op bezoek komt, krijg ik op het Torentje Bonnie Huf aan de lijn.

'Ruud,' zegt Bonnie, 'je hebt inmiddels mijn beste vriendin Monika Abbott ontmoet – zij was ook bij de laatste World Press Photo. Monika is nu gehuwd met Tom Abbott, een Amerikaan die als bankier in Amsterdam woont en werkt, maar zij komt oorspronkelijk uit Praag, waar zij heel nauw bevriend was met Václav Havel voordat hij in de gevangenis belandde. Monika vluchtte destijds op tijd naar Nederland.'

Bonnie vertelt me dat Monika naast haar zit en zojuist in de krant leest dat Havel bij mij op bezoek komt. 'Ze zou je op het Torentje willen bezoeken om je uit te leggen waarom zij hem in Den Haag graag wil ontmoeten en waarom ze denkt dat hij dat ook een goed idee zal vinden.'

En zo zit ik de volgende dag te luisteren naar Monika's jeugdbelevenis, over haar jaren van vriendschap met Václav en zijn vrouw.

Wanneer ik twee dagen later Havel op het Catshuis ontvang en daar met hem het program doorneem, zeg ik: 'Václav, we zullen het vanavond niet laat maken. Want na de werkbespreking van vandaag en het diner in de Trêveszaal op het Binnenhof heb ik voor jou een verrassing in petto. Hier in Nederland woont een vriendin van je. Ze was goed bevriend met jou en je vrouw Olga in de jaren voordat je in de gevangenis belandde. Via via heb ik geregeld dat zij vanavond hier op het Catshuis komt om met jou à deux over die bijzondere periode te spreken.'

Monika blijkt het goed te hebben ingeschat. Václav toont zich onmiddellijk blij, inderdaad verrast, en reageert uitermate positief.

Echter, wanneer ik hem de dag daarna vraag hoe het gesprek is verlopen, zegt hij: 'Ruud, uitstekend. Maar ik moet je wel over één probleem vertellen.'

Vaclav zegt: 'Ik aarzelde gisteravond ineens over wat ik moest antwoorden toen mijn medewerkers me vroegen wie die dame toch was. Toen heb ik maar gezegd: "Ze komt oorspronkelijk uit Praag, maar woont nu in Nederland. En omdat zij deel uitmaakt van de vriendenkring van premier Ruud Lubbers en hem gezegd had dat zij mij als Tsjechische schrijver zo bewonderde, heeft hij mij gevraagd tijd voor haar uit te trekken."'

Enkele dagen later ontvang ik bericht uit Praag: 'Ruud, dank voor het gastvrije onthaal. En wil je mijn groeten overbrengen aan jouw Monika?'

Ik antwoord Václav: 'Het was goed en voor mij zeer de moeite waard je als collega, maar ook als schrijver en humanist beter te leren kennen. En laat mij vooral niet verzuimen je de groeten over te brengen van *jouw* Monika.'

46

Het eerste Amerikaanse staatsbezoek

Diep in mijn tweede periode als minister-president ontvang ik een bijzondere uitnodiging. Georgetown University in Washington vraagt mij een eredoctoraat in ontvangst te komen nemen. Deze universiteit heeft een goede naam en staat bekend als een universiteit van jezuïeten. Enigszins verrast door deze invitatie denk ik meteen: dat gaat natuurlijk terug op het feit dat zij ginds hebben uitgevonden dat ik onderwijs van jezuïeten heb ontvangen op het Canisius College. Kortom, enerzijds flatteert mij de uitnodiging, anderzijds denk ik: dit moet ik behoedzaam hanteren, want dit gaat niet om mij als minister-president. In overleg met mijn raadadviseurs besluit ik er wel op in te gaan, maar het zo veel mogelijk buiten de publiciteit te houden. Dat betekent in de praktijk dat ik in samenwerking met de Rijksvoorlichtingsdienst onze ambassadeur ter plaatse op de hoogte stel, met het verzoek voor een zo geruisloos mogelijk bezoek aan Washington en Georgetown University te zorgen.

Zo gezegd, zo gedaan. Er wordt voor mij een hotelkamer gereserveerd met een vlucht heen en weer die voldoende ruimte geeft voor de ceremonie, maar verder niet in contact met de Amerikaanse regering voorziet.

Bij aankomst in Washington spreek ik wel met de Nederlandse ambassadeur, die mij informeert dat er op het Witte Huis een bezoek in voorbereiding is van de Amerikaanse president en zijn vrouw aan een aantal grote Europese hoofdsteden. Maar daar schenk ik weinig aandacht aan. Op dat moment nog niet althans.

De volgende ochtend ontvang ik een verrassend telefoontje. Dat verandert de zaak.

De receptie van het hotel belt mij op mijn kamer met de vraag of ze mij kunnen doorverbinden met het Witte Huis. Wanneer ik daarop bevestigend antwoord, krijg ik binnen de kortste keren president George Bush aan de lijn.

'Ruud, goed te horen dat je in Washington bent,' zegt de president, 'maar waarom heb je mij daar niets van verteld?'

Ik moet uitleggen dat ik mijn redenen had om dit op zichzelf eervolle gebeuren buiten de publiciteit te houden. 'Daarom is jouw Witte Huis niet op de hoogte gesteld door onze ambassadeur in Washington. Mijn verontschuldigingen daarvoor, George.'

'Oké, nu begrijp ik het,' antwoordt Bush, 'maar ik zou het toch fijn vinden om je te ontmoeten. Is daar tussen de ceremonie op Georgetown University en je terugvlucht naar Nederland ruimte voor?'

We spreken af dat ik dat naga, en ik geef aan dat ik het zelf natuurlijk ook heel leuk vind om elkaar nog even te zien.

Niet veel later word ik opgehaald door onze ambassadeur voor de ceremonie aan de universiteit. Nog voordat de chauffeur komt voorrijden, regel ik dat er toch nog een moment is om op deze dag Bush senior te ontmoeten.

Nu schenk ik wél aandacht aan het feit dat het Witte Huis druk doende is om een Europese reis te organiseren voor George en Barbara Bush. Ik denk bliksemsnel na of er een mogelijkheid ligt om een staatsbezoek aan Nederland in te passen. Daarbij realiseer ik mij ogenblikkelijk dat wij niets kunnen doen zonder het hier voorafgaand met de koningin over te hebben.

Daarom regel ik zo spoedig mogelijk – nog voor de ceremonie aan de universiteit begint – contact met koningin Beatrix om haar te informeren over het ook voor mij volstrekt onverwachte verzoek van president Bush om hem een bezoek te brengen op het Witte Huis. Ik vraag haar instemming om daar ter sprake te brengen om in de reis naar Europa die voor hem in voorbereiding is een bezoek aan Nederland op te nemen, omdat voor zover ik wist een Amerikaanse president tot dat moment nooit eerder een staatsbezoek aan Nederland had gebracht. De verhoudingen waren door de generaties heen altijd zo goed geweest dat niemand ooit op dat idee was gekomen.

'Leuk idee,' zegt de koningin direct. 'Kijk maar wat u kunt bereiken.'

Zo zit ik die namiddag met president Bush en enkele van zijn naaste medewerkers bijeen. Daar maak ik van de gelegenheid gebruik om hem te zeggen: 'George, nogmaals verontschuldigingen dat ik je niet eerder informeerde. Na jouw attente telefoongesprek van vanochtend en nadat de Nederlandse ambassadeur mij gisteren bij aankomst vertelde dat voor jou en Barbara een Europese reis in de maak is, heb ik vandaag gelijk contact gezocht met koningin Beatrix en met haar de mogelijkheid besproken een eerste staatsbezoek van een Amerikaanse president, jij dus, aan Nederland in te plannen. Zij zei terstond: "Prima idee. Kijk maar wat u kunt bereiken." En George, dat doe ik dus bij dezen.'

De president zegt: 'Inderdaad, een prima idee.' Hij kijkt zijn medewerkers aan en voegt daaraan toe: 'Dat moeten we echt zien te regelen.'

Ik ben verbaasd over deze spontane positieve reactie. En meen op de gezichten van de medewerkers een lichte huivering te zien. 'Even' een bezoekje brengen aan Nederland... dat brengt natuurlijk heel wat geregel en extra draaiboeken met zich mee!

George Bush sluit het zitje af met de mededeling dat hij nu graag wil dat ik meeloop naar Barbara. 'Want dat heb ik haar beloofd. Bovendien, ik wil niet dat je je terugvlucht mist.'

Met zijn tweeën lopen we al converserend naar Barbara Bush, en zeg ik: 'George, erg aardig dat je meteen positief reageerde op de staatsbezoeksuggestie, maar volgens mij schrokken jouw medewerkers daarvan en is zo'n directe instemming ongebruikelijk.' Waarop Bush antwoordt: 'Ruud, dat is zeker ongebruikelijk.

Maar ik had daar een goede reden voor. Je moet weten dat vicepresident in de Verenigde Staten eigenlijk niets voorstelt. Maar in de tijd dat ik dat was, onder Ronald Reagan, nam je mij altijd uitermate serieus en hadden we vele inhoudsvolle gesprekken. Dat was eigenlijk heel ongewoon. Ik herinner me die goede jaren en daarom dacht ik: daarvoor kan ik nu iets terugdoen. Vandaar mijn direct positieve reactie.'

Even later zitten wij bij zijn vrouw en vertelt hij smakelijk wat zich in het vorige gesprek heeft afgespeeld. Barbara schatert van het lachen.

Zo komt het tot het eerste staatsbezoek van een Amerikaanse president aan Nederland. Het worden zeer ontspannen en geslaagde dagen, waaraan mijn Ria en ik altijd de beste herinneringen hebben bewaard.

47

Dank je wel, Raisa

Wanneer ik op een gegeven moment op het Catshuis met Michail en Raisa Gorbatsjov een gesprek heb om Michail ertoe te bewegen samen met Maurice Strong, de secretaris-generaal van de VN-conferentie voor Milieu en Ontwikkeling (UNCED), in 1992 tot het geplande Earth Charter te komen, hebben we en marge daarvan nog een andere interessante conversatie.

De Koude Oorlog is voorbij en Gorbatsjov is op dat moment voorzitter van de Green Cross-beweging die initiatieven neemt voor duurzaam omspringen met mens en aarde. Vanuit die hoedanigheid wil ik hem er samen met Strong toe zetten om de voornemens van 1992 te realiseren.

Ik gebruik dat gesprek om hem iets te vragen: 'Toen je president van de Sovjet-Unie werd, maakte je subiet duidelijk dat je militaire interventies een halt toe wilde roepen. Michail, nu je *out of office* bent en de Sovjet-Unie niet langer bestaat, kun je me eens het navolgende uitleggen. Waarom deed je dat, verkondigde je direct en publiekelijk, vanaf het eerste moment dat het leiderschap van de Sovjet-Unie aan je was toevertrouwd, dat je een einde zou maken aan het neerslaan van publieke betogingen met militair ingrijpen? En waarom heb je je inderdaad aan die belofte gehouden?'

Michail antwoordt: 'Ruud, dat kan Raisa je het beste uitleggen.' Hij vraagt haar dat te doen en Raisa neemt het woord.

'Toen zich in het verleden burgerlijke betogingen voltrokken, neem Hongarije en later Tsjechoslowakije, gevolgd door de opkomst van Solidarność in Polen, en het er later op leek dat dat met Erich Honecker in de DDR ook stond te gebeuren, hebben Michail en ik daar veel over gepraat. Ik zei toen tegen Michail: "Ik steun je carrière volledig, ik sta achter je. En ik hoop dat je de jongste leider van de Sovjet-Unie wordt. Maar je moet me na deze pijnlijke gesprekken over de ontwikkelingen in ons land en de ons omringende landen iets toezeggen. Beloof me dat je wanneer je aan de macht bent, je een einde maakt aan deze inhumane traditie van het met geweld neerslaan van betogingen."' Raisa besluit met: 'Dat is wat ik Michail heb gevraagd mij te beloven. En mijn man hield zijn woord.'

Michail heeft in stilte naar Raisa geluisterd en zegt me dan: 'Ruud, daar heb ik niets aan toe te voegen. Dit is absoluut het verhaal van ons huwelijk. Dank je wel, Raisa.'

48

Opvolging

Het is november 1989. Mijn CDA bestaat inmiddels bijna tien jaar. Ik vind het na zeven jaar regeren met de VVD tijd om een coalitie met de PvdA te beproeven. Daarbij speelt een grote, zo niet beslissende rol dat er steeds meer aanwijzingen komen dat Wim Kok erin geslaagd is om Joop den Uyl als politiek leider van de PvdA op te volgen. Ik verneem ook dat het voor Wim niet langer ondenkbaar is met mij tot Lubbers III te komen, en daarin minister van Financiën en vicepremier te worden. Die wetenschap telt ook al eerder mee wanneer ik, zes maanden daarvóór – in mei 1989 om precies te zijn – in de Tweede Kamer aankondig: 'Dan ga ik morgen naar de koningin om mijn ontslag aan te bieden.' Mijn woorden zijn specifiek gericht aan de VVD-fractie, die het eerste Nationaal Milieubeleidsplan, waarvan het reiskostenforfait onderdeel is, zegt te willen verwerpen ondanks de warme steun van nota bene twee VVD-ministers, Neelie Kroes en Ed Nijpels.

En zo geschiedt.

Niet lang daarna, nog tijdens de vorming van Lubbers III, waarin Kok inderdaad minister van Financiën en vicepremier wordt, klinkt het advies van Marga Klompé door mijn hoofd: 'stap tijdig op'.

Voor mijn opvolging denk ik aan drie heren: Hans van den Broek, Onno Ruding en Elco Brinkman. Precies op dat moment krijg ik bezoek van Norbert Schmelzer. Hij zegt mij: 'Ruud, naar ik verneem ben je aan het nadenken over wie jou na Lubbers III als politiek leider van het CDA moet opvolgen.'

Dat beaam ik, en ik vertel hem over het advies van Marga. 'Wij hebben nog vier jaar te gaan,' voeg ik daaraan toe. 'Maar zoals ik er nu tegenaan kijk, zijn er drie mogelijkheden.' Ik deel mijn ideeën met Norbert.

'Zoals je weet ben ik fan en mentor van Hans,' zegt Norbert, 'en los daarvan is hij ook simpelweg de beste optie. Maar hij heeft geen makkelijke jaren achter de rug. Ook vanwege jou.' Hans van den Broek en ik hadden nog weleens een andere kijk op de zaak. 'En Hans is jurist,' gaat Norbert verder. 'Zou hij op weg naar de opvolging van jou als politiek leider van ons CDA er geen goed aan doen nu minister van Justitie te worden? Dat zal hem nog gekwalificeerder maken.'

Op die observatie reageer ik niet en Norbert vertrekt weer.

Een paar dagen later komt Onno Ruding langs, op dat moment minister van Financiën in Lubbers II. Ik spreek met hem over mijn voornemen met Wim Kok als vicepremier en minister van Financiën door te gaan. Hij toont daar ontspannen begrip voor. Dan zeg ik: 'Onno, wellicht weet je dat ik na Lubbers III als MP wil stoppen.' Als minister-president. 'En dat ik nu al nadenk over wie daarna het beste leider van het CDA kan worden. Daarbij denk ik aan jou, aan Hans en aan Elco. Je zult, nu Wim Kok je na zovele succesvolle jaren als minister van Financiën gaat opvolgen, ook over je toekomst aan het nadenken zijn. Is er iets waardoor ik je voor Lubbers III kan behouden?'

En dan antwoordt Onno tot mijn verrassing: 'Dat zou alleen kunnen als je mij vraagt als minister van Buitenlandse Zaken, als Hans te kennen geeft te willen stoppen. Maar ik ga dat natuurlijk niet bevorderen.'

Ik vond het wijs hem niets te zeggen over wat Norbert mij enkele dagen daarvóór gezegd had.

Niet lang daarna meldt zich op het Torentje een briesende Hans: 'Ik hoor verhalen dat je van mij af wilt als minister van Buitenlandse Zaken.'

Zijn toon was toen dusdanig dat ik dacht dat ik beter maar kon zwijgen.

De mare gaat vervolgens dat ik Hans van den Broek naar Justitie had willen loodsen.

In 1989 start ik Lubbers III met Wim Kok als vicepremier en minister van Financiën, Hans van den Broek op Buitenlandse Zaken en Ernst Hirsch Ballin op Justitie. Onno Ruding gaat het bankwezen in. En in 1993 maakt Hans van den Broek de overstap naar Brussel, waar hij zes jaar lang een succesvol Eurocommissaris is, verantwoordelijk voor de externe relaties van de Europese Unie.

Ik geef publiekelijk te kennen dat het me logisch lijkt als Elco Brinkman, op dat moment de fractievoorzitter van het CDA, mij te zijner tijd zal opvolgen als nieuwe premier.

Ik ga dan eerst dus nog door met een nieuw kabinet, Lubbers III. Staat dat haaks op wat Klompé mij ooit influisterde, voordat ik aan het ambt van premier begon? Ik heb haar advies enerzijds ter harte genomen. Ik ben tijdens Lubbers II al gaan denken over mijn opvolging. Wat mij niet in de koude kleren is gaan zitten. Anderzijds ben ik ook moe. Het vormt een dilemma voor me. Mijn referentie dat ik door kan gaan is indertijd ook Helmut Kohl, die aan zijn derde termijn als bondskanselier begint. Net zoals Angela Merkel later zal gaan doen; zij begint mogelijk aan haar vierde termijn. Ik ga door – er is gebrek aan een duidelijk alternatief op dat moment. Je bent onderdeel van de gegeven situatie. Maar bovenal is mijn motivatie: je wilt een kabinet uitzitten, je wilt iets doordragen. Je wilt iets volbrengen. Een land heeft er ook niet veel aan als kabinetten steeds maar vallen. Dat geeft onrust. En dat maakt dat je soms doorgaat tot je sneuvelt.

Vooral daarom is het mijn beslissing: ik zet door met Lubbers III.

Bovendien had ik in feite twee verkiezingen gewonnen en niet *drie*: de eerste keer dat er sprake was van mijn premierschap waren de verkiezingen al achter de rug. Van Agt was immers verkozen, maar hij stopte ermee. Dat verhaal is bekend. In 1986 verliepen mijn eerste echte verkiezingen spectaculair goed – van vijfenveertig naar vierenvijftig zetels. En in 1989 behielden we al die vierenvijftig zetels, een zeer stabiele uitkomst. We brachten het CDA daarmee terug naar het gezamenlijke niveau dat de partijen die later in het CDA zouden opgaan hadden vóór de Nacht van Schmelzer, in 1966. Gevoelsmatig voelde Lubbers III in die zin niet als 'te lang'. Naar mijn eigen oordeel slaagde het kabinet-Lubbers-Kok ook in zijn ambities.

Ik wilde een bijdrage leveren aan het land en dat heb ik gedaan.

Maar binnen het CDA en bij fractievoorzitter Brinkman en Eerste Kamer-fractievoorzitter Ad Kaland groeit tijdens mijn laatste kabinet de kritiek. Op dat moment, dus al vóór de verkiezingen, is Paars – bestaande uit VVD, PvdA en D66, en dus zonder het CDA – zich al aan het vormen. En voor het CDA tekent zich een drama af.

Zelf word ik pijnlijk onderdeel van dat drama omdat ik aan de vooravond van de verkiezingen van 1994, aan het slot van Lubbers III, bekendmaak niet te zullen stemmen op onze lijsttrekker Elco Brinkman, met wie ik heden ten dage een goede verstandhouding heb, maar op minister Ernst Hirsch Ballin. Daar was weliswaar een CDA-campagne aan voorafgegaan die pleitte voor een waterscheiding met de PvdA en het programmatisch voornemen de AOW aan te tasten, maatregelen waar ik niet vóór was. Maar ik was mijnerzijds toch zeer deloyaal tegen Elco Brinkman. Kennelijk was ik over de rooie. Een keuze waarvan ik later denk: fout, fout, fout, Ruud.

49

Omgaan met tegenslag

Mijn opvolging krijgt een eigen dynamiek, mede door nog tíjdens mijn laatste kabinet publiekelijk Elco Brinkman te noemen als mogelijke opvolger. Deze dynamiek resulteert bij de verkiezingen van 1994 in een gigantisch zetelverlies, twintig zetels minder voor het CDA, het uiteindelijke opstappen van Elco uit de politiek en de geboorte van Paars: PvdA, VVD en D66 samen in een kabinet. Voor de eerste keer sinds 1918 regeren de confessionelen niet mee. Mijn opvolging eindigt, kortom, in een drama voor het CDA.

En er volgen meer drama's voor mij.

Ik denk na over de effecten van gebeurtenissen op mijn leven.

Als je ouder wordt, neem je letterlijk in jaren meer afstand tot wat is geschied. Naarmate mijn leeftijd toeneemt, registreer ik heel goed dat mij dingen zijn overkomen waarvan ik eigenlijk niet goed scherp had *waarom* die situaties ontstonden.

Eén kant van de medaille is dat anderen jouw drama's veroorzaken. Daar is eveneens die samenhang met de geschiedenis zoals ik die van mijn vader meekrijg – dat hij er praktisch mee omging dat NSB'ers hem moeilijke jaren bezorgd hadden en zei 'ik ga weer door'. Het is dus belangrijk om de ander te kunnen vergeven voor de drama's die hij veroorzaakt. Iedereen maakt weleens fouten. De ander, en ikzelf ook.

En dat is nu juist de kant van de medaille die telkens weer bij me terugkomt. Het aandeel dat je zelf in de misère kunt hebben.

Ik reken mijzelf aan dat ik fouten heb gemaakt. Dan kom ik tot de conclusie: er zijn dingen in mijn leven waarvan ik denk: dat was toch beter geweest als ik dat niet had gedaan. En daar pieker ik over.

Wanneer ik vele jaren later met Ernst Hirsch Ballin nog eens de tragedie van het CDA uit die tijd doorneem, zegt hij me: 'Je verontschuldigde je dat je publiekelijk zei dat je niet op Elco Brinkman zou stemmen. Maar je moet ook niet onderschatten hoe die periode voor je is geweest. Elco sloeg een andere koers in en dat schuurde.'

Ja, het was een dilemma. De voorstellen uit Brinkmans koker deden naar mijn idee afbreuk aan plannen waar we juist zo hard aan hadden gebouwd. Ik was de controle kwijt en ik wilde haar ergens teruggrijpen, voor de zaak waar ik in geloofde, voor wat ik als het goede beschouwde. Terwijl ik los had moeten laten...

Goed, het CDA was destijds natuurlijk een grijsgedraaide plaat. Ook al hadden we zeker heel veel bereikt met Lubbers III. Dus het lag tevens in de lijn van de verwachting dat de partij op een zetelverlies zou stuiten – de teloorgang bestond dus niet alleen uit de wrijving tussen Elco en mij. Paars werd enthousiast ontvangen, mensen waren toe aan een frisse wind. Maar chiquer was geweest als ik zo had gedacht en gehandeld: Elco is de eerste man, stem op hem en laat het los.

En ik zit dan ook weer zo in elkaar, dat ik vind dat ik voor mijn standpunt moet uitkomen.

Maar achteraf was dat fout.

Ik zag het later ook als mijn plicht om mijn persoonlijke relatie met Elco te herstellen. Gelukkig was dat mogelijk.

Ach, ik was moe. Opgebrand. Het advies van Klompé klonk in mijn oren. Het was tijd om op te stappen.

Ieder krijgt zijn eigen leven te leven. Wat moet je eigenlijk doen?

Bij twijfel focus ik mij dan maar weer op mijn eigen lijn. De rode draad die bij mijn ouders begint, waarin mijn vader mij vertelt: 'Dat is nou juist de bevrijding, dus we gaan vooruit.' Hij ontkent de tragische periode niet, maar leert me dat bevrijding voor een groot deel bestaat uit het vermogen dat je hebt of kunt ontwikkelen om wat je tegenkomt om te zetten in kansen, en die ook te benutten. Hij leert me om snel te handelen, het beestje bij de kop te grijpen. En hij geeft me mee dat een mens een kompas nodig heeft. Een kompas van liefde.

Liefde is: zorgen voor elkaar.

Dingen gebeuren, dingen overkomen je. Maar de liefde is het belangrijkste... het eerste gebod.

En altijd zijn er instituties met een eigen idioom en een eigen taal. Dat is het disciplineren en ordenen van de samenleving en gebeurt bij de Kerk en bij staten. Maar wat is de kern? Dat is de liefde.

Vrij recent sprak ik nog met Sybrand Buma. We hadden het erover: wat is nou de essentie van de christendemocratie? Ik zei: 'Als ik het simpel houd, Sybrand: je hebt beginselen als subsidiariteit en proportionaliteit. Maar de kern is mensen die boodschap aan elkaar hebben.' Je kunt een poging wagen nu je politiek leider van het CDA bent om die kern eens meer uit te zetten, zeg ik hem ook.

Het leven loopt zoals het loopt. Het is niet anders. En toch: gebeurtenissen, rijke ervaringen of niet, hebben effecten. Ook nu nog, wanneer ik hierover schrijf, zijn ze er weer. Het maakt dat je zegt: alles komt iedere keer weer terug. En de werkelijkheid heeft vele zijden.

Het is ook belangrijk niet te lang stil te staan bij teleurstellingen. Laat die nooit vertaald worden in verwijten, in ruzie. Maar zeg: dat was zo, en nu gaan we verder. Nu is het vrede en je moet aan de vrede bijdragen.

Zo hangen al die verhalen samen, dat is voor mij een kernpunt. Dus als je nou vraagt wat mijn levenslijn is, dan is dat mijn levenslijn. De bewondering voor mijn ouders.

Mijn ouders leerden me: het is belangrijk de ander te kunnen vergeven.

Ik denk dat zij ook bedoelden: en jezelf.

50

Johannes Witteveen

In 1994 benut ik mijn laatste dagen in Den Haag om professor Witteveen te bedanken voor wat hij al die jaren voor mij heeft gedaan als voorzitter van de stichting die mijn aandelen Hollandia in beheer had.

Nu, wanneer ik deze herinneringen ophaal, realiseer ik mij hoe bizar het is dat Witteveen en ik destijds dachten dat dit slechts voor de duur van het kabinet-Den Uyl zou zijn. Voor vier jaar. Het werd veel langer. Ik bleef eenentwintig jaar, om precies te zijn zevenduizendzevenhonderdzevenenzeventig dagen, in Den Haag. En al die tijd was de zeggenschap over mijn aandelen Hollandia toevertrouwd aan professor Witteveen. Ook is opvallend dat wij in al die jaren, tussen 1973 en 1994, geen contact hebben. Bij hem was nu eenmaal die taak in goede handen en noch hij, noch mijn broer Rob, noch ikzelf zag redenen om daarover te spreken. Het was juist belangrijk dat er geen contact was, om ogenschijnlijke beïnvloeding te voorkomen.

Tijdens een geanimeerde afscheids- en danklunch blikken professor Witteveen en ik terug op die eenentwintig jaar. Het is een van de laatste keren dat ik van het Catshuis gebruikmaak.

Professor Witteveen uit zich op zijn scherpzinnige manier en vertelt me dat hij erg tevreden is over hoe het verlopen is. 'Ik raakte al snel bevriend met de heren Hofstra en Sanders,' zegt Witteveen. 'Van mij werd natuurlijk verwacht het voortouw te nemen. Ik heb hun toen meteen gezegd: "Rob is een succesvolle zakenman en directeur van Hollandia gebleken. Mij lijkt duidelijk dat wij ons kunnen veroorloven ervan uit te gaan dat dat zo blijft. Onze taak is vooral om in de gaten te houden dat Hollandia zich niet gaat begeven in zakelijke initiatieven die voor Ruud kwetsbaar blijken." Daarop stelde ik voor om aan Rob te vragen de stichting te informeren voordat het bedrijf een nieuw pad in wilde slaan.'

Zo begint het inderdaad en zo heeft het al die jaren gewerkt.

'Professor Witteveen,' zeg ik, indachtig het gezegde *The proof of the pudding is in the eating*, 'hoe vaak in die periode heeft u eigenlijk Rob geadviseerd níet te kiezen voor een nieuw pad voor Hollandia – of, als hij toch een dergelijke stap wilde zetten, een financiering te vinden met eigen middelen zodat hij het groene licht van de stichting niet nodig had?'

Tot mijn grote verbazing antwoordt Witteveen daarop: 'Ruud, dat is slechts tweemaal voorgekomen en van beide gevallen ben je op de hoogte. De eerste keer was naar aanleiding van Robs voornemen om geld te steken in Kooren om de concurrentie met de befaamde Smit sleepvaartschepen aan te gaan en op die manier een groter marktaandeel te verwerven.' Ton Kooren was een ondernemer uit Rotterdam en had ontdekt dat Smit met vier bemanningsleden sleepte – dat wil zeggen, de schepen het laatste stukje de haven in helpen voeren. Smit had het monopolie in Rotterdam, niemand kon daar tegenop. Maar in de Verenigde Staten sleepten ze met drie man, met één man minder dus dan Smit. Kooren is dat toen ook gaan doen. Daarmee gingen ze de concurrentie aan met Smit. 'Ik heb hem toen laten weten dat beter uit eigen middelen te financieren,' zegt Witteveen. 'Immers, voor je het wist zou het tot een geschil met de vakbonden leiden en dus een publieke ruzie opleveren wanneer Kooren met minder personeel dacht uit te kunnen. Zoals je weet is Hollandia buiten dat initiatief gebleven en heeft Rob dit met eigen middelen gefinancierd, wat voor zowel Kooren als je broer succesvol bleek.'

Vroeger zeiden de mensen die bij Kooren werkten: 'We zijn blij met Rob Lubbers en zijn investering.' Bij Smit zeiden ze natuurlijk het tegenovergestelde.

Inmiddels zijn Kooren en Smit gefuseerd.

'Het andere geval,' zegt Witteveen, 'betrof Indonesië. Je broer meldde mij dat hij er goede mogelijkheden zag voor bruggenbouw, met name spoorbruggen. Dat zou dan gebeuren met Indonesische partners. Ik zei hem: "Ik kan het moeilijk hardop zeggen, maar voor je het weet wordt Hollandia betrokken in corruptie of vermoedens daarover. Kun je dat voornemen geen gestalte geven buiten Hollandia om?" En ook hier bleek je broer voor mijn zorgen begrip te hebben en werd dat initiatief buiten Hollandia gehouden.'

In Indonesië heeft Rob toen ook rechtstreeks geïnvesteerd.

Ik bedank de professor voor zijn toelichting en voeg eraan toe: 'Maar ondanks de stichting ben ik er als politicus toch niet volledig in geslaagd buiten vileine journalistiek te blijven.'

Dat gaat dan allereerst over de R3, een investeringsmaatschappij vernoemd naar een schip van mijn moeder, Richard III, en naar de drie broers Richard, Rob en Ruud. Door de voor R3 gekozen rechtsvorm profiteren wij van investeringsaftrek.

Dat vinden kritische journalisten oneigenlijk. Hadden wij echter gekozen voor een rechtsvorm van puur privébeleggingen, dan hadden wij weliswaar geen investeringsaftrek genoten, maar waren wij fiscaal niet slechter af geweest. Het vileine is erin gelegen dat journalisten dit niet melden. Wanneer ik journalisten uitdaag die rekensom te publiceren, weigeren zij dat.

Van veel latere datum is de ophef over Koeweit. Dat is een normale Hollandia-activiteit, maar wordt een fors probleem wanneer de opdrachtgever in Koeweit, in feite de regering daar, Hollandia als leverancier zo rauwelings tekortdoet dat ik mij permitteer er publiek kritische opmerkingen over te maken. Hollandia bouwt een hal op het vliegveld van Koeweit, maar de betaling blijft uit. 'Ik heb hier nog een openstaande rekening,' zeg ik dan tijdens een politiek bezoek aldaar. De Nederlandse pers laat zich kritisch uit over mijn opmerking.

'Maar, professor Witteveen,' zeg ik, 'al met al had ik niet te klagen.'

Professor Witteveen en ik hebben er zevenduizendzevenhonderdzevenenzeventig dagen op zitten met elkaar. Maar tot mijn verwondering ontrolt zich later nog een volgend hoofdstuk Witteveen.

51

7777 dagen in Den Haag

Op 22 augustus 1994 zit mijn tijd in Den Haag erop.

De nieuwe fase begint direct met een feestelijke, opbeurende gebeurtenis: onze dochter Heleen geeft op 9 september 1994 geboorte aan ons eerste kleinkind, Emilie. Er zullen nog acht kleinkinderen volgen: Julie, Willemijn, Sam, Boyke, Julian, Rosa, Wietse en Ole – een generatie van negen in totaal, net zoals ik uit een gezin van negen kom.

Voor het laatst brengt een chauffeur van het ministerie van Algemene Zaken mij als afgezwaaid minister-president thuis op de Lambertweg. Die dag word ik met wat persoonlijke spullen letterlijk 'gedumpt', de chauffeur kiepert de inhoud van de zware loodgieterstas met paperassen en al op de keukentafel. Die loodgieterstas is immers staatseigendom en moet weer mee terug naar Den Haag.

Ik heb na afloop van twaalf jaar premierschap van de ene op de andere dag geen secretaresse meer, maar ik blijf natuurlijk nog wel talloze uitnodigingen ontvangen. Die beantwoord ik dan met een korte notitie 'vriendelijk bedankt' op de uitnodiging zelf en deze stop ik vervolgens direct retour in het faxapparaat. Meteen afhandelen. Ria spant zich er nog voor in dat de afloop van de regeringstermijn van Wim Kok soepeler is geregeld en er voor een overgangsperiode een secretaresse wordt aangesteld om voor hem nog het een en ander af te wikkelen.

Wanneer ik zo met mijn paperassen aan de keukentafel zit, en ook die dagen erop mijn werkkamer er eens op nakijk, blijkt hoe weinig ik eigenlijk in de loop der politieke jaren bewaard heb. Eigenlijk bijna niets. Of correcter gezegd, kennelijk heb ik regelmatig – in ieder geval steeds als er voor mij politiek gesproken een nieuwe fase aanbrak – 'schoonmaak' gehouden. Kennelijk had ik geen behoefte aan een persoonlijk archief. Tegelijk dringt het tot mij door hoe ongelooflijk veel ik in die jaren heb beleefd. Ik moet goed nadenken over wat nu te doen. Zal ik aan iemand mijn herinneringen toevertrouwen, nu deze nog vers zijn?

Om de persoonlijke herinneringen die ik heb opgedaan in mijn tijd als minister-president en die nog vers in het geheugen liggen een plek te geven, denk ik algauw aan Theo Brinkel. Brinkel is in 1994 werkzaam op het Wetenschappelijk Instituut van het CDA. Eerder had hij mij terloops gemeld dat hij een zoon van de schrijver Michel van der Plas is. Dat was dus kennelijk een 'nom de plume' voor meneer Brinkel. Het brengt mij ertoe Theo te bellen en hem te vragen of hij tijd vrij kan maken om mijn herinneringen heet van de naald neer te schrijven. Zou hij daarvoor een aantal keren naar Rotterdam kunnen komen? Theo reageert direct positief.

Al bij het tweede gesprek zegt hij mij: 'Ruud, ik heb wat zitten rekenen. En daarbij is mij gebleken dat je precies zevenduizendzevenhonderdzevenenzeventig dagen in Den Haag politiek werkzaam bent geweest.' Dat getal had ik dus van hem. 'Zou *7777 dagen in Den Haag* geen leuke titel voor ons project zijn?' Daarop reageer ik natuurlijk meteen bevestigend.

Dat is inmiddels dus al lang geleden.

Het eerste concept van dat document is overigens al na een paar maanden klaar. Echter, Theo en ik vinden het wijs eerst het oordeel over een mogelijke publicatie in te winnen van enkele hoofdrolspelers, namelijk het staatshoofd van dat moment, koningin Beatrix, en de CDA'ers Job de Ruiter en Hans van den Broek vanwege de hoofdrollen die zij speelden bij het Intermediate Range Nuclear Forces-verdrag, respectievelijk de kernwapenproblematiek. Het Intermediate Range Nuclear Forces-verdrag is een in 1987 tussen de Verenigde Staten en de Sovjet-Unie getekende overeenkomst die – een jaar na Reykjavik – een einde inluidde van de wapenwedloop.

Wanneer ik terugblik op hun adviezen en er met Theo over spreek, vertelt hij een ruimer dossier te hebben, waarbij hij ook opvattingen van Ernst Hirsch Ballin meldt. Hoe dan ook, in mijn herinnering geven in ieder geval de eerste drie hierboven genoemden een vrijwel gelijkluidend advies: nuttig dat deze aantekeningen gemaakt zijn, maar laat het 'net als vlees eerst besterven en ga in ieder geval op korte termijn niet voor publicatie'. Met name ons staatshoofd wijst daarbij op het feit dat Kohl op dat moment nog regeringsleider is.

Die oproep tot prudentie wint aan zwaarte wanneer ik het verzoek krijg om minister van staat te worden.

Deel IV: post-ministeriële tijden

1994-2018

52

Een fotoalbum van Hollandia

Een paar dagen na de lunch met Witteveen op het Catshuis voer ik een belangrijk gesprek met mijn broer Rob.

Hoe tref ik, vlak na mijn vertrek uit Den Haag, Hollandia aan nadat ik weer de zeggenschap over mijn vijftig procent aandelen heb gekregen? Hoe gaat het met mijn broer, die al die jaren de zaak draaiende heeft gehouden? Wanneer ik daarover nadenk, nu ik bijna tachtig ben, ligt daar nóg eens ruim het aantal jaren tussen dat ik in totaal in Den Haag actief was.

Mijn nieuwsgierigheid laat ik de boventoon voeren. Zowel voor Rob als voor mij en alle Hollandianen en bijvoorbeeld de vakbonden, opdrachtgevers en zakelijke partners was de vraag: wat heeft die oud-minister-president hier eigenlijk te zoeken? Daarom zeg ik tegen mijn broer dat ik graag foto's zou willen maken van alles wat Hollandia doet. Dat bedoel ik overdrachtelijk. 'Het bedrijf is in de loop van de tijd ontzettend gegroeid en ik heb eerlijk gezegd geen flauw idee wat er allemaal achter schuilgaat. Die beelden vormen dan tezamen een fotoalbum in mijn hoofd met daaraan vragen gekoppeld die ik jou zou willen stellen, om al je activiteiten inzichtelijk te krijgen. Daar ben ik al snel een paar weken mee bezig en eenieder die het aangaat mag en moet dat weten. Niets meer, niets minder. Daarna gaan wij samen in gesprek.'

Rob vindt het een prima idee. 'Laat mij weten wanneer je aan zo'n tweegesprek om je nieuwsgierigheid te bevredigen toe bent, Ruud,' zegt hij.

Wat ik aantref, verrast mij. Een emotie die ik snel vertaal in een ernstig gesprek met Rob.

En daar zitten we dan. Ik breng mijn broer allereerst mijn gelukwensen over. 'Wat heb je ontzettend veel bereikt en ondernomen. Ik heb de laatste weken vooral met Roel Boon gesproken. Die is net als ik sinds 1963, toen papa overleed, veel ouder geworden. Terwijl we met elkaar spraken was het net alsof we gisteren samen in de auto op weg naar Amsterdam zaten, naar Bikkerseiland.'

Roel Boon is al vanaf het moment dat Rob en ik ons ontfermen over het bedrijf van onze vader, vaste man aan boord. Hij begint als medewerker bij Hollandia en groeit uit tot dé boekhouder van het bedrijf, en vertrouweling van Rob en mij. De rest van zijn leven blijft hij financieel man van ons beiden. In de auto vanuit Krimpen aan den IJssel naar Amsterdam, waar wij met Hollandia het bedrijf Jonker en Zoonen hadden overgenomen, geef ik hem nog college over economie en politiek, over van alles. Ik als net afgestudeerd econoom, de jongere Roel als leergierige reisgenoot.

Die fabriek op het Bikkerseiland is op een gegeven moment leeg komen te staan. Vandaag de dag kun je nog steeds de oude letters 'Jonker en Zoonen' op de gevel van het pand ontwaren. Een kast uit het kantoor van Jonker is later naar Ria en mij gegaan, ze staat nog altijd bij ons in de woonkamer. Mij is verteld dat daar nog heel lang stapels waardeloos geworden Russische staatsobligaties in hebben gelegen van de oude heer Jonker.

Jonker en Zoonen brengt me nog op het volgende. Bij Hollandia in Krimpen had ik de gewoonte om regelmatig door de fabriek te lopen. Ik sprak dan met de productiemedewerkers en inspecteerde of de productie volgens plan verliep. Als vanzelfsprekend liep ik bij Jonker ook door de fabriek. Achteraf echter werd ik apart genomen door de heer Bastiaans. Hij was een vriendelijke man, het hoofd van de ondernemingsraad en bekend communist. Hij zei me: 'Meneer Lubbers, misschien is het in Krimpen gebruikelijk dat de eigenaar door de fabriek loopt. Maar hier wordt dat absoluut niet op prijs gesteld. De meeste arbeiders zijn hier communist. Wij beschouwen deze fabriek als van ons en we zijn trots op onze productie.'

Zo leerde ik dat er in een vergelijkbaar bedrijf toch andere gewoonten en cultuur kunnen zijn. Voortaan hield ik daar rekening mee en ging wat omzichtiger te werk.

Na mijn intro over Roel Boon, vertel ik Rob dat ik enkele dagen daarvoor nog op het Catshuis ben geweest voor een afscheidslunch met professor Witteveen, om hem te bedanken voor al die jaren dat hij voorzitter was van de stichting die het stemrecht uitoefende over mijn aandeel in Hollandia. 'Je weet, Rob, Witteveen was eerder de hoogleraar bij wie ik afstudeerde en ook daarom werd het een zeer geanimeerd gesprek. Aan het eind vroeg hij mij jou nadrukkelijk te bedanken omdat hij dankzij jouw open houding zijn werk als voorzitter zo goed kon doen.'

Daarna ga ik in op mijn bevindingen van de afgelopen weken. 'Het eerste wat me is opgevallen, is hoe ontzettend goed je al die jaren voor Hollandia hebt gezorgd. Als onze ouders nu van boven, waar zij weer van elkaar genieten, meeluisteren, dan zullen zij dat ongetwijfeld met grote trots doen. Die trots, Rob, betreft dan vooral jou, toen jij onze vader bij zijn overlijden opvolgde.'

Ik bedank Rob voor wat hij van Hollandia heeft gemaakt, dat hij bij zowel Kooren als 'Indonesië' een weg heeft gevonden en daarin het advies van professor Witteveen, 'Laat Ruud vanwege de politieke en journalistieke risico's daarbuiten en doe dat dus niet als Hollandia', heeft gevolgd. 'Niet alleen Witteveen, maar ook ik heb dat zeer gewaardeerd.'

'En zo,' vervolg ik, 'heb ik bij al wat ik de afgelopen weken opstak eigenlijk geen vragen. Behalve één. Die kwam wonderlijk genoeg pas aan het eind bij mij op. Want met alle bewondering die ik zojuist uitsprak voor wat je tot stand bracht, ben ik ook bezorgd. Dat betreft dan de enorme breedte van waaraan je leiding geeft.' Ik zeg hem dat ik er drie weken geleden, toen ik met hem samenzat, nog helemaal geen rekening mee hield dat ik het vandaag wijs zou vinden het navolgende aan hem voor te leggen.

'Laten wij zakelijk uit elkaar gaan, Rob. Dat is natuurlijk makkelijker gezegd dan gedaan, maar tegelijk goed doenbaar.'

En ik kom met een voorstel. Ik richt een eigen onderneming op, Breesaap genaamd, die beschikbaar is voor overname van alle bedrijfsonderdelen die Rob niet per se zelf wil voortzetten. Over het verschil in boekwaarde spreken we zes procent rentevergoeding af.

'Ik zeg er eerlijk bij dat ik zo hoop te bereiken dat je er zelf belang bij krijgt, Rob, de enorme breedte die ik zojuist zorgwekkend noemde te verminderen,' voeg ik daaraan toe.

Op het moment dat ik die afspraken van twintig jaar geleden in deze memoires neerschrijf, acht ik het goed erop te wijzen dat zes procent nu onbegrijpelijk hoog lijkt, maar dat het toen het historisch bereikte rendement was.

In een vergelijkbare situatie kwam Breesaap later met mijn broer Leo tot de afspraak dat hij te allen tijde een koopoptie had op het minderheidsbelang van Breesaap in zijn bedrijf Van der Spek. Recentelijk is die optie uitgeoefend, waarbij is gebleken dat Van der Spek, respectievelijk Leo en zijn zoon Erik, aanzienlijk beter hebben geboord dan die zes procent.

53

Elisabeth Mann Borghese

Elisabeth Mann Borghese, jongste dochter van literator Thomas Mann, bekend van de Bildungsromans *De Toverberg* en *Buddenbrooks* en de novelle *De dood in Venetië*, is een internationaal erkend expert en hoogleraar op het gebied van maritieme wateren en klimaat. Ik leer haar kennen als collega in de Independent World Commission on the Oceans waar Mário Soares, oud-minister-president van Portugal, op dat moment voorzitter van is.

Het verzoek om deel uit te maken van die commissie bereikt mij van de Nederlandse regering, snel nadat ik het MP-stokje heb overgedragen. Vermoedelijk zit Soares daar zelf achter.

Elisabeth is geboren in 1918, en dus een stuk ouder dan ik, maar we hebben direct een persoonlijke klik. Dat komt in het bijzonder doordat ik haar kan vertellen dat ik in Nederland zowel persoonlijk als zakelijk betrokken ben bij Hotel Theater Figi in Zeist. Die band ontstond toen mijn oudste broer Richard trouwde met Corrie, de jongste dochter van de familie Ruijs, die het hotel al generaties bestiert. In de jaren dertig van de vorige eeuw – de Hitler-jaren dus – traden een oudere zus en broer van Elisabeth, Erika en Klaus Mann, met hun antifascistische cabaret *Die Pfeffermühle*, De Pepermolen, op in het theater Figi in Zeist. Ik vertel haar dat dat gerenommeerde familiehotel met theaterruimte daar zo trots op was dat bij opeenvolgende verbouwingen affiches daarvan steeds bewaard bleven. Elisabeth blijkt ontroerd door mijn relaas en neemt daarna bij iedere ontmoeting ruim de tijd om te spreken over haar jonge jaren, broers en zussen en haar ouders: de jaren in Europa, hoe het haar vader Thomas Mann en de zijnen in de Verenigde Staten verging, en hoe het voor hem een godsgeschenk moet zijn geweest dat nu juist de eveneens antifascistische Giuseppe Antonio Borghese zijn jongste dochter ten huwelijk vroeg.

Elisabeth maakt mij duidelijk hoe zij zelf gefascineerd raakte door 'the oceans', die zij zelf 'the Ocean' ging noemen.

Wanneer ik haar leer kennen, trek ik al vele decennia op met Gro Harlem Brundtland, de vrouw van *Our Common Future* en vervolgens van het Earth Charter Initiative. Ik realiseer mij, wanneer ik zo omga met Elisabeth, dat zij haar werkzame leven van jongs af aan heel praktisch aan ethiek heeft gewijd. Zo ervaar ik haar toewijding tot de oceanen als 'baken in zee' op weg naar een mensheid die zich bekommert om wat ons als mensheid is toevertrouwd.

In diezelfde jaren wordt Fukuyama met zijn *The End of History and the Last Man* stukgelezen, ook door mij. Als ik samenzit met Elisabeth, realiseer ik mij welk kwaad door Fukuyama over het hoofd wordt gezien in zijn overdenking, dat de markteconomie de definitieve overwinning op socialisme en communisme is, namelijk: het gebrek aan duurzaamheid.

Nu ik deze memoires vijfentwintig jaar later schrijf is het inmiddels tot de UN Sustainable Development Goals, de duurzaamheidsdoelen van de VN, en tot het Klimaatakkoord van Parijs gekomen.

Zo blijkt ook Elisabeth Mann Borghese een groot geschenk en inspiratiebron te zijn in mijn streven naar een meer duurzame wereld.

54

Geen opvolger Delors

In 1994 komt er een eind aan de termijn van de Fransman Jacques Delors als voorzitter van het dagelijks bestuur van de Europese Unie. Al in 1991 polst hij mij als opvolger. Ik ben dan nog minister-president en acht het vanuit mijn functie niet betamelijk om publiekelijk interesse te tonen. Wanneer ik echter eenmaal mijn beschikbaarheid als voorzitter van de Europese Commissie te kennen geef, houdt bondskanselier Helmut Kohl mijn kandidatuur tegen.

Kohl en ik kennen elkaar goed. Onze eerste ontmoeting dateert van eind jaren zeventig in Bonn, waar ik hem opzoek met fractievoorzitter Wim Aantjes, ik als vicevoorzitter. Later – ik ben dan Aantjes als politiek leider van het CDA opgevolgd – vraagt Kohl mij om steun bij het vrijlaten van de Drie van Breda, de drie Duitse oorlogsmisdadigers die een levenslange gevangenisstraf uitzitten in Nederland. Ik laat aan zijn politiek assistent *De aanslag* van Harry Mulisch toesturen met een briefje erbij: 'Misschien goed om te lezen. Voor de bepleite vrijlating is nog veel geduld nodig.'

Ruim twaalf jaar na onze eerste ontmoeting botst het.

Kohl is de bondskanselier van de Duitse hereniging. Na de Koude Oorlog weet hij in 1990 officieel een einde te maken aan de tweedeling van Duitsland – die sinds de Tweede Wereldoorlog immers uit de DDR en de BRD bestaat. Dat is een grote verdienste te noemen. Ik ben volledig voorstander van *Die Einigung*. In de aanloop naar die hereniging zet ik als christendemocratisch collega echter Kohl de voet dwars als ik steun vraag om een streep te zetten door zijn voornemen de Oder-Neisse-grens ter discussie te stellen.

Dat zit zo. Kohl bespreekt met mij zijn idee om de Duits-Poolse grens bij de rivieren de Oder en de Neisse naar het oosten op te schuiven. Ik ben daar erg boos over; morrelen aan de Oder-Neisse-grens acht ik niet fair tegenover het Poolse volk, een van de geallieerde bevrijders van Nederland aan het eind van de Tweede Wereldoorlog. Zodoende komen Kohl en ik op ramkoers te liggen wanneer ik Bush senior – op dat moment Amerikaans president na Reagan – insein om het verplaatsen van die grens te voorkomen. Bush stelt mij gerust en regelt vervolgens dat Kohl zijn voornemen laat varen. Zo blijft het voormalig Duits-Silezië bij Polen horen – aan de grens wordt niet getornd. Duitsland en Polen zullen dat niet veel later in een Verdrag van Goede Buren vastleggen.

Dit voorval wreekt zich echter. Op weg naar mijn vijfenvijftigste verjaardag, in 1994, komt de geschiedenis mij op een 'nee' van Helmut te staan. Dat gebeurt als de Spaanse premier Felipe Gonzáles mij naar voren schuift als opvolger van Delors. Kohl neemt zijn zoete wraak door steun te werven bij de Franse president François Mitterrand om mij te vetoën. Wanneer de Belg Wilfried Martens, op dat moment voorzitter van de Europese christendemocraten, Kohl vraagt waarom hij er zo op tegen is dat ik Delors opvolg als voorzitter van de Europese Commissie, komt de aap uit de mouw. Het antwoord luidt: 'Wilfried, das ist doch ganz einfach. Der Ruud ist nicht deutschfreundlich.'

Das ist doch ganz einfach. Der Ruud ist nicht deutschfreundlich.

Die woorden klinken mij pijnlijk herkenbaar in de oren.

In mijn vaders levensloop en de mijne klinkt onverwacht een wrange parallel.

De ware reden dat Kohl tegen mijn benoeming was, ligt denk ik verder in het feit dat hij een niet te uitgesproken voorzitter van de Europese Commissie voorstond.

Twintig jaar later ontvang ik bij gelegenheid van mijn vijfenzeventigste verjaardag van bondskanselier Angela Merkel een gelukwens:

Hooggeachte heer Lubbers,
Beste Ruud, (m.p.)

Ter gelegenheid van uw 75ste verjaardag wens ik u van harte geluk.

Als minister-president van het Koninkrijk der Nederlanden heeft u de Nederlandse politiek gedurende lange tijd actief mede vormgegeven en heeft u op internationaal niveau respect en erkenning verworven. Uw veelzijdige en onvermoeibare inzet voor mondiale kwesties, vooral op het gebied van duurzaamheid en ontwapening is indrukwekkend. Gedurende uw ambtsperiode als minister-president heeft u zich bovendien verdienstelijk gemaakt voor de Duits-Nederlandse betrekkingen. Hiervoor dank ik u hartelijk.

Voor de toekomst wens ik u verder het allerbeste, vooral gezondheid en persoonlijk welzijn.

Met vriendelijke groeten,
w.g.
Angela Merkel

Die brief doet mij goed.

55

François Mitterrand

Ondanks de beschreven ellende met mijn CDA word ik een paar maanden na mijn premierschap, op 31 januari 1995, minister van staat. Inmiddels heb ik stevige dreunen achter de rug, met het CDA en kort daarvoor met de kwestie Kohl.

Ik word in dat jaar ook gepolst voor de vacature van secretaris-generaal van de NAVO. Ik stap er nog voor in het vliegtuig naar de Verenigde Staten, voer een kennismakingsgesprek op het hoofdkwartier in Washington. Maar die functie gaat uiteindelijk aan mijn neus voorbij. En dat snap ik. Voor de functie van secretaris-generaal heb ik geen verleden als diplomaat of minister van Buitenlandse Zaken. Ik rouw er niet om dat het geen doorgang vindt.

Na mijn premierschap wordt de controverse tussen Kohl en mij nog eenmaal opgerakeld. Ik besluit er in die tijd met niemand over te praten, dat lijkt mij beter. Het voert terug op mijn ontmoeting met de president van Frankrijk, François Mitterrand, vlak voordat hij komt te overlijden.

Mijn eerste kennismaking met François vindt plaats in 1982 tijdens mijn eerste Europese Raad als minister-president. Ik kom die avond in Kopenhagen naast de Franse president te zitten en algauw krijgen we een interessant gesprek over de geschiedenis van Europa.

Zoals ik eerder vertelde, ben ik erg gevormd door mijn moeder, een Maria-katholiek. In de loop van mijn leven combineer ik deze vorming met de wijsheid van Pierre Teilhard de Chardin. Teilhard de Chardin komt tegemoet aan de intuïtie die ik altijd heb gehad dat de geschiedenis rijker is dan je zou denken. Er zijn echter altijd instituties geweest die de vrijheid nemen om de geschiedenis te zuiveren van andersdenkenden, die ze dan nota bene ketters noemen. De Katholieke Kerk heeft bijvoorbeeld op een gegeven moment uitgevaardigd wat de waarheid zou zijn en wat niet, keizer Constantijn drukte veel tegengeluid op gruwelijke wijze de kop in. Daardoor zijn allerlei boeiende verhalen verloren gegaan. Neem die van de gnostici – mensen wier wereldbeeld vooral op mystieke kennis berust, meer dan op God. Hoe zat het nou met Christus? Wat deed hij wel en wat deed hij niet, en welke keuzes maakte de Katholieke Kerk? Daarin ben ik mij dan ten tijde van mijn eerste Europese Raad aan het verdiepen. Of misschien doe ik dat wel mijn leven lang.

En zo ook lees ik over de bogomiel-beweging. De bogomielen, een stroming uit de tiende eeuw uit Bulgarije geïnspireerd door gnostici, werden wegens wantoestanden in de Katholieke Kerk gesterkt in hun opvatting dat de wereld slecht is en niet geschapen kan zijn door God. Zij verwierpen het Oude Testament, tot afschuw van de katholieke autoriteiten.

Ik breng het onderwerp bij Mitterrand ter sprake en vertel hem dat ik mij aan het verdiepen ben in de bogomielen.

'Hoe interessant,' zegt de Franse president, en hij kijkt mij verheugd aan. 'Dat doe ik op het moment ook.'

'Opvallend,' zeg ik, 'want de bogomiel-beweging is ontsproten in Oost-Europa, daar weet u dus ook van en dat is voor mij een bouwsteen van de Europese geschiedenis.'

'Precies,' zegt mijn tafelgenoot. 'In de geschiedenis heb je interessante bewegingen. En meneer Lubbers,' leert Mitterrand me dan over de etymologie ervan, 'u weet toch dat het woord bogomiel afgeleid is van het Franse woord *bougre*, waarmee men in die tijd homofielen en schurken bewust in één adem aanduidde. Het woord bogomiel is door de Katholieke Kerk uitgevonden omdat het bogomielen met schurken wilde associëren. Maar in werkelijkheid waren zij hele heldhaftige mensen die hun geloofsovertuiging vooropstelden.'

Dat ben ik helemaal met Mitterrand eens, voor mij staan bogomielen voor iets positiefs.

'De Katholieke Kerk wilde bogomielen wegsnijden uit de geschiedenis en bepaalde dat zij daarom gewoon vermoord mochten worden,' vervolgt Mitterrand. 'De mensen die zich verzetten, noemde de Kerk dan weer katharen.' Een benaming die hen in verband bracht met de negatieve connotatie van 'kathaar, ketter'.

En zo praten François Mitterrand en ik verder en heb ik vanaf het eerste begin een lijntje met hem over de geschiedenis van Europa. Wij maken ons beiden druk over het gegeven dat in de geschiedenis zoveel waardevols kapot is gemaakt door officiële autoriteiten.

In mijn persoonlijke herinneringen heeft dit gesprek een zeer belangrijke plek.

Dan, meer dan tien jaar later, in 1995, vindt er een merkwaardige geschiedenis plaats.

Ik krijg een telefoontje uit Parijs namens Mitterrand, op dat moment nog steeds president van Frankrijk – al sinds 1981. Mijn secretaresse laat weten dat ik uitgenodigd ben voor een afscheidslunch op het Elysée. Zijn medewerker brengt de boodschap over dat de president het op prijs zou stellen wanneer ik aanwezig zal zijn op de laatste dag van zijn ambtstermijn. Mitterrand heeft dan al prostaatkanker en ik denk dat hij een afscheidslunch met een klein clubje mensen wil geven omdat het snel afgelopen zou kunnen zijn, naar mijn inschatting. Ik heb dan echter de problemen met Helmut Kohl achter de rug; het voorzitterschap van de Europese Commissie is aan mij voorbijgegaan. Mitterrand was daar ook bij betrokken, want Kohl had hem ervan overtuigd dat het belangrijk zou zijn dat ik het niet werd. Er bestaat die beroemde foto uit Verdun waarop Mitterrand en Kohl hand in hand staan, zij hadden natuurlijk een geschiedenis van bondgenootschap hoog te houden.

Voor mij persoonlijk ligt die toestand echter nog in het geheugen. Ik laat mijn secretaresse weten dat ik die lunch niet zie zitten. 'Zeg het maar af, ik heb er geen belangstelling voor. Want ik ben nu weg en dan ben ik ook weg.'

Maar wanneer mijn secretaresse contact opneemt met Parijs, blijkt de lunch een uitnodiging om met hem persoonlijk te eten – en zoals gebruikelijk, hoewel ik goed Frans spreek, ook met zijn tolk erbij, Brigitte Sauzay Stoffaës. Met haar had ik een bijzondere band ontwikkeld tijdens eerdere bezoeken.

Het is een persoonlijke uitnodiging. Dat maakt het een ander verhaal. En zo reis ik, op de laatste dag dat François Mitterrand op het Elysée zitting heeft, af naar Parijs.

Wanneer we aan tafel zitten, zegt Mitterrand: 'Ik heb de beste herinneringen aan mijn interessante gesprek met u in Kopenhagen, over de bogomielen, en sindsdien ben ik u altijd blijven volgen. Enfin, je hebt prioriteiten in het leven, en op een gegeven moment moesten we een knoop doorhakken over wie de opvolger van Delors werd.'

Hij gaat ook nog even in op de Duitse hereniging, en maakt dan langs de lijn van het Duits-Franse bondgenootschap het stapje naar zijn motivatie om uiteindelijk niet op mij te stemmen. 'We hebben toen een keuze moeten maken en prioriteiten moeten stellen. Maar nu ik volg zoals het gaat in mijn laatste dagen, vind ik het leuk om met u te eten. Want ik wil u gewoon zeggen dat ik uw kandidatuur eigenlijk heb onderschat. U bent erg geliefd bij de andere landen, bij zowel Engeland als juist de zuidelijke landen. U heeft veel gedaan aan de toetreding van Spanje en Portugal. Nu ik zo aan het eind van mijn leven terugkijk op mijn leven, is het mij ineens opgevallen welke kwaliteiten u eigenlijk heeft en dat wil ik u toch wel laten weten. En daarom heb ik u uitgenodigd.'

Op dat moment was de Luxemburger Jacques Santer de aftredende Jacques Delors al opgevolgd, na nog een impasse met de Belg Jean Luc Dehaene die Kohl als alternatief uit zijn eigen Europese christenpartij naar voren had geschoven, maar die gevetood werd door andere landen.

Mitterrand is tijdens de bewuste lunch al ernstig ziek. Dat weet ik van Brigitte. Hij wil het goedmaken met mij, zo schat ik in. Daarom deelt hij dit verhaal met me. Ik heb dat allemaal niet voorzien. Maar het is heel bijzonder voor me. Het voelt als zuivering en geeft me kracht. 'De wereld is niet verloren' – zo ervaar ik dat en ik neem me voor om me weer op te richten en andere dingen te gaan doen.

Ik vond het heel aardig dat Mitterrand de moeite nam om mij uit te nodigen en dit te vertellen. Maar ik moest hier geen verhaal van gaan maken, zo dacht ik in die tijd. Daar koopt niemand wat voor, ik ook niet. Anders leg je de nadruk op wat niet goed is gegaan. Alsof je je gelijk wilt halen bovendien.

Kennelijk had Mitterrand dit niet publiekelijk willen zeggen en dat kon hij ook moeilijk. Inmiddels was Bush senior, die slechts voor één periode president van de Verenigde Staten van Amerika was, opgevolgd door de Democraat Bill Clinton, met zijn succesvolle campagneleus 'It's the economy, stupid'. Clinton noemde Kohl *mister Europe*.

Tijdens die Amerikaanse verkiezingen was ik nog minister-president, maar ik voelde mij er niet bij betrokken. Natuurlijk heb ik herinneringen aan president Clinton, maar onze ambtstermijnen overlapten elkaar slechts voor anderhalf jaar en ik had geen enkele reden voor nauw persoonlijk contact. Ik was politiek opgegroeid met Republikeinse presidenten, Reagan en Bush, en daarvóór als jong minister voor Energie met de evenzeer Republikeinse Henry Kissinger. Wanneer Bill Clinton president wordt, valt dat vrijwel samen met het moment dat Boris Jeltsin in Rusland aan de macht komt en Gorbatsjov en de Sovjet-Unie van het toneel verdwijnen. Het altijd lachende duo Jeltsin-Clinton was voor mij vervreemdend.

Kohl stond representatief voor al die landen die nu bevrijd waren van het communisme. Dat was ook het publieke idee over hem. Maar dat is daarna vrij snel gaan veranderen. Mitterrand liet mij weten dat hij vriendschap met Kohl als prioriteit achtte en uit wilde stralen dat hij met hem hand in hand ging voor een nieuw Europa. 'Maar goed, ik ken de geschiedenis en ik vond het toch goed om u uit te nodigen.' Dat was het idee.

Ik begreep het en bewaarde het voor mijzelf. Het is niet anders, dacht ik.

Mitterrands ontboezeming verbaasde me en maakte me blij verrast. Wat leuk dat hij dat doet. Op die manier. Schoot er door mijn hoofd: had hij me dit niet eerder kunnen zeggen? Nee. Daarom vertel ik dit ook.

Dat is raar in mijn leven, die omgang met tegenvallers. En dit is er een van. Accepteer ik hoe die dingen gaan? Ja. Je moet wel. Want zo gaan de dingen.

56

Mijn eerste liefde: de aarde

Het heeft geen zin om lang te treuren. Na de toestand met Kohl en de mislukte opvolging van Delors en daarna het gesprek met Mitterrand besluit ik mij op iets positiefs te richten. Waar word ik blij van? Van studie. En van onderwerpen die het welzijn van de aarde betreffen.

Mijn basisstelling is: 'Als er in zoveel talen en landen tegelijk behoefte is aan het nieuwe woord "globalisering", dan is er kennelijk iets nieuws aan de hand.' Binnen een jaar word ik hoogleraar globalisering aan Tilburg University. Ook reis ik tot het begin van het nieuwe millennium iedere lente af naar de John F. Kennedy School of Government van Harvard University in Cambridge, nabij Boston, om te doceren over economie en klimaat, of over globalisering.

Ik hoor het me nog vertellen aan mijn studenten: er gaat een terugslag komen, mensen gaan zich vasthouden aan hun eigen cultuur, ze gaan elkaar over en weer verwijten maken, hoe zit dat nou met universele waarden versus eigen, nationale waarden? Er zullen allerlei problemen ontstaan van culturen die botsen.

Daar in *America* krijgt het hoofdstuk Handvest van de Aarde een nieuwe impuls.

Enkele jaren voor het einde van mijn premierschap, tijdens de UN Conference on Environment and Development (UNCED) in 1992 in Rio de Janeiro, ben ik al de man van dat Handvest geworden, het internationale document voor ecologische integriteit, mensenrechten, gelijkwaardigheid en vrede. De Noorse Gro Harlem Brundtland was vanaf moment één ook vóór dat Handvest.

Vervolgens benut ik mijn gastdocentschap in 1995 aan de Kennedy School of Government om Steven Rockefeller, ja van de befaamde bankiersfamilie maar zelf hoogleraar ethiek, enkele malen te bezoeken om met hem samen te werken aan het Handvest van de Aarde. Hij woont en werkt dan niet ver van Boston. Ik raak nauw met Steven verbonden.

Dan, na de start van het nieuwe millennium, is het zover. En vooral dankzij die ethicus Rockefeller. Tijdens een wereldwijd consultatieproces, voorgezeten door Strong en Gorbatsjov, komt de tekst van het Handvest van de Aarde, ofwel het Earth Charter, tot stand. Ook de vroegere geëxcommuniceerde Latijns-Amerikaanse bevrijdingstheoloog Leonardo Boff speelt daarin een bijzondere rol.

Ikzelf maak dan nog enige naam met de laatste zeven (in het Engels zes) woorden van dat Handvest: '*Let ours be a time remembered for the awakening of a new reverence for life, the firm resolve to achieve sustainability, the quickening of the struggle for justice and peace, and the joyful celebration of life.*' 'Laat onze tijd de geschiedenis ingaan als een tijdperk van de omslag naar nieuwe eerbied voor het leven, de vastbeslotenheid om duurzame ontwikkeling te realiseren, een intensivering van de strijd voor rechtvaardigheid en vrede, en de vreugdevolle viering van het leven.' Bovendien overtuig ik Steven om in het Handvest van de Aarde op te nemen: 'Het partnerschap van regering, burgers en bedrijfsleven is van essentieel belang voor doeltreffend bestuur.'

In het jaar daarop, in 2001, blijkt dat de VN-organisatie UNESCO de verantwoordelijkheid voor het slotdocument op zich neemt. Die tekst is definitief gebleken en niet meer veranderd. De organisatie heeft later een UNESCO-leerstoel voor het Earth Charter bevorderd. Deze krijgt plaats in de University for Peace in Costa Rica, die ook gastvrijheid biedt aan de organisatie Earth Charter International. Maar dan praten wij over vele jaren later.

De heugelijke ontwikkeling die ik al kort aanstipte is dat, decennia later, in juni 2015, paus Franciscus in zijn encycliek – een gewichtig pauselijk document – *Laudato Si'*, de zorg voor de aarde tot centraal thema uitroept. Als Jorge Mario Bergoglio koos hij voor zijn pausschap nota bene de naam Franciscus, als eerbetoon aan Franciscus van Assisi, de apostel van de armen. Franciscus van Assisi was de man van de dialoog met andere religies en van de verbondenheid met de natuur. De paus roept de hulp in van Leonardo Boff om *Laudato Si'* op het Handvest van de Aarde te funderen. Daarmee is hij de eerste paus die aan deze problematiek een encycliek wijdt. Een mirakel. En zo nodigt Ban Ki-moon paus Franciscus uit om de Algemene Vergadering van de VN toe te spreken over dit onderwerp.

Na mijn minister-presidentschap kan ik mijn eerste liefde, die mij in den beginne deed besluiten om de politiek in te gaan, weer alle accent geven: de aarde.

En in die laatste tien jaar van het vorige millennium kondigen zich nog meer wendingen in mijn leven aan.

46. 1987. Met de Indiase premier Rajiv Gandhi. De generatiegenoten Rajiv Gandhi en zijn vrouw Sonja waren goed bevriend met Ruud en Ria Lubbers.

47. In 1991 bracht de Tsjechische president Václac Havel een officieel bezoek aan ons land. Havel zat jaren gevangen voor zijn activiteiten voor Charta 77. In het Catshuis ontmoette hij na lange tijd de Tsjechische vluchtelinge Monika Abbott, waarmee hij in zijn jeugd bevriend was.

48. In 1993 bracht de voormalig Sovjetleider een bezoek aan Nederland. Ruud Lubbers ontvangt Gorbatsjov op het Catshuis. Zij hadden een gezamenlijke geschiedenis aan het einde van de Koude Oorlog. Ze raakten bevriend en werkten samen bij verschillende initiatieven.

49. 1989. Een Franse veiligheidsman kijkt ernstig de zaal in als premier Lubbers geamuseerd luistert naar een bon mot van president François Mitterrand van Frankrijk.

50. De Amerikaanse president George Bush luistert naar premier Ruud Lubbers in de tuin van het Catshuis bij zijn bezoek aan Nederland in 1989.

51. De Hoge Commissaris voor de Vluchtelingen geeft een persconferentie in Islamabad, Pakistan, over de vluchtelingenstroom die op gang was gekomen sinds de VS represailles had aangekondigd tegen het Afghaanse Talibanregime, in reactie op de aanslagen op het World Trade Center op 11 september 2001.

52. 2001. Actrice Angelina Jolie en Hoge Commissaris Ruud Lubbers arriveren voor een persconferentie in Genève. Angelina Jolie werd goodwill-ambassadeur voor de UNHCR. Meer dan vijftien jaar zou zij vluchtelingenkampen bezoeken en aandacht blijven vragen voor het lot van vluchtelingen.

53. 2001. UNHCR Ruud Lubbers bezoekt het Maslakh-kamp bij Herat in Afghanistan.

54. 2006. Oud-premier Ruud Lubbers begroet secretaris-generaal van de Verenigde Naties, Kofi Annan, in het Internationaal Gerechtshof in Den Haag.

55. Met de negen kleinkinderen: v.l.n.r. Rosa, Julie, Emilie, Willemijn, Julian, Boyke, Ole, Sam en Wietse.

56. Zeventigste verjaardag met de kinderen en kleinkinderen.
Bovenste rij: Bart, Marieke, Julie, Astrid, Paul, Heleen, Jan.
Middelste rij: Sam, Boyke, Ria, Ruud, Willemijn, Emilie, Julian.
Voorste rij: Ole, Wietse, Rosa.

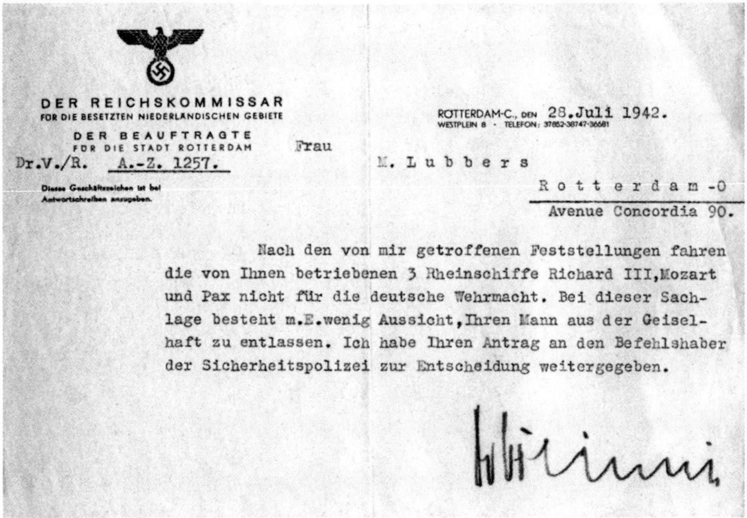

DER REICHSKOMMISSAR
FÜR DIE BESETZTEN NIEDERLÄNDISCHEN GEBIETE
DER BEAUFTRAGTE
FÜR DIE STADT ROTTERDAM

ROTTERDAM-C., DEN 28.Juli 1942.
WESTPLEIN 8 - TELEFON: 37852-38747-36681

Dr.V./R. A.-Z. 1257.

Dieses Geschäftszeichen ist bei Antwortschreiben anzugeben.

Frau
M. Lubbers
Rotterdam-O
Avenue Concordia 90.

Nach den von mir getroffenen Feststellungen fahren die von Ihnen betriebenen 3 Rheinschiffe Richard III, Mozart und Pax nicht für die deutsche Wehrmacht. Bei dieser Sachlage besteht m.E. wenig Aussicht, Ihren Mann aus der Geiselhaft zu entlassen. Ich habe Ihren Antrag an den Befehlshaber der Sicherheitspolizei zur Entscheidung weitergegeben.

57. 1942. De Duitse bezetter gaf moeder Mina Lubbers-Van Laack weinig kans dat haar gegijzelde man werd vrijgelaten, omdat zij weigerde haar drie rijnschepen voor de *Wehrmacht* te laten varen.

06-MAI-2014 15:26 DUITSE AMBASSADE 0031703651957 S.02/03

BUNDESREPUBLIK DEUTSCHLAND
DIE BUNDESKANZLERIN

Berlin, zum 7. Mai 2014

Seiner Exzellenz
dem ehemaligen Ministerpräsidenten
des Königreichs der Niederlande
Herrn Ruud Lubbers

Den Haag

Sehr geehrter Herr Ministerpräsident, lieber Ruud Lubbers

zu Ihrem 75. Geburtstag gratuliere ich Ihnen sehr herzlich.

Als Ministerpräsident des Königsreichs der Niederlande haben Sie die niederländische Politik über einen langen Zeitraum aktiv mitgestaltet und sich auf internationaler Ebene Respekt und Anerkennung erarbeitet. Ihr vielfältiges und unermüdliches Engagement für globale Fragestellungen, insbesondere im Bereich Nachhaltigkeit und Abrüstung ist beeindruckend. In Ihrer Amtszeit als Ministerpräsident haben Sie sich zudem um die deutsch-niederländischen Beziehungen verdient gemacht. Dafür danke ich Ihnen herzlich.

Für die Zukunft wünsche ich Ihnen weiterhin alles Gute, vor allem Gesundheit und persönliches Wohlergehen.

Mit freundlichen Grüßen

Angela Merkel

58. De brief die Ruud Lubbers van Angela Merkel ontving voor zijn vijfenzeventigste verjaardag deed hem goed.

57

Hoe Kofi Annan in mijn leven kwam

Rond de eeuwwisseling verrast de secretaris-generaal van de VN, Kofi Annan, mij met het verzoek om Sadako Ogata op te volgen als UNHCR, Hoge Commissaris voor de Vluchtelingen in Genève. Die invitatie, bovendien afkomstig van een man voor wie ik enorme bewondering heb, geeft mij nieuwe energie.

De UNHCR staat aan het hoofd van de VN-vluchtelingenorganisatie met dezelfde naam, die als doel heeft om vluchtelingen in veiligheid te brengen. Voor deze bescherming en ondersteuning in opvang, terugkeer en vestiging wil ik mij graag inzetten.

Ingaan op de functie betekent ook verhuizen naar Genève, waar het hoofdkwartier van de UNHCR gevestigd is. Op deze manier kan ik, inmiddels zestig jaar, dicht bij mijn vier jaar jongere zusje Erna wonen en werken. Mijn zusje zet zich in om voor Ria en mij een aantrekkelijke plek te vinden in deze Zwitserse stad.

Dat komt er echter niet van.

'Waarom moet ik in een vreemd land gaan wonen?' vraagt Ria. Ze ziet het niet zitten.

En ik denk: na het zware leven dat zij met mij geleefd heeft, mag ik dat buitenland-offer wel van haar vragen?

Ik vertrek alleen en zal het laatste deel van mijn loopbaan aan deze functie wijden.

Tijdens deze jaren zal ik talloze verschillende nationaliteiten leren kennen. Ik zal met *warlords* onderhandelen, wat ontzettend spannend is, maar daadwerkelijk tot meer veiligheid voor vluchtelingen leidt. Ik zal veel in Iran zijn, waar veel vluchtelingen bivakkeren, om daar met de mensen aan wie ik leiding geef tenten te brengen en met oplossingen te komen, dat wat ik zo graag doe. Het zijn positieve ervaringen; jarenlang kom ik wereldwijd met hoogopgeleide, beschaafde mensen in contact en ik kan een concrete bijdrage leveren aan een van de meest urgente problemen van de eenentwintigste eeuw.

Ik zal de 4R-programma's introduceren: *Repatriation, Rehabilitation, Reconstruction, Reintegration.* Ik zorg er met mijn mensen voor dat er ook ruimte ontstaat voor de bescherming van degenen die niet uit hun land vluchten, maar ontheemd zijn om dezelfde redenen als vluchtelingen.

In de vier jaar dat ik UNHCR ben, daalt het aantal vluchtelingen van 22 miljoen naar 17 miljoen.

Daarnaast valt er meer te vertellen over hoe deze ervaring begon, en hoe deze tijd een abrupt einde kreeg.

Kofi Annan leer ik kennen als secretaris-generaal van de VN via het World Wildlife Fund (WWF), waar ik dan, in 2000, voorzitter van ben, met Claude Martin als directeur. Claude informeert mij dat de secretaris-generaal hem benaderd heeft met de vraag of het WWF ook mee wil doen met het Global Compact Initiative van Kofi Annan, dat hij samen met professor John Gerard Ruggie, een vooraanstaand jurist en lid van zijn persoonlijke staf, ontwikkeld heeft. Dit initiatief is gericht op het mobiliseren van krachten in het bedrijfsleven voor mondiale, duurzame ontwikkeling. Claude staat er meteen positief tegenover en dat geldt ook voor mij.

In de eerstvolgende bestuursvergadering van het WWF blijkt dat de collega's minder enthousiast zijn. Het WWF is een trotse organisatie met een eigen missie, namelijk het behoud van Wildlife. Dat Wereld Natuur Fonds ziet zichzelf in de eerste plaats niet als een ngo en met alle steun van koninklijke families evenmin zomaar als onderdeel van de civil society. Claude en zijn naaste medewerkers zijn echter zo positief dat John Ruggie, en daarmee ook Kofi Annan, een positief antwoord ontvangt. Dat geeft mij persoonlijk des te meer voldoening omdat ik in die fase van mijn leven al volop man van het Handvest van de Aarde ben geworden. In die zin past het Global Compact Initiative van Kofi Annan en professor Ruggie ook prima in mijn levensloop.

In hetzelfde jaar dat ik Kofi ontmoet, in 2000, bereiken mij eerder geruchten dat Jan Pronk, gesteund door het Paarse kabinet, in de markt is om na mevrouw Ogata de eerstvolgende Hoge Commissaris voor de Vluchtelingen, UNHCR dus, te worden. Ik heb nog met Jan gestudeerd aan de Nederlandsche Economische Hoogeschool en later zijn we collega's in het kabinet-Den Uyl – hij als minister voor Ontwikkelingssamenwerking en ik als minister van Economische Zaken. Ik ervaar het gerucht als goed nieuws: voor Jan en voor Nederland, dat na diplomaat Gerrit Jan van Heuven Goedhart in 1950 voor de tweede maal de belangrijke positie van UNHCR zal gaan vervullen. En ook vinden mijn Ria en ik het leuk voor Jans vrouw Tineke, met wie Ria in de loop der jaren bevriend is geraakt.

Maar het verhaal loopt anders.

Ineens krijg ik te horen dat Kofi Annan niet Jan Pronk maar mij als nieuwe UNHCR op het oog heeft. Het is voor mij een complete verrassing. Even denk ik: ik kan het tegenover Jan niet maken om daarvoor beschikbaar te zijn. Maar wanneer mij al snel duidelijk wordt dat een 'niet beschikbaar' mijnerzijds allerminst zal leiden tot Jans benoeming voor deze functie, begin ik het onverwachte verzoek van Kofi Annan op zijn positieve merites te beoordelen.

Met alle waardering voor het WWF en mijn deeltijdbaan als hoogleraar globalisering in Tilburg en de eerder vermelde maand aan de Kennedy School of Government, inclusief de samenwerking met Steven Rockefeller om tot het Handvest van de Aarde te komen, zie ik ineens glashelder in dat als Jan toch niet de nieuwe UNHCR kan worden, ik alle reden heb positief op het verzoek van Kofi Annan in te gaan.

Bovendien word ik, als ik deze uitnodiging op me in laat werken, ook een beetje wakker wat het Handvest van de Aarde betreft.

Het dringt tot mij door dat ik aan Steven Rockefeller en aan de directeur van het initiatief Mirian Vilela, alsmede aan Maurice Strong en Michail Gorbatsjov, een helder signaal wil afgeven: het wordt hoog tijd dat acht jaar na Rio 1992 het Earth Charter daadwerkelijk invulling krijgt. Ik heb behoefte aan actie. Ik wil iets bijdragen. En ook voel ik mij in die tijd als hoogleraar Globalisering wat 'sleets' worden.

Ik weet wat me te doen staat. Plotsklaps ga ik enthousiast in op het verzoek van Kofi Annan om mevrouw Ogata als UNHCR op te volgen.

Mijn beschikbaarheid meld ik allereerst vertrouwelijk. Maar vanaf dat moment gaat het snel. Kofi Annan laat van zich horen en al enkele maanden later zorgt hij ervoor dat ik in Genève kennismaak met Sadako Ogata. Het wordt meteen een druk jaar, juist waar ik behoefte aan had. Ik spreek met hem af dat ik al mijn bijbanen zal opgeven, met één uitzondering waarvoor ik zijn toestemming vraag en krijg, die van mijn rol bij het Handvest van de Aarde. Ik geef hem te kennen dat ik wil dat het op korte termijn inderdaad tot zo'n Earth Charter komt, maar ik betrek hem natuurlijk niet bij die afronding. Dat laat ik geheel aan Steven Rockefeller over.

In het begin informeer ik strikt vertrouwelijk en persoonlijk mijn Ria. Zij deelt het alleen met de kinderen.

Uit het feit dat Kofi Annan mij aangeraden heeft Ogata te ontmoeten, over wie hij met bewondering spreekt, leid ik af dat hij van mij geen wijziging van beleid vraagt noch verwacht.

Tijdens de ontmoeting met Ogata straalt zij uit dat de VN goed op koers ligt. Toch gebeurt er in dat gesprek iets merkwaardigs.

Nadat wij uitgebreid over haar organisatie gesproken hebben, veroorloof ik mijzelf haar te vragen: 'Het is nu alweer lang geleden, maar herinnert u zich nog het drama Srebrenica?'

Dat ging om Nederlandse troepen, Dutchbat, die midden jaren negentig op verzoek van de VN in de Bosnische stad Srebrenica waren gestationeerd om de moslimbevolking aldaar te beschermen, maar niet opgewassen zijn tegen de Servische troepen van generaal Mladić. Deze nemen de enclave in en deporteren en vermoorden meer dan zevenduizend moslims uit de zogenaamde beschermde gebieden.

Op het moment van het drama ben ik al geen minister-president meer, maar wanneer wij erheen gaan ben ik dat wel en ik herinner mij heel goed dat wij ter bescherming van onze grondtroepen in Srebrenica in Noord-Italië een aantal F-16 vliegtuigen stationeren. Echter, wanneer het erop aankomt, worden die helemaal niet gebruikt. Deze VN-missie viel toen onder een Japanner, gezant Yasushi Akashi.

'U bent zelf Japans en was toen als Hoge Commissaris al deel van de VN,' vraag ik Ogata. 'Herinnert u zich nog iets van die gebeurtenissen?'

De Hoge Commissaris voor de Vluchtelingen antwoordt, tot mijn verbijstering: 'Jazeker, ik sprak er toentertijd met mijn Japanse VN-collega over. Hij vroeg mij: "Als je in mijn schoenen zou staan als verantwoordelijke voor die missie en de Nederlanders zouden toestemming vragen voor daadwerkelijke inzet van hun F-16's, zou je die dan geven?" En ik antwoordde mijn collega: "Gelukkig sta ik niet in jouw schoenen. Ik ben niet verantwoordelijk. Het is jouw missie, maar als VN-collega ben ik geneigd te zeggen: zorg dat die vliegtuigen aan de grond blijven. Dat zeg ik des te overtuigder omdat ik nu eenmaal leiding geef aan UNHCR, een humanitaire organisatie."'

Om wat mijn opvolger Wim Kok daar in Srebrenica is overkomen – hij was als minister van Financiën en vicepremier in mijn derde kabinet betrokken bij het besluit Dutchbat uit te zenden naar Srebrenica, wat hem jaren later deed besluiten niet tot het einde van zijn tweede kabinet als minister-president aan te blijven maar zijn ontslag aan te bieden – is het goed te melden dat ik dat najaar van 2000 geschokt luister naar mevrouw Ogata. Vooral ook omdat in wat zij zegt geen spoor van mededogen te beluisteren valt met de vermoorde Bosniërs.

Ik word inderdaad per 1 januari 2001 Hoge Commissaris voor de Vluchtelingen van de Verenigde Naties. Maar Genève eindigt in een ramp voor mij.

Door een complexe geschiedenis kom ik al na vier jaar terug, terwijl Ria door oneerlijke berichtgeving in de krant de volle laag krijgt.

58

Vier jaar UNHCR, zes continenten

Negen maanden na mijn aantreden vindt de aanslag op het World Trade Center in New York plaats. Nine eleven, of 9/11, zoals deze verschrikkelijke gebeurtenis wordt genoemd, is de aanleiding voor Amerika om Afghanistan en Irak binnen te vallen.

Zelf had ik grote moeite met het standpunt van de toenmalige president Bush junior en de Britse premier Tony Blair, dat Saddam Hoessein met geweld verdreven zou moeten worden. Ik zag veel meer in het geleidelijk opvoeren van wapeninspecties en aantallen blauwhelmen.

Naast de oorlogen in het Midden-Oosten spelen in die tijd ook de afschuwelijke conflicten in Afrika. Mensen worden daarin vaak bewust verminkt door het afhakken van ledematen. Zelf stel ik mij tot doel de veiligheid van vluchtelingen prioriteit te maken. Dat betekent veilig vluchten, veilige opvang en veilige terugkeer voor hen zoveel als het kan mogelijk te maken. Daarvoor is het noodzakelijk dat ik rechtstreeks onderhandel met de leiders van de Taliban in Afghanistan en met warlords als Charles Taylor in Liberia. Tien jaar later wordt hij terecht als oorlogsmisdadiger veroordeeld door het Internationaal Hof in Den Haag.

Ook maak ik bijzonder goede mensen mee. Zo iemand is de Amerikaanse actrice Angelina Jolie. Op een dag, in het begin van mijn periode als Hoge Commissaris, meldt ze zich op mijn kantoor in Genève met het voorstel om voor eigen rekening als goodwill-ambassadeur voor vluchtelingen te opereren. Ik beschouw het verzoek als bijzonder, omdat er zelden mensen zijn die op een dergelijke manier zelf initiatief nemen en dan ook nog doorpakken. Het grootste deel van het werk dat ze daarna zal gaan verrichten doet ze in stilte, buiten de publiciteit om.

Voordat het zover is, is er de avond van de zes continenten.

Wanneer ze me op de hoogte brengt van haar voorstel, ben ik geraakt door haar verzoek, maar vraag ik enige bedenktijd. Ik peil alvast of zij die avond tijd zou hebben om te komen dineren met een aantal UNHCR-medewerkers die ik voor die gelegenheid zal uitnodigen in mijn appartement in Genève.

Die middag werk ik een plan uit. Ik ga na of er 's avonds van elk continent een UNHCR-medewerker beschikbaar is. Dat is het geval.

Die avond is er het diner van zes continenten bij mij thuis, waarbij Jolie het Noord-Amerikaanse continent vertegenwoordigt. Het is een memorabele avond, waarbij ieder zijn of haar perspectief deelt.

Jolie blijft twaalf jaar lang goodwill-ambassadeur voor de UNHCR. Zij zet zich in voor vluchtelingen, houdt lezingen en bezoekt kampen.

Als we een keer samen een kamp bezoeken, rennen de kinderen enthousiast voorbij de Hoge Commissaris, omdat Angelina Jolie uit *Tomb Raider* hen bezoekt. Die kennen ze allemaal.

59

Hoe ik onverwacht terugtreed als UNHCR

Dit hoofdstuk te schrijven heeft me de meeste moeite gekost. Wat te verhalen over een geschiedenis die je nog altijd op een willekeurige dag kopzorgen kan geven, ook al probeer je je te verzoenen dáármee, waarvan je weet dat het geen keer kent?

Ik wil er enerzijds heel veel over vertellen. En anderzijds heel weinig.

Ik heb ervoor gekozen mijn persoonlijke herinneringen op te tekenen, dus dan is dit hoofdstuk daar ook onderdeel van. Maar in hoeverre wil je blijven terugkomen op hoe het boek als Hoge Commissaris voor de Vluchtelingen van de VN in mijn leven voor mij sluit?

Laat ik beginnen met dat een levensloop complex is. En politiek al helemaal. Ik heb tot dat laatste moment in Genève juist zo genoten van het ontwarren van de complexiteit van de werkelijkheid, door goed en logisch en in mogelijkheden te denken, en dóór de stroom heen te zoeken naar het beïnvloeden van de dynamiek van oorzaak en gevolg. Net zoals ik dat eerder deed: leidinggeven aan Nederland op die wijze waarop ik dat twaalf jaar lang het beste achtte voor alle op dat moment vijftien miljoen mensen.

Je hebt jezelf staande gehouden in de jungle. Want dat kan het leven zijn en niet het minst de politiek, waar heus ook mensen erop uit zijn om je pootje te lichten. Dan kom ik weer uit bij die beide dimensies, het goede en het kwade, die altijd om elkaar heen zullen cirkelen. Het is zaak altijd zo dicht mogelijk bij het goede te blijven.

Trouw aan jezelf te zijn. En in dat goede te blijven geloven.

Ik denk dat mij dat vrij aardig is gelukt.

En dan, als UNHCR, kom je in een moeras terecht.

In het vierde jaar dat ik werkzaam ben in Genève, in 2004, klaagt een Amerikaanse VN-medewerkster, Cynthia Brzak, mij aan wegens ongewenste intimiteiten tijdens een vergadering met zes medewerkers op mijn kantoor bij UNHCR in het jaar daarvoor.

Ik herken de klacht niet.

Half mei 2004 verneem ik voor het eerst over deze aantijgingen via de *New York Times.* De Office of Internal Oversight Services (OIOS), het VN-onderzoeksbureau voor dergelijke meldingen, verzuimt mij een kopie van de klacht te overhandigen, hetgeen wel een vereiste is volgens het VN-protocol. De vertrouwelijkheid van het proces is beschadigd, want nog voor het onderzoek start, maakt de klacht reeds deel uit van het publieke domein.

Het gerucht hangt in de lucht. Maar het onderzoek is nog niet afgerond. Ik heb er dus belang bij dat dat spoedig gebeurt, voordat het gerucht een eigen waarheid gaat vormen; roddel die niet alleen schade zal berokkenen aan mij, mijn Ria en mijn familie, maar ook ten zeerste aan de organisatie van de Verenigde Naties.

Ik begrijp vervolgens dat de publicatie van het rapport echter nog zeker twee weken op zich laat wachten. Daardoor voel ik mij geroepen om open te zijn naar mijn medewerkers en hun een mail te sturen met de volgende strekking:

'Besten. Opdat jullie het weten. Er is een onderzoek gaande op basis van een klacht van een medewerker jegens mij. Waar zij mij van beticht, klopt echter niet. Ik weet er niets van, ben onschuldig. Maar dan zijn jullie op de hoogte van wat er speelt.' Ik zie op dat moment geen alternatief dan mijn *staff* te informeren, omdat de speculaties het professionele functioneren in de weg staan.

In dezelfde mail onderstreep ik ook hoe belangrijk het is dat de UNHCR-organisatie een effectieve leidraad heeft voor dergelijke klachten, zodat iedereen zich gehoord voelt: zowel de aanklager als de aangeklaagde.

Kort daarvoor heb ik dan al, op initiatief van de voormalige *Chair of Staff Council*, en conform de geldende VN-richtlijnen om eerst via informele weg tot reconciliatie te komen, een brief gestuurd aan Cynthia Brzak. Daarin schrijf ik: 'It became clear to me that my intention to usher you out in a warm and friendly way was understood differently by you and I feel sorry for that.'

Dan ontvang ik begin juni 2004 het OIOS-rapport.

Het is een zeer vaag document – tendentieus, onzorgvuldig, bevooroordeeld – met haastig getrokken conclusies gebaseerd op anonieme getuigen.

De aanklacht van Cynthia Brzak in het OIOS-rapport luidt dat bij het uitlaten van de gasten aan het einde van de vergadering ik mijn handen op haar middel zou hebben gelegd en haar kort tegen mij aan zou hebben getrokken.

Dit is hoe ik mij het moment herinner: ik laat Brzak uit aan het einde van de vergadering. Ik kan mij niet specifiek herinneren dat ik haar daarbij heb aangeraakt. Maar ik kan me goed voorstellen dat, als ik dat gedaan zou hebben, ik mijn rechterhand op haar middel zou kunnen hebben gelegd, als beleefd gebaar om de ander uit te geleiden. Dit wordt bevestigd door de medewerkers die daadwerkelijk aanwezig zijn geweest op de betreffende vergadering; naast dat de een verklaart niets te hebben gezien, spreekt de ander van een familiair gebaar.

De OIOS beoordeelt de medewerkers die bij de vergadering aanwezig waren echter als niet-onafhankelijke getuigen.

Het rapport rammelt aan alle kanten.

Je zou de kwestie zo kunnen samenvatten: Cynthia Brzak en ik hebben allebei een andere herinnering aan het moment van uitgeleide doen. Én we geven er beiden een andere betekenis aan. Zij voelt zich onheus benaderd. Ik denk hoffelijk te zijn.

Het had binnen de VN kunnen worden opgelost, door middel van procedurele gesprekken ter reconciliatie. Maar zo gaat het niet.

Want er spelen tevens nog drie andere zaken mee.

Allereerst ben ik uitgesproken kritisch over de Amerikaanse inval in Irak in 2003. Zoals eerder gezegd was het volgens mij beter geweest om het aantal wapeninspecteurs en blauwhelmen verder op te voeren en zo het 'beest' Saddam Hoessein te temmen.

De tweede zaak die speelt is dat de zoon van Kofi Annan verstrikt is geraakt in een schandaal. Hij zou betrokken zijn bij corruptie in het Oil-for-Food-Programme, een VN-programma dat Iraakse olie ruilt tegen voedsel bestemd voor Irak, dat sinds de Golfoorlog van 1990 in chaos verkeert. Deze zaak komt Kofi Annan zeer slecht uit. Zijn nieuwe stafchef, Mark Malloch Brown, adviseert zijn baas daarom: 'Leid de toestand af van jezelf en je zoon. Ontsla Ruud Lubbers.' Dit vindt Annan in eerste instantie te ver gaan.

De derde kwestie draagt ook bij aan de dynamiek die ertoe leidt dat Brown wil dat ik het veld ruim. Eerder is een onderzoeksrapport van Save the Children verschenen over vermeende seksuele intimidatie door VN-medewerkers in een vluchtelingenkamp. Er blijken echter geen VN-medewerkers bij betrokken en ik besluit niemand te ontslaan. Dat wordt mij verweten. 'Ruud Lubbers laat deze schandalen maar begaan,' luidt de kritiek in de wandelgangen. Want ook al valt deze mensen niets te verwijten, er moeten toch koppen rollen om als VN-organisatie daadkracht te blijven uitstralen, zo is de gedachte.

Ondertussen heeft Annan het rapport van de OIOS natuurlijk gelezen. Hij acht de beschuldiging van seksuele intimidatie ongeloofwaardig. In overleg met hem en de Nederlandse regering wordt besloten de voormalige Hoge Commissaris inzake Nationale Minderheden namens de OVSE en minister van staat Max van der Stoel te vragen het dossier te bestuderen voor een second opinion. Van der Stoel verwerpt het rapport in zijn brief in krachtige bewoordingen:

'In conclusion, I want to stress in the first place that the OIOS report is deficient in objectivity and impartiality. It is a biased one. Its conclusions are insufficiently motivated or not motivated at all. It fails to prove that there was abuse of authority by the

High Commissioner. It also fails to prove that sexual harassment has taken place. There are therefore strong arguments for closing the case. Considering the number of leaks which occurred in the course of the OIOS investigation, a special investigation into this question is clearly high desirable.'

Het onderzoek naar de lekken waar Van der Stoel op aandringt, wordt echter gevetood door het hoofd van OIOS zelf.

Dat specifieke onderzoek komt er niet.

Ook al beziet Annan de second opinion van Van der Stoel als overtuigend, hij geeft aan dat hij toch met een probleem zit – de smet rondom de zaak voor de VN – en stelt voor om diens bevindingen te delen met Stephen Schwebel, de bekende Amerikaanse rechter bij het Internationale Gerechtshof.

Schwebel onderschrijft de conclusies van Van der Stoel.

Om de zaak tot een einde te brengen verklaart Annan publiekelijk: 'De klacht jegens Ruud Lubbers is van tafel. Maar ik geef hem een reprimande vanwege het proces.' Dat betreft het feit dat ik die e-mail aan mijn medewerkers verstuurde, terwijl het onderzoek nog liep. Daarmee zou ik het proces hebben gefrustreerd.

De kwestie lijkt gesust.

Driekwart jaar later, begin 2005, wordt het OIOS-rapport echter gelekt naar de Engelse krant *The Independent*. Hierdoor ontstaat opnieuw opschudding in de internationale en Nederlandse kranten. Dat Van der Stoel en rechter Schwebel het rapport reeds als niet-onderbouwd en vooringenomen hebben beoordeeld, komt nauwelijks in de media aan bod.

Ondertussen blijf ik maar energie stoppen in het bewijzen van mijn onschuld.

David Lambo, op dat moment directeur van het Afrika-departement, een zeer gerespecteerd man binnen de VN en bovendien peetvader van Annans zoon, waarschuwt mij een aantal weken vóór mijn daadwerkelijke aftreden dat de secretaris-generaal mij op een goed moment zou kunnen vragen om op te stappen, ook als hij totaal niet overtuigd is van de aanklachten.

Ik zeg hem: ‘Maak je geen zorgen, David. Mijn bewondering voor Kofi Annan is groot. Daarom zal ik, wanneer ik deze vraag krijg voorgelegd, bevestigend antwoorden.’

Die vraagt komt.

Op 20 februari 2005 leg ik mijn functie neer in het belang van de organisatie.

Ik ben moegestreden. Maar ik heb begrip voor Annans punt: dat het lastig is geloofwaardig te opereren wanneer media negatief over je blijven schrijven.

Kofi Annan verklaart later nogmaals dat ik aan niets schuldig ben bevonden. Ik ben dan al weg uit Genève en heb geen fut om nog publiekelijk aandacht te vragen voor het feit dat hij na mijn vertrek tijdens een persconferentie een journalist van repliek dient. Kofi Annan neemt het voor me op.

Annan: ‘That issue was investigated and went through deep process. He had a chance to respond. And I came to the conclusion after consulting my own people and lawyers that the evidence did not support the accusation and a judgment was made then. But because of some of the things, particularly what you are doing now, hounding the gentleman, not letting the issue drop, go after him time and time again, in an organization that lives on voluntary contributions, with rumours and leaks, it was totally unfair to him. He has left in the interest of the organization and I think we should leave it there.’

Nadien volgen er meerdere artikelen in de Nederlandse kranten die een zweem van schuld aan de affaire op mij blijven laden.

Hoe kijk ik erop terug?

Ik vind dat de VN vanaf het eerste moment een veel duidelijker standpunt had moeten innemen. Dat Mark Malloch Brown mij wilde offeren voor de VN-zaak beoordeel ik als karakter-armoede.

Ook zijn er spelers in de Nederlandse pers van wie ik het chic had gevonden als zij er later nog eens bij mij op terug waren gekomen. Zeker toen zij zich wel moesten realiseren dat hun journalistieke spin verre van integer was en ten koste ging van mij.

Anderzijds denk ik er ook zo over: oké, het kan dan wel oneerlijk zijn, maar die dingen gebeuren. Er is een verschil tussen gelijk hebben en gelijk krijgen. Waarom zou mij, tot dat moment toch een ongeschonden zondagskind gebleven, geen ongeluk treffen? Ik heb in die tijd onderschat hoe het kan lopen. Mensen hebben mij betiteld als naïef, ik had er immers al een lange politieke loopbaan op zitten. Toch ben ik blij dat ik mij verwonder over onrecht, en dat ik in eerste instantie niet uitga van een dergelijk moeras. Dat kun je inderdaad naïef noemen. Maar die zogeheten naïviteit was ook het vuur in mij dat mij nog harder deed strijden om mijn gelijk te bewijzen.

Ik realiseer mij dat dat de zaak niet per se goed heeft gedaan.

Cynthia Brzak is, met haar advocaat, nog enkele jaren doorgegaan met procederen in Amerika in de hoop er nog een geldbedrag uit te slepen. Zonder succes.

Begin oktober 2016 krijg ik tot mijn verrassing een uitnodiging van Kofi Annan, die een bezoek aan Nederland brengt, om met hem te eten. Vanwege een depressie mijnerzijds kan dat helaas niet doorgaan. Twee jaar daarvóór had ik ook al een hartelijke mail van hem gekregen, waarop ik de voormalig secretaris-generaal van de VN terugschreef dat ik destijds aan David Lambo zei dat ik zou aftreden als Kofi Annan daarom zou vragen, en dat ik van die uitspraak nooit spijt heb gehad.

Uiteindelijk heeft het feit dat ik vol passie voor de vluchtelingenzaak begon aan een carrière bij de VN, maar via de achterdeur moest verdwijnen, ook Annan niet veel geholpen. Dat heeft hem dwarsgezeten.

Later heb ik nog eens overwogen een brief te schrijven aan António Guterres, destijds mijn opvolger als UNHCR en sinds oktober 2016 secretaris-generaal van de VN, over de gang van zaken rondom mijn vertrek als UNHCR. Naasten adviseerden mij om die conceptbrief niet te versturen, omdat het niks zou uithalen. ‘Bewaar het maar voor je memoires,’ zeiden ze. En nu denk ik: laat het ook hier maar rusten.

Nu heb ik het u dus toch verteld. Het zijn pijnlijke herinneringen uit een mensenleven.

Zo zijn er allerlei gebeurtenissen en spelers met belangen en effecten. De vraag is wie er nou het beste uit is gekomen. Of er überhaupt iemand goed is uitgekomen.

Waar gaat het nou allemaal om? Het gaat om de opdracht: dat we mensen vooruitbrengen. In dit geval: zorg dragen voor de miljoenen vluchtelingen en ontheemden in meer dan honderdtwintig landen, met tijdelijke opvang en repatriëring als doel.

60

El-Baradei, het IAEA

'Er is bij ons, in Petten, een spion ontdekt!'

Het is meteen heisa.

Met de start in Den Haag als minister van Economische Zaken en Energie was ik verantwoordelijk voor het Energieonderzoek Centrum Nederland (ECN), een internationale speler op het gebied van energie-innovatie, en ook voor de NRG, de Nuclear Research Group. De NRG houdt zich naast nucleair onderzoek bezig met de productie van radio-isotopen voor medische doeleinden in Europa. Dat vindt zijn oorsprong in het professor Kistemaker Procedé. Deze wiskundige en natuurkundige dankt zijn bekendheid aan de ontwikkeling van een ultracentrifuge voor de bereiding van splijtstof in 1955. Op verzoek van de Verenigde Staten werd dat eerst geheimgehouden. Het stond vijftien jaar later, dus begin jaren zeventig, de Pakistaanse student Abdul Qadeer Khan echter niet in de weg om studie hiernaar te verrichten. Khan kreeg als student aan de Technische Universiteit Delft toegang tot het inmiddels befaamde Kistemaker Procedé, de Nuclear Research Group en daaraan gelieerde bedrijven.

Zo ziet de situatie eruit wanneer ik in 1973 jong minister word.

Niet lang daarna krijg ik van mijn directeur-generaal van energie, de heer Wansink, dat opmerkelijke bericht: 'Er is bij ons, bij de NRG, een spion ontdekt.'

Khan, zo blijkt, heeft vertrouwelijke gegevens mee naar huis genomen en die met onbevoegden gedeeld, wellicht met 'Pakistan' zelf. Wanneer ik Wansink vraag wat wij daaraan gaan doen, antwoordt hij tot mijn verrassing: 'Voorlopig helemaal niets. Wij hebben namelijk aan de British Intelligence beloofd zoiets in voorkomende gevallen geheel aan hen over te laten.' Het duurt dan ook de nodige tijd voordat Khan het land wordt uitgewezen.

Dat gaat vrolijk allemaal zo door na mijn ministerschap.

Door de jaren heen, ook wanneer ik als minister-president de kabinetsverantwoordelijkheid weer terug heb, brieft Frans Andriessen, dan vanuit zijn politieke rol in Europa, mij regelmatig over zijn ergernis dat het tot een daadwerkelijk Khan-netwerk komt. Niet ondanks de Secret Services, met name de Britse en Amerikaanse, maar vanwege hun bedrijfsfilosofie dat 'hen op het spoor zijn belangrijker is dan het daarginds in de kiem smoren'. *Hen* – zo was inmiddels het Khan-netwerk gaan heten.

Ondertussen gaat het snel met de toepassing van het Kistemaker Procedé en de NRG in Nederland, het Verenigd Koninkrijk en Duitsland. Het komt tot Urenco, een consortium dat verrijkt uranium produceert voor gebruik in kerncentrales en waarvan de aandelen, researchcapaciteit en activa gemeenschappelijk eigendom van de drie bovengenoemde landen zijn. Het IAEA in Wenen houdt daar weer toezicht op. Dan heb je in Europa ter bevordering van vreedzame toepassingen van kernenergie ook nog Euratom. Dat is, naast de Europese Kolen- en Staalgemeenschap, een voorloper van de Europese Unie. Euratom werd in 1957 opgericht.

Een kleine dertig jaar na mijn ministerschap van Economische Zaken ontmoet ik vervolgens Mohammed El-Baradei, hoofd van het IAEA. We spreken over Irak en de vermeende massavernietigingswapens die het land in handen zou hebben. Onze paden kruisen elkaar kort na de millenniumwisseling, nog vóór 9/11, op een van de periodieke bijeenkomsten waarbij de secretaris-generaal van de VN – op dat moment dus Kofi Annan – al die verschillende VN-organisaties en zijn persoonlijke staf als één grote familie samenbrengt. Ik ben dan nog lid van die familie als Hoge Commissaris voor de Vluchtelingen.

Tijdens een dergelijke VN-bijeenkomst stapt El-Baradei op mij af en zegt, na zichzelf voorgesteld te hebben: 'Ruud, jij was indertijd toch in Nederland die jonge minister die geconfronteerd werd met Abdul Khan? Jij moet daar herinneringen aan hebben. Ik zou daar na deze vergadering graag à deux met jou over willen spreken.'

In die jaren heeft 'onze' Khan al naam en faam in 'zijn' Pakistan verworven en dat heeft natuurlijk wereldwijd aandacht getrokken. Khan biedt regimes de mogelijkheid om aan het voor nucleaire massavernietigingswapens benodigde verrijkt uranium te komen.

Ik vertel Mohammed over mijn herinneringen aan Khan. Het wordt een bijzonder gesprek en het begin van een hechte vriendschap met de man die in 2005 samen met zijn IAEA-team de Nobelprijs voor de Vrede krijgt uitgereikt vanwege zijn inspanningen voor kernenergie voor vrede, Atoms for Peace. Onze vriendschap krijgt extra diepte omdat hij mij enkele malen in Wenen, zijn hoofdzetel, uitnodigt om daar voordrachten te geven. En zo gaan wij ook samen naar Middelburg wanneer hij daar in 2006 de Four Freedoms Award ontvangt.

Ik ben dat gesprek begonnen met: 'Mohammed, jij wilt met mij openhartig over Khan spreken en wat daar sindsdien allemaal uit is voortgevloeid. Dat wil ik met alle plezier persoonlijk en vertrouwelijk doen. Maar dan vraag ik jou als man van het IAEA openhartig naar mij te zijn over de nucleaire risico's zoals jij die nu waarneemt.' En ik vervolg: 'Er wordt tegenwoordig veel gesproken over Iran. In de tijd dat de student Khan in Nederland spioneerde had je daar nog de sjah. Nu zijn er echter de ayatollahs en maakt Iran naam vanwege het risico dat hun groeiende nucleaire capaciteit op enig moment tot massavernietigingswapens zal leiden. Daarnaast wordt er veel gesproken over Irak, met heden ten dage het "monster" Saddam Hoessein. Jij weet als geen ander wat in die twee landen nu de echte risico's zijn en wat zich dreigt te ontwikkelen aan nucleaire massavernietigingswapens.'

Saddam Hoessein krijgt in het Westen bekendheid door zijn bezetting van Koeweit in 1990, wat leidt tot de Eerste Golfoorlog. Bush senior maakt aan deze bezetting een einde in nauwe samenspraak met de Veiligheidsraad van de VN. Hoessein ontwikkelt zich na die verloren Koeweit-oorlog tot dat monster. Zijn ideeën reikten natuurlijk veel verder dan het bezit van mogelijke nucleaire massavernietigingswapens.

El-Baradei bedankt mij voor wat ik met hem over de voorgeschiedenis van Khan heb gedeeld en voegt daaraan toe: 'Je hebt gelijk met het speciaal noemen van Iran en Saddam Hoessein, maar vanuit mijn gezichtspunt – het IAEA dus – betreffen dit twee totaal verschillende gevallen.'

Hij gaat eerst in op Iran. Dat land beschikt al heel lang over heel veel nucleaire kennis. 'Wij doen als IAEA ons uiterste best ervoor te zorgen dat ontwikkeling en toepassing van die nucleaire kennis beperkt blijft tot wat traditioneel Atoms for Peace heet: toepassingen dus voor elektriciteit en isotopen – medisch. Dat is onze non-proliferatiemissie. Maar de eerlijkheid gebiedt mij daaraan toe te voegen dat het regime in Iran het ons niet eenvoudig maakt die non-proliferatierol waar te maken. Sterker nog, met regelmaat verheimelijken zij gegevens en ontwikkelingen, zodat de buitenwereld – met name de Veiligheidsraad van de VN – wel moet vrezen dat Iran een dubbele agenda heeft. Het vergt jaren om aan deze ambiguïteit een eind te maken,' aldus El-Baradei, nu zeventien jaar geleden.

Op het moment dat ik deze memoires schrijf weet de wereld hoe goed zijn inschatting toentertijd was. Iran was reeds jaren bezig met het verrijken van uranium.

In 2013 werd eindelijk een akkoord bereikt en schroefde Iran, na langdurige druk van de Veiligheidsraad, zijn nucleaire activiteiten terug en verlichtte de VN de sancties.

'Maar Ruud,' vervolgt El-Baradei in ons tweegesprek, 'Saddam

Hoessein is een heel ander verhaal. Na de in zijn ogen smadelijke nederlaag in de Koeweit-oorlog besloot deze man *all out* voor het verzamelen van macht in Irak te gaan. Hij deed dat meedogenloos, en werd daarom terecht een monster genoemd. Maar het bijzondere is dat wij als IAEA er absoluut zeker van zijn dat Irak niet beschikt over nucleair verrijkt uranium. Ik deel dat inzicht met jou omdat het toch bizar is dat Washington een militaire inval in Irak overweegt vanwege deze zogenaamde nucleaire massavernietigingswapens en dat zij daarvoor politieke steun krijgen van Londen en Den Haag.'

Wanneer ik enkele weken later als UNHCR Londen bezoek en gelegenheid vind voor een kort gesprek met de Britse premier Tony Blair, zegt deze hierover: 'Maar Ruud, het gaat hier niet over de oprechtheid respectievelijk juistheid van feiten. Het gaat hier om een politieke beslissing dat monster uit te schakelen.'

Weer vele jaren later, nu ik deze memoires schrijf, is inmiddels eindelijk het Britse justitiële onderzoek afgesloten waaruit blijkt dat El-Baradei destijds gelijk had.

61

Universitair Asiel Fonds

Een jaar na mijn terugtreden als Hoge Commissaris voor de Vluchtelingen, in 2005, vraagt Kees Bleichrodt, in die tijd directeur van de Stichting voor Vluchteling-Studenten UAF, het Universitair Asiel Fonds, mij als voorzitter van het bestuur van UAF.

Het UAF ondersteunt hoogopgeleide vluchtelingen in het vinden van een passende maatschappelijke positie door studie en werk die aansluiten op hun capaciteiten.

Ik ben voorstander van praktische oplossingen voor vluchtelingen en mensen uit een andere cultuur: werk, participatie en studie – de activatie, de beweging – dat zijn mijns inziens dé instrumenten voor mensen om zich een plek eigen te maken en vooruit te komen, daar heb ik altijd voor gepleit en beleid op gericht. Het talent dat mensen van andere culturen kunnen toevoegen aan een land, is een rijk goed. Vluchtelingen zijn sterke mensen, dat heb ik wel gezien gedurende mijn tijd als UNHCR. Daarom draag ik het UAF ook zo'n warm hart toe en zeg ik graag ja op Kees' verzoek om voorzitter te worden.

Mijn Ria stipte onlangs ook nog bij mij aan dat ik zo enthousiast over dat voorzitterschap van het UAF was!

Die rol mondt vervolgens uit in een rijke ervaring. Ik maak mij de geschiedenis van het UAF eigen via het boek *Het zout der aarde,* waarin journalist Chris van Esterik de ontwikkeling van deze organisatie sinds 1948 en de hulp aan vluchteling-studenten beschrijft.

Enkele jaren later sterft Kees in het harnas en mag ik beleven dat Mardjan Seighali hem opvolgt. Zij is vluchteling uit Iran en dit is de eerste keer dat een cliënt van het UAF zelf directeur wordt. Ik ben daar trots op. Mardjan en ik proberen samen het UAF te moderniseren. Daarmee is een goed begin gemaakt wanneer ik de vijfenzeventig nader, de leeftijdsgrens die ik mijzelf gesteld heb om terug te treden uit al mijn deeltijdbanen. Job Cohen volgt mij op.

Het grote verschil tussen UNHCR en het UAF is dat bij UNHCR tijdelijke opvang van mensen die moeten vluchten vooropstaat, met als primaire oplossingsrichting repatriëring: naar het vaderland terugkeren. Bij het UAF gaat het erom hulp te bieden aan wie reeds asiel is verleend.

Asiel verlenen gebeurt door landen. Daarbij wordt het onderdeel van migratie. Een organisatie als Amnesty International is product van de civil society, die het om humanitaire redenen nodig acht verder te gaan dan wat overheden, landen dus, tot en met de VN kunnen leveren. Zo ook het UAF.

Bij het woord vluchtelingen staat het feit centraal dat men wegens geweld en onderdrukking moet vluchten. Het gaat dan om overleven. Bij het woord migratie spelen de mogelijkheden om iets van het leven te maken een hoofdrol.

Als ik op mijn leven terugkijk, en daarbij ook op wat mijn ouders mij over hun belevenissen vanaf het eind van de Eerste Wereldoorlog, de opkomst van Hitler en de Tweede Wereldoorlog, de bevrijding en wederopbouw vertelden, en ik daar deze jaren van 'Wir schaffen das' van Angela Merkel en 'eigen volk eerst'-politici naast leg, is mij duidelijk dat ik veel te veel te melden heb.

Ik leg mijn pen dus neer.

62

En het drama Wilders

Eenmaal terug in Nederland, na Genève, besteed ik ook aandacht aan het Rotterdam Climate Initiative – een samenwerking tussen de gemeente Rotterdam, de Milieudienst Rijnmond, ondernemingsvereniging in de havenindustrie Deltalinqs en Havenbedrijf Rotterdam. Dit initiatief is gericht op duurzaamheid: schone lucht, meer groen en schonere energie tegen lagere kosten en meer banen in stad, haven en industrie. Maar dat mooie initiatief, samen met de toenmalige burgemeester Ivo Opstelten, wordt niet wat we ervan verwachten. We bereiken goede dingen. Neem de walstroom: schepen hoeven daardoor niet meer hun vervuilende dieselgeneratoren te laten draaien wanneer ze in de haven liggen, want ze krijgen in plaats daarvan een stopcontact. Maar over het algemeen gaat de overgang naar duurzaamheid langzaam.

Niet lang daarna draait *De Telegraaf* mij een loer – dat stipte ik eerder al kort aan. Hoewel ik altijd voor vermindering van nucleaire wapens ben geweest, en nog altijd ben, besluit ik mij zeer zorgvuldig uit te laten wanneer ik in 2013 als voormalig vaandrig bij de luchtmacht word gevraagd mee te werken aan een jubileuminterview voor de televisiezender National Geographic.

Ik ben op dat moment minister van staat en zeg over het bestaan van nucleaire wapens op de basis in Volkel: 'Als je nu naar Volkel gaat, dan hebben we nog steeds onderdelen liggen die een functie vervullen in het nucleaire. Totaal zinloos naar mijn gevoel. Dat denk ik al heel lang. Maar daaruit zie je ook hoezeer een bepaalde cultuur van wapens te hebben, en dat is nuttig, hoelang dat door kan gaan.'

De raketten waren een halve eeuw daarvoor, in 1953, met volle instemming van het kabinet-Drees, opgeslagen op Nederlands grondgebied. *De Telegraaf* nodigt echter een deskundige uit om het door mij gezegde zo te verdraaien dat het lijkt alsof ik een staatsgeheim publiek heb gemaakt. Dat ik zou lekken was dan ook de kop in deze krant.

De zaak wordt nog kwalijker wanneer een persofficier van het Openbaar Ministerie, namens de procureur-generaal (PG) dus, een grondig onderzoek in de media aankondigt. Wanneer na enige maanden blijkt dat de PG zich er vanaf maakt door te zeggen dat hij zichzelf niet competent acht, verzuimt hij mij zijn verontschuldigingen aan te bieden.

Maar achteraf gezien denk ik weleens: waar heb ik me druk over gemaakt? Ik had mijn woorden zorgvuldig gekozen; *De Telegraaf* had daar iets van gemaakt om nieuwswaarde te creëren. Na zoveel jaar ervaring in de omgang met de journalistiek had ik mij daar misschien niet zo over moeten opwinden.

En ten slotte is er het drama Geert Wilders.

Dit betreft mijn rol als informateur in 2010. Ik stuur dan aan op samenwerking tussen VVD, CDA en PVV, mits Ernst Hirsch Ballin minister van Justitie wordt en Geert Wilders instemt met een vetorecht van de minister van Justitie op uitlatingen van hem die staatsrechtelijk niet door de beugel kunnen.

Ik heb Ernst eens voorgelegd, toen wij over algemene dingen zaten te praten: 'Hoe stoppen wij Wilders, nu die zo'n naam gemaakt heeft, af?' En ik dacht toen: dat kan ik doen door een kabinet te formeren. Ik was toen, in 2010, formeel informateur. Ik dacht: er is maar één man in Nederland die Wilders kan temmen en dat is vanwege zijn intellectuele kracht Ernst Hirsch Ballin. Ik vraag Ernst daarom om in het te vormen kabinet minister van Justitie te worden. Mark Rutte laat mij vervolgens weten dat hij het wel goed vindt om door te gaan op die mogelijkheid, en hij wil graag dat ik mijn informateursrol overdraag aan een VVD'er, een man die ik goed kende, Ivo Opstelten. Met hem samen had ik mij immers ingezet voor het Rotterdam Climate Initiative.

Ik zeg daarop: 'Goed idee, Mark, daar ben ik voor. Maar onderschat Wilders niet. Het is een enorm politiek talent. Maar ook een man die een foute politieke kijk heeft op dingen, met name op moslims. Die man moet getemd worden. Ik vind het goed om mijn informateursrol over te dragen, maar dan moet je ervoor zorgen dat hij in toom gehouden wordt door Hirsch Ballin.' De VVD was de grootste partij toen.

Ik zag Ernst Hirsch Ballin als de bewaker van Wilders.

Ik heb het Wilders zelf nog gevraagd: 'Als jij deelneemt, ben je dan bereid om af te spreken dat je alleen maar dingen roept als ze het groene licht hebben van de minister van Justitie? Je doet toch stevige uitspraken tegen moslims. Ik vind dat je aan de grens zit, zo niet onredelijk bent; soms doe je dingen die niet kunnen.'

Geert Wilders stemt in met mijn voorwaarde. Dat is voor mij voldoende reden om aan het verzoek van Mark Rutte te voldoen om mijn informateurschap over te dragen aan Ivo Opstelten.

Ik heb mijn ideeën uiteraard ook met Hirsch Ballin gedeeld, maar hij geeft in eerste instantie geen eenduidig antwoord op mijn verzoek of hij die rol op zich zou willen nemen.

'Ik moet erover nadenken,' zegt hij.

Later is mij gebleken dat zijn vrouw, die ik ook goed ken, heeft gezegd: 'Doe het mij en de kinderen niet aan om met Wilders in een kabinet te gaan, die Wilders zit zo fout. Die man gaat voor waarden waar wij zo op tegen zijn, dat kan niet.'

Daarna heeft Ernst mij zeer persoonlijk laten weten: 'Ruud, ik ga het niet doen. Daar kan ik mijn vrouw niet mee belasten. Zij heeft mij er nadrukkelijk op gewezen dat ze dat ontoelaatbaar vindt.'

Maar op dat moment, toen Ernst me zijn antwoord gaf, had ik mijn functie als informateur al overgedragen.

Het vervolg is bekend. Opstelten wordt zelf minister en Geert Wilders wordt niet getemd. Daarna volgt de publieke escalatie op het CDA-congres in Arnhem. Het wordt het rampjaar 2010.

Twee dingen gingen hier mis. Het was een inschattingsfout mijnerzijds. Ik had nog geen toezegging van Hirsch Ballin voordat ik mijn informateursrol aan Opstelten overdroeg. Op een 'nee' van hem had ik niet gerekend. Daarbij werd Opstelten minister van Veiligheid en Justitie, niet de aangewezen man om Wilders te temmen.

Wat ook meespeelde is dat politiek links er vanuit ging dat de formatie over rechts toch zou mislukken, domweg omdat men meende dat regeringsdeelname van de PVV geen doorgang zou vinden.

Het ging aan alle kanten faliekant mis.

Dit als voorbeeld van een teleurstelling. De botsing met Kohl, het drama Wilders en het verhaal van Cynthia Brzac waren negatieve ervaringen. Maar goed, ik moet er ook niet te veel over blijven praten. Ik wil hier en daar illustreren wat er kan gebeuren in je leven en hoe je daar dan mee omgaat.

Je wordt ouder. En de politiek gaat door. Als je de krant leest, is er nog altijd het instinct van je politieke betrokkenheid. Maar je bent van het toneel. Natuurlijk geeft dat een machteloos gevoel. Omdat het land je aan het hart gaat.

Geert Mak zei me: 'Je moet je memoires schrijven, je persoonlijke herinneringen.' In dat proces kom ik de vraag tegen: hoe geef je kleur aan persoonlijke herinneringen? Wat is boeiend om te verhalen in een boek? Wat heeft iedereen daar eigenlijk mee te maken? Want ik zit met het onderliggende probleem: aan het einde van je leven, zitten mensen nou te wachten op je persoonlijke belevenissen? Is dat niet privé? Kun je daar niet beter over zwijgen?

Zo ook was ik eerder mentaal een beetje verscheurd om over mijn bijeenkomst op de laatste dag met Mitterrand in het Elysée te vertellen. Maar goed, ik moet het ook weer niet verzwijgen.

Daarom vertel ik het.

Misschien is voor mij het belangrijkste om vol te houden tot op de laatste dag van mijn leven: ik ga geen dingen vertellen om mezelf voorop te stellen. Het gaat niet om ik en mij. Het gaat erom dat je goed en gebalanceerd met de gebeurtenissen in je leven omgaat. En misschien is een onderdeel daarvan dat je je erover heen zet door positief te zijn, in plaats van dat je erover praat.

Nou goed, nu weet u een beetje van mijn dilemma's. Ik vertel ze toch maar. Want alles heeft altijd meerdere kanten.

63

Wat je soms niet weet

Op de dag dat mijn kleindochter Willemijn zestien jaar wordt, op 22 mei 2012, komen Ria en ik haar gelukwensen. Dat doen wij later op de avond omdat ik overdag verplichtingen heb in Den Haag. Eenmaal gearriveerd zeg ik tegen Willemijn: 'Jij bent vandaag zestien geworden. Maar ik heb vandaag met twee mensen gesproken die beiden al boven de negentig zijn. Dus je kunt kennelijk heel oud worden. En het bijzondere van deze mensen is dat zij alle twee nog heel helder van geest zijn.'

Een van die twee is minister-president Piet de Jong, de ander is professor Witteveen.

Witteveen ben ik die dag tegen het lijf gelopen in het Vredespaleis. Het heeft mij verbaasd hem te ontmoeten op een bijeenkomst waar mensen zijn uitgenodigd ter gelegenheid van een bezoek aan Nederland van de 'non' die in India leiding gaf aan de Brahma Kumaris-beweging, de 96-jarige Dadi Janki. Ik ben daar in de hoedanigheid van minister van staat. De professor en ik besluiten, wederzijds verrast elkaar bij deze gelegenheid te zien, na afloop samen te zitten en zullen elkaar vragen wat de ander hier brengt.

Dan pas leer ik professor Witteveen kennen als man van de Soefi Beweging.

Witteveen blijkt voorman te zijn van de Nederlandse tak van het soefisme, een spirituele levenshouding die haar oorsprong vindt in de islam, waarin het gedachtegoed uit het Oosten en

Westen verbonden wordt. Het doel van het soefisme is het bereiken van ihsan, 'volmaakte goedheid'. Ik vind het wonderlijk dat ik nooit geweten heb dat Witteveen daar zo bij betrokken was en hij legt me uit hoe belangrijk het soefisme voor hem is geweest in zijn leven, van jongs af aan, maar dat het vroeger niet gebruikelijk was veel ruchtbaarheid te geven aan dergelijke zaken. Je spiritueel te uiten, stel je voor, bij een professor of een minister, dat was een taboe! 'Maar,' voegt hij daaraan toe, 'nu doe ik dat eigenlijk wel, want ik heb zojuist een autobiografie afgerond. Daarin gaat het natuurlijk veel over de econoom Witteveen, maar ik geef ook ruim aandacht aan mijn soefi-zijn.'

In dat gesprek vertel ik Witteveen dat ik, na onze lunch om hem dank te zeggen voor wat hij voor mij gedaan had tijdens mijn dagen in Den Haag, steeds meer de Man van het Handvest van de Aarde ben geworden. Daarbij ga ik in op de bijdrage die ik leverde aan de afsluitende woorden van dat Handvest, '...en de vreugdevolle viering van het leven'. Deze zin zal ik nog vaak gebruiken voor het afsluiten van vele spreekbeurten.

Dat vormt kennelijk aanleiding voor Witteveen om te zeggen: 'Ruud, ik heb Coen Teulings, je weet wel, de directeur van het Centraal Planbureau, gevraagd te spreken bij de publieke aankondiging van mijn autobiografie. Ik deed dat natuurlijk omdat die biografie voor een belangrijk deel gaat over de econoom Witteveen. Maar nu ik jou zo hoor over de vreugdevolle viering van het leven, zou ik je willen vragen mijn biografie te lezen en bij de presentatie naast Coen ook een inleiding te geven, niet over de economie, maar over het soefisme.'

En dat is het begin van de derde keer dat Witteveen belangrijk wordt in mijn leven. En wij ontwikkelen een nauwe vriendschap.

Ik ben als student al fan van professor Witteveen en blijf daarna een leven lang met hem verbonden. En dan blijkt hij een bekend soefi-man. Zo zijn er meer dingen die je pas ontdekt in een later stadium van je leven.

Ik herkende de soefi-man niet eerder in Witteveen omdat ik

het niet wist en hem zo niet bezag. Had ik het eerder geweten, was ik er wellicht door geïnspireerd geraakt. Onlangs bood hij mij aan uiteen te zetten hoeveel hij persoonlijk aan het soefisme heeft gehad. Hij staat van jongs af aan iedere dag vroeg op voor meditatie en was zo vriendelijk mij een beetje tot steun te willen zijn en mij te leren hoe te mediteren. Ik heb hem laten weten dat ik zijn aanbod enorm waardeer, maar dat ik ervan afzie. Je moet daar natuurlijk ook een vorming in hebben en dat is voor mij niet het geval, ik heb het gevoel dat ik dat nu niet meer kan opbrengen. Ik ben inmiddels te oud om mezelf die andere grondhouding eigen te maken. Ik zie dat niet als een plus, maar als een min.

Ik sta wel mijn leven lang vroeg op. Maar dan om te werken.

Voor mij spreekt uit dit voorbeeld dat je ontdekt dat er ook andere, misschien wel betere manieren zijn om te leven. In harmonie – dat bedoel ik eigenlijk.

Het is een voorbeeld van de dingen die je mist.

Dat gesprek tussen Witteveen en mij in het Vredespaleis is nu alweer enkele jaren geleden en intussen heeft Witteveen als soefi zelf nieuwe initiatieven genomen. Dat doet hij samen met zenboeddhist Brigitte van Baren. Brigitte heb ik leren kennen als fan van het Handvest van de Aarde. Ze heeft Witteveen als het ware ontmoet via dat Handvest en zij werken nu nauw samen. Recentelijk deelde zij met mij het initiatief 'Pilgrimages for Love, Compassion and Human Unity'. Daarin is herkenbaar hoe zij beiden een nieuwe slag willen maken met geestelijk leiders in de verwarde wereld van vandaag. In Assisi komen sinds 1986 op initiatief van paus Johannes Paulus II leiders van diverse religies bijeen om samen te bidden voor de vrede, ook het soefisme en boeddhisme zijn daar vertegenwoordigd. Paus Franciscus heeft deze traditie voortgezet in Assisi, de stad van zijn naamgever: Franciscus van Assisi.

Intussen weten Witteveen en Brigitte dat ik hun inspanningen zeer waardeer, maar zelf niet meer de kracht vind daaraan nog een bijdrage te leveren.

64

Laudato Si'

In 2015 schrijf ik een brief aan Leonardo Boff, de theoloog die zich sterk maakt voor *Laudato Si'* – vertaald in het Nederlands, 'Wees geprezen' – de encycliek waarin paus Franciscus pleit voor een duurzamere wereld.

Brief aan Leonardo Boff, Rotterdam, 27 juli 2015

Dear Leonardo,

Mirian Vilela was so kind to convey to me your comments on Laudato Si'.
Reading them I became convinced that you were in an earlier stage available for Pope Francis resp. the Vatican as co-drafter of Laudato Si'.

I consider this as a God-given miracle and I want you to know this as my personal conviction and thank you from the bottom of my heart.

Also myself I wrote comments on Laudato Si' (see enclosed), sharing them with Mirian Vilela and Mary Evelyn Tucker.*

* Mirian Vilela is directeur van het Earth Charter Center aan de University for Peace in Costa Rica. Mary Evelyn Tucker doceert ecologie en religie aan Yale University in de VS.

It seems the last intends to go for a special publication of 'her' American Teilhard de Chardin Association.

Leonardo,

Many thanks and congratulations with Laudato Si'.

Yours,
Ruud Lubbers

Ruud Lubbers comment on Laudato Si'
22 June 2015

In 2015, the UN will agree on the Sustainable Development Goals and the Paris Conference of Parties to the UN Framework Convention on Climate Change will offer nations the opportunity to make a choice for Our Common Future. Pope Francis has just gone on record with Laudato Si'; the Encyclical Letter on Care for Our Common Home.

This gives me (Ruud Lubbers) an immense joy. As a Roman Catholic, born in 1939, I have lived my life according to the teachings of Christ, my beliefs based on Love as His most important lesson. Also, I have been greatly influenced by Teilhard de Chardin, the Jesuit cited by the Pope in Laudato Si', whose Le Phénomène Humain taught me in terms of science what our history and future are about.

During my life I have had the fortune to raise my children to become aware of our misbehavior in relation to nature. In that time, Europe – in particular the Rhine area with Rotterdam as its main port – was recovering from the Second World War and industrializing thanks to the generous American Marshall Plan. While recovery was impressive, it came at the cost of the environment and nature. It was an important lesson for me to respect nature, Our Common Home.

Almost 50 years ago, the Club of Rome published Limits to Growth and I entered politics to contribute to sustainable growth, prioritizing the quality of life above simply growth as an end in itself. It was what I thought my children, then teenagers, deserved.

Shortly after, I met Gro Harlem Brundtland, then the Environment Minister (in Norway), while I was at the time the Minister for the Economy (in the Netherlands).

Later, the two of us became Prime Ministers of our respective countries and were together in Rio de Janeiro at the United Nations Conference on Environment and Development, the Earth Summit in 1992, trying to give shape and substance to Our Common Future. It was there where NGOs and indigenous people convinced us to try and create the Earth Charter.

In the following years, people like Leonardo Boff, invited to go into silence by the Roman Catholic Church because of his Liberation theology, joined the effort, and now in 2015, the Pope, who chose to be named after Francis of Assisi, has written history with his Encyclical Letter Laudato Si'.

Only two generations after the Universal Declaration of Human Rights, the Pope has made history by inviting mankind to the joyful celebration of life, contributing to the awareness needed to make a new start to achieve Our Common Future and to leave behind a period of self-destruction due to unsustainable growth and the lack of care for Our Common Home.

Epiloog

65

Wie is Ruud Lubbers eigenlijk?

Ik heb niet het gevoel dat ik echt veranderd ben. Maar: natuurlijk ben ik wel veranderd. Met het schrijven van persoonlijke herinneringen ontwaar je een rode draad en die is er ook, die is er iedere keer, je maakt er het beste van in die periode. Maar je leeft vooruit. En je duidt achteraf. Als je terugdenkt, dan ga je dingen noemen waarvan je kan zeggen: ach, ik vind het wel aardig, zo'n lunch met Mitterrand, zo'n verhaal. Maar in die tijd was je er niet echt mee bezig. Je had je handen vol aan het managen van je werk, je gezin, je leven – jezelf.

Het was een impliciete prioriteit om anders te worden, om op te groeien en je te ontwikkelen. Ik bedoel, eerst is er de romantiek van het kind en zo ga je van stap naar stap. En dan gebeuren er dingen.

Als ik terugkijk op mijn leven kan ik zeggen dat ik een rijk leven heb gehad, waarvan twaalfenhalf jaar minister-president in Den Haag, een waardevolle tijd. Ik heb geen spijt van de gebeurtenissen die daarin plaatsvonden. Want iedere keer kwam ik weer terug op de lijn van de liefde.

Maar mijn collega's in Den Haag zagen mij natuurlijk niet als een man die zo praat, over de liefde. Nee, die zagen mij als een zeldzame minister-president die hard kon werken en goed de dossiers kende en zich daarop concentreerde, en allerlei praktische oplossingen kon aandragen. Ja, ik had de neiging om te zeggen tegen collega's: 'Zal ik even met je meedenken?' En zo kennen zij mij.

Ik denk dat men mij beoordeeld heeft als 'wat is dat toch een merkwaardige man'. Omdat hij zo op de hoogte was van alle dossiers en dat tegelijkertijd kon omzetten in beleid. En dat was toen authentiek. Dat was gewoon zijn functie.

Ik kom er niet uit, over het antwoord op de vraag: wie is Ruud Lubbers eigenlijk? Ja, er zijn wel terugkerende thema's te benoemen, maar het is erg tijdsgebonden allemaal. Ik zeg: hij is in ieder geval praktisch en hij stelt voorop te slagen in wat hij doet. Dat is de existentiële lijn. Maar het opschrijven van persoonlijke herinneringen is dubbel. Jezelf in een aantal duizend woorden gieten, is dat dan wie je bent? Dus als ik mijn persoonlijke herinneringen deel met u, op mijn achtenzeventigste, en dat probeer ik openhartig te doen, dan kom ik tot de conclusie: die echte Ruud Lubbers bestaat niet. Want hij verandert continu.

Maar mijn kinderen zeggen: onze vader is helemaal niet zoveel veranderd. Zijn stem is hetzelfde gebleven.

Bij het schrijven van mijn verhaal ging ik terug naar mijn jeugd, om te achterhalen hoe het toch kwam dat ik ben geworden wie ik ben. Ik ken ook sombere gevoelens. Ik keek naar het kind dat Ruudje werd genoemd, naar het zondagskind dat ik was, wat er vervolgens op mijn dak kwam en hoe het nu met mij gaat.

Iemand reikte me het idee aan dat het stempel van zondagskind een belasting voor mij zou kunnen zijn geweest. Dat is een wijze van benaderen. Het begin werkt door op het vervolg, natuurlijk, dus daar zit een kern van waarheid in. Het is een relevant punt, een waardevolle opstelling, met het ouder worden ga je je leven opnieuw beleven. Omdat je terugblikt, of omdat bepaalde herinneringen zich blijven aandienen. En juist ook: je hebt herinneringen gemaakt voortbordurend op wie je was. *Je wordt.*

Je moet jezelf gunnen te voelen en je daaraan over te geven: de negatieve dingen, als die aan de orde zijn. Dat heb ik wel geleerd in deze laatste jaren, toegeven aan wat is, in plaats van je ertegen te verzetten. Met een depressie moet je het jezelf geven om te ruste te gaan, eens even helemaal niet meer te schrijven, of door te zetten.

Maar dat overgeven áán gaat net zozeer op voor het positieve. Want het is iets te simpel om te denken dat die belasting voor mij het enige is.

Wanneer ik terugkijk, dan zie ik juist ook zoveel vreugdevols. Dan zie ik in de eerste plaats Ria en de kinderen.

***

Ik heb weinig principes in mijn leven gekend. Als iemand principieel is, zeg ik: 'Schiet jezelf niet in de voet.' Het doel is wat mij betreft belangrijker dan de principes. Misschien ben ik daar te ver in gegaan en heb ik mezelf op sommige momenten in mijn loopbaan met die houding schade berokkend. Tijdens mijn functie als Hoge Commissaris voor de Vluchtelingen van de Verenigde Naties ging ik bijvoorbeeld met warlords in gesprek. Het is verschrikkelijk om met moordenaars om de tafel te zitten, mensen die je het liefste achter slot en grendel wilt zien. Maar ik wil met iedereen in gesprek en niemand uitsluiten. Want het grote belang zijn de vluchtelingen.

Of ik trouw ben geweest aan mezelf? Ik heb veel geslikt en mijn emoties misschien niet altijd de ruimte gegeven. Dat zou kunnen. In het vinden van een compromis heb ik veel te verstouwen gekregen. Maar ik vond dat belangrijk, een oplossing vinden.

Er schiet me nu overigens wel één principe binnen. Wat er ook gebeurt: ik laat me niet chanteren. Dat heb ik ook nooit gedaan.

***

Politiek is niet voor bange mensen. Je komt vaak genoeg in situaties waarvan mensen zeggen: dat kan toch niet! Maar dat kan wel. In liefde en oorlog is alles geoorloofd. In de politiek lijkt dat niet anders te zijn. Je moet je de kunst eigen maken om brutaal te zijn, het tempo hoog te houden, je schouders op te halen en *worries* van je af te laten glijden. Dat heb ik mijn kinderen ook verteld.

***

Mijn vader heeft nooit geweten dat ik later premier zou worden, toen ik premier werd had hij al negentien jaar eerder het leven gelaten. Ik heb eigenlijk geen gevoelens over het feit dat hij dat niet heeft geweten. Onwezenlijk dat ik het nooit met hem over die politieke jaren heb gehad, dat is het wel. Ik denk dat vooral mijn moeder vaak heeft gedacht: wat had ik Paul veel willen vertellen. Wanneer zij overlijdt, in 1993, is zij negenentachtig jaar oud en ben ik drieënvijftig. Het is haar grootste wens om naar mijn vader te gaan. Naar haar Paul.

***

En zo is mijn leven gegaan, ook in relatie met mijn bijzondere vader, een leven dat feitelijk niet in 1957 begon toen ik eindexamen Gymnasium β deed en mijn ouders hun 25-jarig huwelijksfeest vierden, maar dat ik toch kies als een van de belangrijke draaipunten in deze memoires. Immers, van 1957 tot 1963 – het jaar dat mijn vader voortijdig overlijdt – hoor ik, nadat ik van het Canisius thuisgekomen ben op de Avenue Concordia 90, zowel van mijn vader als van mijn moeder uit eigen mond hun levensverhalen; van vóór hun huwelijk, van mijn geboorte en hoe ik aan mijn naam Ruud kwam, van de oorlogsjaren en alles wat toen gebeurde en van de jaren daarna. Ik doe dat omdat er een verband bestaat tussen wat ik die jaren van 1957 tot 1963 een-op-een van mijn ouders hoorde, met name van hun oorlogsjaren, en wat ik later meemaak met Helmut Kohl. Dan praten wij dus over ruim dertig jaar later, als mijn opvolging van Wim Aantjes als politiek leider van het CDA al lang achter mij ligt... En zo valt er een heleboel te verhalen.

Laat ik beginnen bij het begin.

Nawoord

door Hannah Aukes

'Samen op mars!' zegt Ruud Lubbers, aan de telefoon.

Het is dinsdag 3 januari 2017. Hij heeft me zojuist opgebeld om te laten weten dat hij het een fijn eerste gesprek vond. Ik ben die ochtend in Rotterdam geweest om hem te interviewen over zijn leven. Die gesprekken zullen een bijdrage gaan vormen aan zijn *Persoonlijke herinneringen*, waaraan hij sinds de zomer van 2016 schrijft.

De stem aan de andere kant van de lijn klinkt broos, en opgewekt. Ruud Lubbers is op dat moment al ziek, we weten allebei dat we aan een project zijn begonnen waarvan de afloop ongewis is.

Zullen zijn memoires er ooit komen?

Zijn telefoontje heeft een bemoedigende toon, het onderstreept het wederzijds vertrouwen, het is sturend op waar we heen willen en illustreert ook zijn wil om er iets van te maken.

Zo zou ik hem, de minister-president van mijn jeugd, vanaf het eerste moment leren kennen in zijn manier van samenwerken: vriendelijk, inhoudelijk, open en er gaat rust, vaart en focus van uit. Ruud Lubbers toont zich eerlijk en kwetsbaar naar me, niet alleen in het delen van zijn herinneringen, maar ook in zijn wikken en wegen erover – en of ze er überhaupt moeten komen.

Anderhalve maand daarvóór, in november 2016, hebben we voor het eerst kennisgemaakt. Samen met zijn zoon Bart en zijn secretaresse Anke de Roo hebben we om de ronde tafel in de werkkamer gezeten van zijn flat in Rotterdam, waar hij met zijn vrouw Ria woont, om te bespreken hoe we het project gaan aanvangen.

Ruud Lubbers wijst me op de Maas. 'Mooi hè, dat uitzicht

over het water,' is het eerste wat hij zegt. 'Mijn moeder komt van de vaart, zij was een schipperskind.' En wanneer hij me naar de hometrainer op het balkonnetje ziet kijken, door de pui van zijn werkruimte: 'Daar zit ik iedere ochtend nog op, ik moet wel in beweging blijven.'

Broos of niet, in beweging is hij. Op het moment van kennismaken heeft hij al zo'n elfduizend woorden over zijn leven geschreven, en nog nauwelijks heb ik ze kunnen lezen of ik krijg in rap tempo alweer nieuwe herinneringen opgestuurd. Ofwel gedicteerd aan en uitgetikt door Anke, ofwel door hemzelf genoteerd in zijn kenmerkende handschrift van losse letters, per fax naar Bart en dan ingescand naar mij.

Vanaf dat moment belt Ruud Lubbers me regelmatig op, vaak voor een gesprek van hooguit een minuut. Uit mijn aantekeningenboekje: 'Het is niet ongebruikelijk dat we nog even herhalen wat eigenlijk in een eerder gesprek al duidelijk was, maar hij wil het echt nog even helder hebben.' Om even '*feeling* te krijgen met elkaar over de stand van zaken'. Omdat hij, of zijn vrouw, bijvoorbeeld ineens een ingeving heeft over het manuscript. 'Ik bel je nog even op want Ria zegt me zojuist dat ze nog goed weet hoe enthousiast ik was over dat voorzitterschap van het UAF!' Of om de lastigste onderwerpen voor te bespreken – met name het hoofdstuk van de VN.

'Ja,' zegt Bart me, 'als mijn vader ervoor gaat, is hij heel productief.'

In september van 2016 heeft Bart me gepeild of ik de geschreven herinneringen van zijn vader aan wil vullen door middel van interviews, en of ik van al die herinneringen een boek wil maken. 'Maar eerst wil hij zelf nog meer werk verrichten. Het klopt dat gesprekken hem zouden kunnen opluchten, maar de ontspanning ligt voor mijn vader vooral in het schrijven,' zegt Bart.

Zijn vader schrijft door, we maken kennis en gaan samen op mars.

'Het gaat om een reeks korte verhalen die niet de pretentie hebben compleet te zijn,' zo luidt de opdrachtformulering.

Ik zie mezelf in die opdracht als de doorgever – de vertolker – van zijn verhaal. Ik help, naast de memoires die hij zelf schrijft, nieuwe herinneringen in interviews met hem te ontwaren, tik de bandjes uit, schrijf, doe research, selecteer, rangschik, en geef ze vorm in de compositie van een manuscript. Ook: ik geef leiding aan het creatieve proces en probeer een klankbord voor hem te zijn in keuzes en hem te bemoedigen als hij denkt 'Wie zitten er nou te wachten op mijn memoires?' – dat laatste uiteraard binnen de bescheiden reikwijdte van mijn invloed.

We zijn het er algauw over eens dat het gaat om het maken van een boek waarin zowel de mooie als de minder mooie herinneringen aan bod komen. Zoals een mensenleven nu eenmaal *is*.

Ruud Lubbers: 'Ik heb een leven geleefd waarin ik *toevallig* heel veel meemaakte. Het kan de intentie van het boek zijn dat ik daarop terugkijk en er enige logica in aanbreng. Waarom gebeurt er wat er gebeurt, en hoe bezie je dat later? Het lijkt me mooi om zo het "verschijnsel mens" in het boek te ontrafelen.'

Hij haalt Teilhard de Chardin aan: 'Want ik ben een verschijnsel mens, niet meer en niet minder.'

'Het zijn dus geen politieke memoires, maar er zit wel politiek in (...) hoe je omgaat met veranderingen – maatschappelijke (de tijdgeest) én persoonlijke veranderingen,' noteer ik in een gespreksverslag.

Als vertolker van memoires probeer je zo dicht mogelijk bij de 'waarheid' van het levensverhaal van de auteur te komen – *zijn* waarheid. Terwijl je ook weet dat het niet om exacte wetenschap gaat; herinneringen zijn per definitie subjectief en selectief. Bovendien: alleen Ruud Lubbers weet uiteindelijk zelf welke geheimen hij in zijn hart droeg – en ook hijzelf bleef worstelen met onbeantwoorde vragen.

Als historica probeer ik zo veel mogelijk te achterhalen waar de fictie in zijn vertelling de werkelijkheid kleurt – 'als iets niet waar is, is het toch een mooi verhaal' – om daar vervolgens in te grijpen of vragen over te stellen. Mijn aanpak levert me nog een compliment op over mijn 'bewonderenswaardige waarheidsvinding', maar dan wel als opmaat naar het punt dat hij wil maken: 'Maar het zijn *mijn* herinneringen!'

We zijn met elkaar een proces ingestapt dat zich kenmerkt als: intens, boeiend, onzeker, én gekarakteriseerd door verschillende tempi. Zou dat ook een samenvatting zijn van Ruud Lubbers' leven?

De vraag of de memoires er daadwerkelijk zullen komen, zal continu de hamvraag blijven gedurende het proces van de totstandkoming van dit boek. Misschien wel tot de laatste dag van zijn leven.

Het dilemma van het schrijven van zijn memoires ligt voor Ruud Lubbers in het willen en kunnen. Op slechte dagen zit zijn fysieke gesteldheid hem in de weg en wordt hij overmand door twijfels. Voor een man die zijn leven lang gewend is geweest energie te hebben om bergen te verzetten, moeten die dagen een kwelling zijn geweest.

Maar er zijn ook goede dagen. Dan belt hij me op en klinkt het monter aan de lijn: 'Ik heb goed geslapen, voel mij kiplekker. Stap maar in de trein!'

Want we gaan in-principe-afspraken maken. Op de ochtend van het interview belt hij me om me te laten weten of we elkaar die ochtend kunnen treffen, of, als hij een slechte dag voorvoelt, doet hij dat eerder, via zijn secretaresse Anke.

Zijn weifelingen hebben een positieve zijde: zijn voortvarendheid – hoe schaarser de goede dagen zijn, hoe meer gewicht ze krijgen en hoe urgenter het project. Maar ook: hoe meer druk hij ervaart, hoe meer vragen er rijzen of dit project nog wel zo bijdraagt aan de bedoelde harmonie.

En dan volgt er in juni 2017 een bericht van Bart dat het dermate slecht gaat met zijn vader dat hij besloten heeft echt helemaal met de memoires te stoppen. Het boek komt er niet.

Maar Bart neemt een besluit.

Bart zet het traject *Ruud Lubbers, Persoonlijke herinneringen*, door. Zonder medeweten van zijn vader, noch van Uitgeverij Balans. Hij doet wat zijn vader voor zíjn vader deed, hij neemt het voor hem op door de last van het vraagstuk van de memoires van diens schouders te halen, en binnen de mogelijkheden te kijken naar de oplossing. Met als doel: het puzzelstuk helpen leggen dat nog ontbrak in het verhaal dat over zijn vader werd verteld. Dit puzzelstuk.

Op dat moment liggen er zo'n dertigduizend woorden aan geschreven herinneringen van Ruud Lubbers, en de transcripties van vier interviews. Uit mijn aantekeningenboekje, 'aanpak nieuw' juli 2017, in kapitalen: DOEL = RL ONTLASTEN + BOEK MOGELIJK MAKEN.

Bart en ik werken vanaf de zomer van 2017 stilletjes verder aan het boek. Dat wil zeggen: ik componeer door, werk vanuit het beschikbare materiaal toe naar een geheel, en wanneer er weer een nieuwe versie klaar is, leest Bart deze, lopen we samen rustig alle vragen langs die ik heb naar aanleiding van de verhalen, praten we over de voortgang van het project. Samen kijken we naar filmpjes over bijvoorbeeld de onrust en omgedraaide ruggen in de Houtrusthallen en zien we zijn vader opereren die dan nog jaren jonger is dan Bart zelf. Of gewoon heel praktisch: helpt hij me het handschrift van zijn vader te ontcijferen (want ook al is het project dan gestopt, Ruud Lubbers blijft herinneringen doorfaxen).

In deze volgende fase ligt de uitdaging erin om van al het materiaal één coherent verhaal te maken – over veel van zijn geschreven memoires zouden Ruud Lubbers en ik het namelijk helaas nooit meer mondeling kunnen hebben. Hij was niet meer bij machte om af te spreken, ook al heb ik een zomer lang nog wel die hoop gekoesterd – als ik maar zo hard mogelijk doorwerkte, kon ik misschien nog invloed uitoefenen op die mogelijkheid?

Vlak voor kerst 2017 is het boek af. Het heeft een kop en een staart, dit is wat we er met zijn allen van hebben kunnen maken.

Het boek dat u in handen heeft is voor de helft gebaseerd op Ruud Lubbers' geschreven memoires, en voor de resterende helft op vier lange gesprekken. Waar nodig heb ik deze aangevuld met research en verhelderde Bart Lubbers het materiaal, in de geest van zijn vader.

Op kerstavond overhandigt Bart het manuscript aan zijn vader. Ruud Lubbers toont zich nuchter en ook verheugd over de mededeling dat er een boek ligt, voorziet het van toevoegingen, commentaren en een fiat, ook zijn vrouw Ria leest het.

Op dinsdag 2 januari 2018, exact een jaar na 'Samen op mars', belt Bart me op: 'Ik loop langs de Maas in Rotterdam met het manuscript onder mijn arm. Heb het vanmorgen doorgenomen met mijn vader. Afspreken?'

En dan zitten we plots weer in de sneltreinvaart van het begin. Maar dit keer lopen deze twee sporen parallel: de vreugde dat er toch een boek komt. Maar ook de wetenschap dat het echt niet goed gaat met de gezondheid van Ruud Lubbers.

Tot het allerlaatste moment blijft Ruud Lubbers zijn inborst trouw: blijft hij doen waarin hij gelooft en levert hij de arbeid die daarvoor nodig is. Op de avond na de begrafenis van Ruud Lubbers, een week na zijn overlijden op 14 februari 2018, mailt Bart mij een ingescande fax van 8 januari 2018. Het handschrift is onmiskenbaar. Bart: 'Voor jou en ons manuscript. De laatste aantekeningen van mijn vader die op de tafel lagen.'

Hannah Aukes, maart 2018

Fotoverantwoording

Uit het boekje *Paulus Johannes Lubbers*: 1-6, 8, 9

Uit privécollectie familie Lubbers: 7, 10-19, 22, 37, 55-58

Vincent Mentzel: 23, 25-28, 30, 31-35, 38- 41, 43, 44, 46

Bert Verhoeff/Hollandse Hoogte: 24, 29, 42, 45

ANP: 20, 21, 50

Dick Coersen/ANP: 36

Ed Oudenaarden/ANP: 47, 49

Nationaal Archief/Collectie Spaarnestad/NFP/
Fotograaf onbekend: 48

Saeed Khan/EPA/ANP: 51

Jean Marc Ferré/Reuters/ANP: 52

Y. Hassan/UNHCR: 53

Robin Utrecht/ANP: 54